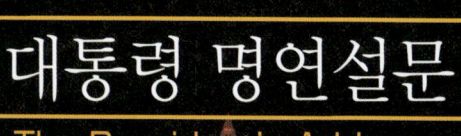

# 대통령 명연설문
## The President's Address

George W. Bush, Bill Clinton,
George H. W. Bush, Ronald Reagan,
Jimmy Carter, Gerald R. Ford,
Richard M. Nixon, Lyndon B. Johnson,
John F. Kennedy, Dwight D. Eisenhower,
Harry S. Truman, Franklin D. Roosevelt,
Abraham Lincoln, Andrew Jackson,
Thomas Jefferson, George Washington

# Contents

# ‖ 머리말

　몇 달전 월드컴 사장님을 만나, 미국 초대 대통령부터 현 부시 대통령까지의 명연설문으로 영어책을 내보지 않겠느냐는 제의를 받았을 때, 매우 좋은 기회라 생각했다. 명연설문으로 독해책을 쓰든, 영작책을 쓰든, 영어발음 책을 쓰든 명연설문을 소재로 책을 쓰게 되면 그 책을 집필하게 되는 필자는 집필하는 동안 영어실력이 한층 더 세련되고 다듬어질 것이기 때문이었다. 저자는 계약조건과 출판사의 지명도, 편집기획력, 마케팅능력등을 보고 계약을 하게 되는데 계약조건에 관계없이 나에게 기회가 오게 되면 책을 쓰고자 했던 예외적인 원고청탁은 명연설문이었다.

　이렇게 해서 이 책에 대한 시동이 걸렸고, 2~3차례의 조율을 거쳐 집필에 들어갔는데, 예상대로 저자를 사로잡는, 구구절절이 멋진 표현과 문장들에 심취하지 않을 수 없었고, 주옥같은 문장들을 만날 때면 한 순간 스릴을 느끼면서 원고를 완성해나갔다. Chapter 1, Chapter 2를 끝내고, Chapter 3의 종반부를 번역하고 관련 팁을 달면서 "아! 이 책을 충실히 공부하게 되면 어느 독자건 영어에 자신을 갖고 영어라는 미스테리를 끝낼 수가 있겠구나" 하는 생각을 갖게 되었다.

　왜냐하면, 영어는 독해력이 가장 중요한데 고도로 정제된 최고급 명연설문 문장들을 100과 이상 공부하게 되면 양적으로 충분한 독해훈련과정을 이수하게 되어 웬만한 문장들은 거의 다 해석할 수 있는 독해력이 키워지기 때문이다.

　명연설문의 강점과 장점은 독해력 강화로만 그치는 게 아니다. 고도로 다듬어진 문장들을 미국시민, 전세계의 시민들을 대상으로 연설하는 문장들이라 평이하고 간결한 문체들이 의외로 많이 눈에 띄고 일반적으로 웅변술과 화술이 뛰어난 대통령들이 하는 말이라 이 연설문들을 듣고 따라하고, 흉내를 내다 보면 저절로 고급영작은 물론, 끊어읽기, 리듬타기 등에서 많은 도움을 받을 수 있다는 것이다.

필자의 주변에는 학창시절, 또는 입사후에 대표적인 명연설문들을 달달외워 영어도사가 된 사람들이 여러 명 있다. 외교관, 정치인, 해외무역업자, 회사의 **CEO** 등 영어 잘한다고 소문난 사람들은 틀림없이 케네디, 링컨, 루스벨트, 레이건, 클린턴 등의 명연설문을 공부하는 과정을 거쳤을 것이다.

미국의 고교생들이 제 1순위로 암기하고자 하는 명문이 역대 미 대통령들의 연설문이라고 한다. 그러므로 독자 여러분! 여기 담긴 초대 조지 와싱톤부터 44대 부시 대통령까지의 100여 꼭지의 연설문을 100번 이상 아니 500번 이상 따라 읽고 흉내내는 훈련을 꼭 하셔서 조만간 주변으로부터 영어도사라는 말을 듣기를 진심으로 기원합니다.


강 홍 식

# 01
# George W. Bush

## George W. Bush, 그는 누구인가!

예일대를 나오고 하바드에서 경영학 석사학위를 받았다. 석유사업가에서, 텍사스 구
단주를 거쳐 텍사스 주지사를 연임했다. 2000년에는 민주당의 앨 고어를 누르고,
2004년에는 존 케리를 누르고 재선에 성공한다. 제 2대 존 애덤스와 퀸시 애덤스에
이은 미국 역사상 두 번째로 아버지와 아들이 대통령이 된 사례이다.

다음 글은, 2001년 9월 11일 오전 9시부터 오후 5시 20분사이에 일어난 항공기 납치
동시 다발 자살테러로 인해 미국 뉴욕의 110층짜리 세계 무역 센터가 무너지고 미국
의 심장부인 워싱톤의 국방부 청사가 공격을 받은 대참사가 발생한 지 9일 후에 부시
대통령이 의회에서 행한 연설이다. 이 연설은 역대 미 대통령 연설문 중에서 최고의
연설문 중 하나로 꼽히고 있다.

# Justice Will Be Done

Mr. [01]Speaker, Mr. President [02]Pro Tempore, members of Congress, and fellow Americans:

In the normal course of events, Presidents come to this chamber to report on the state of the Union. Tonight, no such report is needed. It has already been [03]delivered by the American people.

We have seen it in the courage of [04]passengers, who [05]rushed terrorists to save others [06]on the ground.

We have seen the state of our Union in the [07]endurance of [08]rescuers, working past [09]exhaustion. We have seen the [10]unfurling of flags, the [11]lighting of candles, the giving of blood, the [12]saying of prayers—in English, Hebrew, and Arabic. We have seen the [13]decency of a [14]loving and giving people who have made the [15]grief of strangers their own.

My fellow citizens, for the last nine days, the entire world has seen for itself the state of our Union—and it is strong.

Tonight we are a country [16]awakened to danger and called to defend freedom. Our grief has turned to [17]anger, and anger to [18]resolution. Whether we bring our enemies to justice, or [19]bring justice to our enemies, justice will be done.

---

**미국에서는 이렇게 발음해요!** ||||||||||||||||||||||||||||||||||||||||||||||||||||||||||||||

**working** – 일하다의 **working**인지 걷다의 **walking**인지는 너무 미세한 차이라 문맥으로 구분하는 것이 안전하다.
> cf. **Work hard and you will be rewarded.**
> 열심히 일하라, 그러면 보상을 받게 될 것이다.

**awakened** – 여기 이 세 단어에서 과거분사를 만들어주는 **ed**는 거의 안들린다고 봐야 한다. 왜냐하면 문장 속에서는 언제나 아주 약하게 발음되기 때문이다.

**or** – 마지막 문장에 나오는 **or**는 오어 정도로 발음되기 때문에 알아듣기 쉽지만, **make or break** (흥하든 망하든)와 같은 관용표현에서의 **or**는 이 이디엄을 알고 있지 않으면 그리 만만치 않다. 왜냐하면 **or**가 **make**와 연음되면서 **메이커 브레익**으로 발음되기 때문이다.

# 정의의 심판이 내려질 것이다

하원의장, 임시 의장, 의원 여러분, 친애하는 미국민 여러분,

대개의 경우, 대통령들은 이 의회 회의장에 와서 국가의 정세를 보고합니다. 하지만 오늘밤에는 그런 보고가 필요없습니다. 미국민들이 이미 전달했기 때문입니다.

우리는 현장에서 다른 사람들을 구하기 위해 테러분자들을 향해 돌진했던 승객들의 용기에서 그것을 보았습니다.

우리는 기진맥진한 상태에서도 구조활동을 벌인 구조대의 인내력에서도 우리 국가의 상황을 보았습니다. 우리는 국기를 올리고, 촛불을 켜고, 헌혈을 하며, 영어, 히브리어, 아랍어로 기도하는 모습을 보았습니다. 우리는 타인의 큰 슬픔을 자신의 비애로 여기며 애정을 갖고 베푸는 사람들의 훌륭한 행동을 보았습니다.

친애하는 국민 여러분, 지난 9일 동안 전 세계는 미국의 상황을 직접 지켜보았습니다. 미국은 강한 나라입니다. 오늘밤 우리나라는 위험을 깨달았고 자유를 수호하라는 부름을 받았습니다. 우리의 슬픔은 분노로, 분노는 결의로 변했습니다. 우리가 적들을 정의의 심판대 앞에 세우든, 아니면 정의의 심판대를 적들에게 가져가든, 정의는 실현될 것입니다.

## 단어와 어구

01 **Speaker** 의장  
02 **pro tempore** 임시로, 당분간  
03 **deliver** 전달하다, 연설을 하다, 의견을 말하다  
04 **passenger** 승객  
05 **rush** 돌진하다, 돌격하다  
06 **on the ground** 현장에서, 그 자리에서  
07 **endurance** 인내, 견딤, 참을성  
08 **rescuer** 구조대원  
09 **exhaustion** 다 써버림, 소모, 기진맥진  
10 **unfurl** 펴다, (기 등을) 올리다  
11 **lighting** 점화, 점등  
12 **saying of prayer** 기도  
13 **decency** 예의범절, 친절, 관대  
14 **loving** 애정있는, 정다운, 친애하는  
15 **grief** 큰 슬픔, 비탄, 불행한 일  
16 **awaken** 깨닫게 하다, 자각시키다  
17 **anger** 화, 분노  
18 **resolution** 결의, 결심, 결의안  
19 **bring a person to justice** …를 사법처리하다

# Freedom Is Under Attack

**CD-1 TRACK 3**     On September the 11th, enemies of freedom [01]committed an act of war against our country. Americans have known wars—but for the past 136 years, they have been wars on foreign [02]soil, [03]except for one Sunday in 1941. Americans have known the [04]casualties of war—but not at the center of a great city on a peaceful morning. Americans have known [05]surprise attacks—but never before on thousands of civilians. All of this was brought upon us in a [06]single day—and night fell on a different world, a world where freedom itself is under attack.

---

**미국에서는 이렇게 발음해요!** ||||||||||||||||||||||||||||||||||||||||||||||||||||||||||||||||||

**11th** – **th**발음이 거의 들리지 않기 때문에 앞에 있는 정관사 **the**를 듣고 알아차려야 한다.
   **cf. at the eleventh hour** 막판에

**foreign soil** – 평소에 ㅍ+호린 쏘일로 발음해온 사람들은 단번에 듣지 못할 것이다. 본토발음은 ㅍ+호안 쏘이얼처럼 발음된다.
   **eg. That was the 2nd time that I had set foot on foreign soil.**
   외국땅을 밟은 건 그 때가 두 번째였다.

**attacks** – 첫 모음 **a**가 약하게 발음되기 때문에 문맥을 파악하지 못하면 **tax**(세금)로 들릴 수도 있다. 가령, **attempt**(시도, 기도하다)는 **tempt**(유혹하다)로 들릴 수 있고, **assault**(공격, 폭행)도 **salt**(소금)로 들릴 수 있다.
   **cf. attorney** 변호사

**where** – 연설문에서는 이 관계부사를 쉽게 알아들을 수 있다. 하지만 연설문보다 빠른 속도인 **CNN**이나 **AP**뉴스에서는 **where, when** 같은 관계부사가 들리지 않을 수 있다.

# 자유가 공격당하다

9월 11일 자유의 적들은 자국에 대해 전쟁행위를 저질렀습니다. 미국인들은 많은 전쟁을 겪었지만 지난 136년 동안 1941년 일요일에 발생한 것을 제외하고는 모두 외국땅에서 발발한 전쟁이었습니다. 미국인들은 전쟁에서 많은 생명을 잃었지만 평온한 아침 대도시 한 복판에서는 아니었습니다. 미국인들은 기습 공격을 겪어보았지만, 수천명의 민간인들에 대한 공격은 아니었습니다. 이 모든 것이 단 하루 아침에 우리에게 벌어졌습니다. 그리고 밤은 전혀 다른 세상, 자유가 공격받는 세상에 밤이 드리워졌습니다.

## 단어와 어구

01 **commit** 범하다
02 **soil** 땅, 흙
03 **except for** …을 제외하고는
04 **casualties** 사상자
05 **surprise attack** 기습 공격
06 **single** 단 하나의

## Grammar Tips!!

**Americans <u>have known</u> wars — but for the past 136 years, they <u>have known</u> wars on foreign soil.**

중학교 때 지긋지긋하게 외었던 현재완료의 네 가지 용법 중 계속적 용법이네요. 만일 이것이 당시 연설문이 아니라, 현재를 기준으로 쓴 문장이었다면 현재완료가 아니라 과거 시제 또는 과거 완료가 사용되었겠죠. 즉, 현재(2008년)를 기준으로 본다면 이 연설은 과거의 일이고, 그 과거를 기점으로 이전 136년 동안이므로, 과거시제나 과거완료(대과거) 계속적 용법을 써야한다는 거죠.

# It Will Not End Until Every Terrorist Has Been Defeated

**CD-1 TRACK 4** The enemy of America is not our many Muslim friends; it is not our many Arab friends. Our enemy is a [01]radical network of terrorists, and every government that supports them.

Our war on terror begins with al Qaeda, but it does not end there. It will not end until every terrorist group of global [02]reach has been found, stopped and [03]defeated.

**Muslim** – 머즐림, 무즐림, 무슬림 등 모두 가능하다. 뉴스 기자에 따라, 사람에 따라 **Moslem**으로 철자하기도 한다.

**terrorists** – 들을 때는 **태러리숫ㅌ** 정도까지만 들린다.
>   **cf. tourists** 여행객
>   **economists** 경제학자들

**global** – **o**가 이중모음이라 들을 때는 **글로(우)벌** 정도로 발음되어 마치 **(우)** 발음은 없는 것처럼 들린다.
>   **eg. English has become the global language.**
>   영어는 지구촌 언어가 되었다.

이중 모음과 관련해서, 예를 하나 더 든다면, **Let's go to the hotel before dark.** (어두워지기 전에 호텔로 가자.) 여기에서 **Hotel**은 호(우)텔이 아니라 **호텔**로 발음해야 한다.

# 모든 테러 조직을 패배시킬 때까지

미국의 적은 우리의 여러 이슬람 친구들, 우리의 여러 아랍 친구들이 아닙니다. 우리의 적은 극단적인 테러 조직과 그들을 지원하는 모든 정부입니다.

우리의 테러와의 전쟁은 알카에다에서 시작되지만 거기서 끝나지 않습니다. 그것은 전 세계로 뻗어 있는 모든 테러 단체를 색출하여, 저지하고, 패배시키는 그날까지 계속될 것입니다.

## Structure Tips!!

**It will <u>not</u> end <u>until</u> every terrorist group of global reach has been found, stopped and defeated.**

「not A until B」 구문이군요. "B 하고 나서야, 비로소 A 하다"라고 해석하면 간단하죠.
그럼 용례를 살펴보죠.

I did not know it until recently. 최근에서야 그것을 알게 되었다.
= It was not until recently that I knew it. (강조용법)
= Not until recently did I know it. (도치구문)

# We Are Not Deceived by Their Pretenses

**CD-1 TRACK 5** These terrorists kill not merely to end lives, but to [01]disrupt and end a way of life. With every [02]atrocity, they hope that America grows fearful, retreating from the world and [03]forsaking our friends. They [04]stand against us, because we [05]stand in their way.

We are not [06]deceived by their [07]pretenses to [08]piety. We have seen their kind before. They are the [09]heirs of all the murderous ideologies of the 20th century. By sacrificing human life to serve their radical visions—by [10]abandoning every value except the will to power—they follow in the [11]path of [12]fascism, and [13]Nazism, and [14]totalitarianism. And they will follow that path [15]all the way, to where it ends: in history's [16]unmarked [17]grave of [18]discarded lies.

---

**미국에서는 이렇게 발음해요!** ||||||||||||||||||||||||||||||||||||||||||||||||||||||||||||||||

**heir** – **air**와 발음이 같다. **heir**의 **h**가 묵음이다.

    **cf. honor** 아너로 발음

    <<< homage(경의, 존경)라는 단어는 h를 묵음화시켜 **아미쥐**라고 발음하기도 하고, h를 살려 **하미쥐**라고 발음하기도 한다.

**ideology** – 흔히 이데올로기라고 말하는데, 영어로 말할 기회가 있을 때는 반드시 **아이디알러지**로 발음해야 한다.

    **cf. a communist ideology** 공산주의 사상

**20th century** – th와 c가 유사발음이라 th는 c쪽으로 동화되어 **투애니:쌘추리**처럼 발음된다.

    **eg. It was built in the middle of the 18th century.**

        18세기 중반에 지어졌습니다.

# 우리는 그들의 위장에 속지 않을 것이다

이 테러분자들은 단지 사람만 죽이는 것이 아니라 삶의 방식을 무너뜨리고 말살시킵니다. 이들은 온갖 잔학행위를 저질러 미국이 자신들을 두려워하여 세계에서 퇴각하고 우리의 친구들을 저버리기를 기대합니다. 그들은 우리에게 대항합니다. 왜냐하면 우리가 그들의 길을 막아서고 있기 때문입니다.

우리는 그들이 신을 섬기는 척하는 위장에 속지 않습니다. 우리는 이전에도 그런 부류들을 보았습니다. 그들은 20세기의 흉악한 이데올로기의 계승자들입니다. 자신들의 극단적인 비전을 위해 인간의 생명을 희생시키고 권력을 향한 의지를 제외한 모든 가치를 버림으로써 그들은 파시즘, 나치주의 및 전체주의의 길로 나아가고 있습니다. 그들은 줄곧 그 길을 따라가다가 결국에는 역사적으로 잊혀지고 폐기된 이데올로기의 묘지에 묻히게 될 것입니다.

## 단어와 어구

01 **disrupt** 분쇄하다, 분열시키다, 붕괴시키다
02 **atrocity** 잔학, 잔학행위
03 **forsake** 저버리다, 떠나다, 단념하다
04 **stand against** 반대하다
05 **stand in one's way** …의 길을 막다, 방해하다
06 **deceive** 속이다, 기만하다
07 **pretense** 가면, 위장, 허위
08 **piety** 경건, 신앙심
09 **heir** 상속인, 후계자, 계승자
10 **abandon** 버리다, 유기하다
11 **path** 작은 길, 행로, 방침, 방향
12 **fascism** 파시즘, 독재적 국가사회주의
13 **Nazism** 독일 국가사회주의
14 **totalitarianism** 전체주의
15 **all the way** 도중내내, 먼길을 무릅쓰고
16 **unmarked** 표가 없는, 눈에 띄지 않는, 무가치한
17 **grave** 묘지, 무덤
18 **discard** 버리다, 폐기하다

# We Will Direct Every Resource to Defeat Terrorists

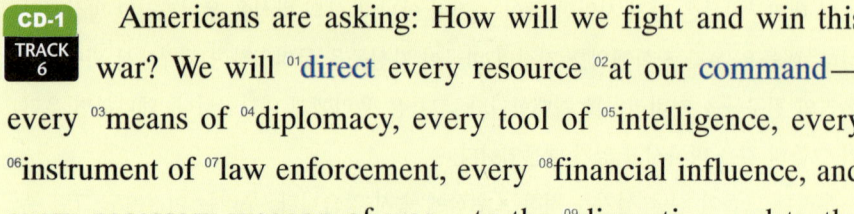

**CD-1 TRACK 6**     Americans are asking: How will we fight and win this war? We will [01]direct every resource [02]at our command—every [03]means of [04]diplomacy, every tool of [05]intelligence, every [06]instrument of [07]law enforcement, every [08]financial influence, and every necessary weapon of war—to the [09]disruption and to the defeat of the global terror network.

Every nation, in every region, now has a decision to make. Either you are with us, or you are with the terrorists. [10]From this day forward, any nation that continues to [11]harbor or support [12]terrorism will be regarded by the United States as a [13]hostile regime.

---

**미국에서는 이렇게 발음해요!** ||||||||||||||||||||||||||||||||||||||||||||||||||||||||||||||

**direct** – 미국인들은 **디렉(트)**로 발음하고, 영국인들은 **다이렉(트)**라고 발음한다.
> **cf. director**    미국식 발음    **디렉터**    영국식 발음    **다이렉터**
>      **direction**    "     "    **디렉션**     "     "    **다이렉션**

**command** – 미국식 발음은 **커맨(드)**이고 영국식 발음은 **커만(드)**이다.
> **cf. demand**    미국식 발음    **디맨(드)**    영국식 발음    **디만(드)**
>      **fast**          "     "    **ㅍ+홰스(트)**    "     "    **ㅍ+화스(트)**
>      **castle**       "     "    **캐쓸**        "     "    **카쓸**

**either** – **이더, 아이더** 모두 가능하지만, 미국식 발음은 **이더**이고, 영국식 발음은 **아이더**이다

### 영미간의 발음차이

- 미국인들이 **애**로 발음할 때 **아**로 발음하는 단어들이 많다.
  **eg. fast** (빠른)      영) ㅍ+화스(트)      미) ㅍ+홰스(트)

- 미국인들이 **아**로 발음할 때 영국인들은 **어**나 **오**로 발음할 때가 많다.
  **eg. hospital** (병원)      영) 허스피틀      미) 하스피를

# 테러 조직 붕괴에 전력을 다할 것이다

미국인들은 묻습니다. 우리가 어떻게 싸워 이 전쟁에서 승리할 것이냐고. 우리는 우리가 할 수 있는 모든 재원, 즉 모든 외교 수단, 모든 정보망, 모든 법집행 수단, 모든 경제적 영향력 및 모든 필요한 전쟁 무기를 전 세계에 퍼져있는 테러 조직을 붕괴시키고 쳐부수는 데 쏟아 부을 것입니다.

이제 전 세계 모든 국가들은 결정을 내려야 합니다. 여러분이 우리 편에 설 것인지 아니면 테러분자들 편에 설 것인지를 말입니다. 오늘부터 테러분자들을 계속 숨겨주거나 테러 행위를 지원하는 나라는 어느 나라를 막론하고 미국의 적대 정권으로 간주될 것입니다.

## 단어와 어구

01 **direct** …로 돌리다, 기울이다, 향하게 하다
02 **at our command** 우리가 마음대로 쓸 수 있는
03 **means** 수단
04 **diplomacy** 외교
05 **intelligence** 정보, 지성
06 **instrument** 도구, 기구
07 **law enforcement** 법의 집행
08 **financial** 재무의, 경제적인
09 **disruption** 분열, 붕괴, 혼란
10 **from this day forward** 오늘부터는
11 **harbor** 숨겨주다
12 **terrorism** 테러행위
13 **hostile** 적의, 적군의, 적대적인

## Grammar Tips!!

토익이나 토플에서 '수의 일치' 부분을 공부하다보면 꼭 나오는 every, each. 이 수량 형용사는 뜻은 "모두"이지만, 뒤엔 반드시 단수 명사, 단수 동사를 써야 하죠. 여기 문단에서도 every 뒤에 모두 단수를 쓰고 있는데, 유독 every means가 눈에 띄네요. means는 수단, 방법이라는 뜻으로 이 단어 자체가 하나의 명사로, 뒤에 붙은 '~s'는 복수를 나타내는 것이 아니라는 사실을 기억하세요!!

# The Advance of Human Freedom Depends on Us

We have [01]suffered great loss.  And in our grief and anger we have found our [02]mission and our moment. Freedom and fear are [03]at war. The [04]advance of human freedom—the great [05]achievement of our time, and the great hope of every time— now depends on us.

I will not forget the wound to our country and those who [06]inflicted it.  I will not [07]yield; I will not rest; I will not [08]relent in [09]waging this [10]struggle for freedom and security for the American people.

The course of this [11]conflict is not known, yet its [12]outcome is certain.  Freedom and fear, justice and [13]cruelty, have always been at war, and we know that God is not [14]neutral between them.

---

**미국에서는 이렇게 발음해요!** |||||||||||||||||||||||||||||||||||||||||||||||||||||||||||||||||||||||||||||

**I will not forget** – 부정을 강조하는 문장에서는 **not**을 분명하게 발음해주어야 한다.
>　　　　**cf. I will not yield.** 나는 굴복하지 않을 것이다.

**security** – 씨큐어리디도 통하지만 미국인들은 주로 씨큐어리로 발음한다. **rity**에서 **리리**발음이 만들어지기 때문에 **리**발음 하나를 생략하는 것처럼 들린다.
>　　　　**cf. priority** 우선 순위, 우선 사항, 우선권
>　　　　　　　**authority** 권위, 권력, 권한, 권위자
>
>　　　**<<<** 필자가 모 대학에서 CNN 특강을 하던 시절 맨 앞줄에 사법연수원생이 수강하고 있었는데 그 사법연수원생(지금은 중견 변호사)은 그날 나와 교실을 나오면서 자기는 **authority**를 are sorry(미안하다)로 들었다고 한다. 발음규칙을 모르면 **authority**가 are sorry로 들릴 수도 있다.

**at war** – 지금은 부시가 천천히 말을 해서 알아듣기 쉽지만 보통 뉴스에서는 이 **at**이 매우 약하게 발음되기 때문에 듣기가 그리 쉽지 않다.
>　　　　**cf. We were at the same school.** 우리는 동창이다.

# 인간의 자유의 전진은 우리에게 달려 있다

우리는 큰 손실을 입었습니다. 슬픔과 분노 속에서 우리는 우리의 사명과 우리의 기회를 발견했습니다. 자유와 공포는 전쟁 중입니다. 우리 시대의 위대한 업적이며 모든 시대의 위대한 희망인 인간의 자유의 전진이 이제 우리에게 달려 있습니다.

나는 우리가 입은 이 상처도 그리고 상처를 입힌 자들도 잊지 않을 것입니다. 나는 굴복하지 않을 것입니다. 나는 쉬지 않을 것입니다. 나는 미국민들의 자유와 안전을 위한 이 전쟁을 수행하면서 마음이 약해지지 않을 것입니다.

이 전쟁의 향방은 알 수 없지만 결과는 확실합니다. 자유와 공포, 정의와 잔학행위는 언제나 전쟁을 치러왔습니다. 그렇지만 우리는 신이 그들 사이에서 중립적이지 않다는 것을 알고 있습니다.

## 단어와 어구

01 **suffer great loss** 큰 손실을 입다  02 **mission** 임무, 사명  03 **at war** 교전 중인, 사이가 나쁜
04 **advance** 전진  05 **achievement** 성취, 달성, 공로, 업적
06 **inflict** 상처를 입히다, 벌을 가하다  07 **yield** 양보하다, 굴복하다, 낳다
08 **relent** 가엾이 여기다, 마음이 누그러지다  09 **wage** (전쟁을) 수행하다
10 **struggle** 투쟁, 싸움, 분투  11 **conflict** 전쟁, 갈등, 충돌  12 **outcome** 결과
13 **cruelty** 잔학, 잔인  14 **neutral** 중립의, 중립국의

## 알아두면 좋아요‼

세미콜론(semicolon ;) 용법

문법적으로 독립된 두 개의 절이지만, 내용상 서로 연결되어 있을 때 간단하게 세미콜론을 사용합니다. 즉 세미콜론은 접속사의 역할을 하는 거죠. 따라서 세미콜론은 문맥에 따라 그 의미가 역접(but)인지, 결과(so)인지 등을 파악해야 한답니다.

Ex.  I like the sound of that stereo. However, the price is too high.
→ I like the sound of that stereo; (however) the price is too high.

# The Iraq Regime Has a Deep Hatred of America

**CD-1**
**TRACK 8**

Intelligence gathered by this and other governments leaves no doubt that the Iraq [01]regime continues to [02]possess and [03]conceal some of the most [04]lethal weapons ever [05]devised. This regime has already used [06]weapons of mass destruction against Iraq's neighbors and against Iraq's people.

The regime has a history of reckless aggression in the Middle East. It has a deep hatred of America and our friends. And it has [07]aided, trained and harbored terrorists, including [08]operatives of al Qaeda.

The danger is clear: using [09]chemical, [10]biological or, one day, [11]nuclear weapons, [12]obtained with the help of Iraq, the terrorists could [13]fulfill their [14]stated [15]ambitions and kill thousands or hundreds of thousands of [16]innocent people in our country, or any other.

---

**미국에서는 이렇게 발음해요!** |||||||||||||||||||||||||||||||||||||||||||||||||||||||||||||||

**lethal** – 레달로 발음하지 않도록 주의하자. 본토발음은 **리ㅆ+뜰**.

    eg. **The disclosures were lethal to her reputation.**

       그 폭로는 그녀의 명성에 치명상을 입혔다.

**nuclear** – 부시가 발음을 잘 못하는 단어이다. **뉴클리어**라고 발음하면 되는데 부시는 이 단어를 항상 **뉴킬러**라고 발음한다. 따라서 부시가 하는 **nuclear**에 대한 발음은 무시해도 좋다.

    eg. **The President refused to promise not to use nuclear weapons as a last resort.**

       대통령은 핵무기를 최후수단으로 사용하지 않겠다고 약속하기를 거절했다.

**stated** – 스테이티드보다는 **스ㅌ+떼이릿(ㄷ)** 정도로 발음해야 한다.

    eg. **Unless otherwise stated, prices in this list do not include state or local sales tax.**

       별도로 표시되지 않는 한, 이 목록에 적힌 가격들은 주 혹은 지역 판매세를 포함하지 않고 있다.

# 이라크 정권의 미국에 대한 증오

　우리 정부와 다른 정부들이 수집한 정보에 따르면 이라크 정권은 지금까지 발명된 가장 치명적인 무기 중 일부를 계속해서 보유 및 은닉하고 있음에 의심의 여지가 없습니다. 이라크 정권은 이미 대량살상무기들을 이웃국가들과 자국민들에게 사용했습니다.

　이라크 정권은 중동에서 무모한 침공을 했던 전력을 갖고 있습니다. 이라크는 미국과 우리의 우방들을 심히 증오하고 있습니다. 그리고 알카에다 요원들을 포함한 테러분자들을 원조하고, 훈련시키고, 숨겨주었습니다.

　위험은 분명합니다. 이라크의 도움을 받아 획득한 생화학 무기, 그리고 언젠가는 핵무기를 이용해서 테러분자들은 그들이 공언한 야욕을 실행에 옮겨 우리나라 또는 다른 나라의 수천 또는 수십만명의 무고한 시민들을 살해할 수도 있습니다.

## ‖ 연설의 배경 ‖

미국은 탈레반 정권을 무너뜨린 뒤, 이라크의 독재자 사담 후세인에 시선을 돌린다. 부시가 2002년 1월 연두교서에서 이라크, 이란, 북한을 악의 축으로 규정하면서 이미 이라크 전쟁 기운이 감돌기 시작했다. 미국민의 보호와 세계평화에 이바지하겠다는 명분을 내세우고 부시는 2003년 3월 17일 백악관에서 이라크의 사담 후세인과 그의 아들들에게 48시간 이내에 이라크를 떠나라는 최후통첩을 보낸다. 최후통첩에 응하지 않자, 3월 20일 오전 5시 30분 바그다드 남동부 등에 미사일 폭격을 퍼부으면서 전쟁이 개시되었다. 공격 시작 단 몇 주만에 사담 후세인 정권을 축출하고 친미 정권을 수립하는 작업에 들어간다. 이 글은 부시가 이라크와 관련해서 3월 17일 대국민 성명을 냈을 때 했던 연설문의 일부이다.

## 단어와 어구

01 **regime** 정권
02 **possess** 소유하다
03 **conceal** 감추다
04 **lethal** 치명적인
05 **devise** 고안하다, 안출하다
06 **weapons of mass destruction** 대량살상무기
07 **aid** 돕다, 거들다, 원조하다
08 **operative** 첩보요원, 스파이
09 **chemical** 화학의
10 **biological** 생물학적인
11 **nuclear weapon** 핵무기
12 **obtain** 획득하다
13 **fulfill** 이행하다, 완수하다, 실행하다
14 **state** 말하다, 진술하다
15 **ambition** 야심, 야망
16 **innocent** 무고한, 무죄의, 순진한

# We Will Set a Course Toward Safety

**CD-1 TRACK 9** The United States and other nations did nothing to [01]deserve or [02]invite this threat. But we will do everything to defeat it. Instead of [03]drifting along toward [04]tragedy, we will [05]set a [06]course toward safety. Before the day of horror can come, before it is too late to act, this danger will be removed.

The United States of America has the [07]sovereign authority to use force in [08]assuring its own national security. That [09]duty falls to me, as [10]Commander-in-Chief, by the oath I have [11]sworn, by the oath I will keep.

---

**미국에서는 이렇게 발음해요!** ||||||||||||||||||||||||||||||||||||||||||||||||||||||||||||||||||||

**thi<u>s th</u>reat** – 밑줄 친 **s**와 **th**가 유사발음이기 때문에 **s**는 **th**쪽으로 동화된다. 이 두 단어는 **디:ㅆ+뜨랫** 정도가 좋은 발음이다. 이 동화현상이 중요한 이유는 예를 들어 **this summer**와 같은 구가 지나갔을 경우 **this**의 **s**가 거의 탈락되기 때문에 듣는 사람의 입장에서 **디:써머**로 들려 **the summer**같이 들린다는 것이다.
   **cf. a serious threat**   심각한 위협

**too late to act** – **too**는 분명한 **투**발음이고, **to**는 약한 **투**발음이다.
   **eg. Is it too far to walk?**
      걷기에는 너무 먼가요?

**sove<u>r</u>eign** – 밑줄 친 **r**발음이 들리지 않는다.
   **cf. a sovereign state** 독립국

# 안전을 향해 항로를 정하다

미국과 다른 나라들은 이같은 위협을 당하거나 초래할 만한 어떠한 일도 하지 않았습니다. 하지만 우리는 그 위협을 물리치기 위해 무슨 일이든 할 것입니다. 비극을 향해 표류하지 않고 안전을 향해 항로를 정할 것입니다. 공포의 그날이 다가오기 전에, 행동의 시기를 놓치기 전에 이 위험은 제거될 것입니다.

미국은 자국의 안전 보장을 위해 무력을 사용할 수 있는 주권을 갖고 있습니다. 제가 맹세했고 지켜야 할 선서에 따라 그 의무는 최고사령관인 저에게 주어졌습니다.

## 단어와 어구

01 **deserve** …할(받을) 만하다
02 **invite** 초래하다, 가져오다, 초대하다
03 **drift along** 표류하다
04 **tragedy** 비극
05 **set** 정하다
06 **course** 진로, 방향, 노선, 항로
07 **sovereign** 주권의, 독립의, 자주의
08 **assure** 보증하다, 보장하다, 책임지다
09 **duty** 의무; 관세
10 **Commander-in-Chief** 총사령관
11 **swear an oath** 선서하다

## Grammar Tips!!

전치사 뒤에 동사를 쓸 때는 항상 동사에 -ing를 붙여서 동명사 형태로 만들어 주어야 하죠. 전치사 뒤에 동사원형이나 to부정사를 쓰면 틀린 문장(비문)이 됩니다. 이 지문에서도 "instead of(~대신에)" 뒤에 drifting, "in(~함에 있어)" 뒤에 assuring을 쓰고 있는 것을 확인할 수 있습니다.

# We Will Rise to Ours

Today, no nation can possibly claim that Iraq has [01]disarmed. And it will not disarm so long as Saddam Hussein holds power. For the last four-and-a-half months, the United States and our [02]allies have worked within the [03]Security Council to [04]enforce that Council's long-standing [05]demands. Yet, some permanent members of the Security Council have [06]publicly announced they will [07]veto any resolution that [08]compels the disarmament of Iraq. These governments share our [09]assessment of the danger, but not our resolve to meet it. Many nations, however, do have the resolve and [10]fortitude to act against this threat to peace, and a broad [11]coalition is now gathering to enforce the just demands of the world. The United Nations Security Council has not lived up to its responsibilities, so we will [12]rise to ours.

---

**미국에서는 이렇게 발음해요!** ||||||||||||||||||||||||||||||||||||||||||||||||||||||||||||||||||||||||||||||||

**veto** – 뷔토 또는 **뷔로**라고 발음하는데 **뷔로**라고 발음할 때 유화현상에 적응이 안되어 있으면 알아 듣기 어렵다.

　　　**cf. override a veto** 거부권을 무효화시키다

**disarmament** – 청취가 약하거나 독해가 서툰 독자들에게는 접두사 **dis**가 순간적으로 지시 대명사 **this**로 착각되기도 한다. 마치 **dismember**(팔다리를 절단하다)가 **this member**(이 회원)으로 들리는 것과 같다.

**meet it** – 연음시켜 **미릿** 또는 **미딧**으로 발음한다. **미트 이트**나 **미트잇**은 자연스럽지 못하다.

　　　**eg. The deadline is next week, and I'm not sure we can meet it.**
　　　다음 주가 마감일인데 마감일에 맞출 수 있을지 모르겠어요.

**fortitude** – 미 앵커들은 **포티튜드**라고 발음하지 않는다. 본토발음은 **ㅍ+호러튜:(드)**

　　　**attitude**(태도)는 애티튜드가 아니라 **애리튜:(드)** 또는 **애러:튜(드)**로 발음

# 우리는 우리의 책임을 다할 것이다

오늘날 어떤 나라도 이라크가 무장을 해제했다고 주장할 수 없을 겁니다. 이라크는 사담 후세인이 권좌에 있는 한 무장을 해제하지 않을 것입니다. 지난 4개월 반 동안 미국과 미국의 우방들은 안보리의 오랜 요구사항들을 집행하기 위해 안전보장이사회 내에서 일했습니다. 그러나 일부 상임이사국들은 이라크의 무장해제를 강요하는 어떠한 결의안에 대해서도 거부권을 행사할 것임을 공개적으로 발표했습니다. 이들 정부는 위험에 대한 우리의 평가는 공유하지만 그것에 대처하는 우리의 결의는 공유하지 못하고 있습니다. 그러나 많은 나라들이 평화에 대한 이러한 위협에 대항하겠다는 결의와 불굴의 정신을 보였고, 현재 세계의 공정한 요구를 집행하기 위하여 광범위한 연합이 세력을 결집시키고 있습니다. 유엔안전보장이사회는 맡은 바 책임을 다하지 않았습니다. 그래서 우리는 우리의 책임을 다하고자 일어설 것입니다.

## 단어와 어구

01 **disarm** 무장해제하다　　02 **ally** 우방, 맹방
03 **Security Council** 안전보장이사회　04 **enforce** 시행하다, 실시하다, 집행하다　05 **demand** 요구
06 **publicly** 공개적으로, 공공연하게, 공적으로　　07 **veto** 거부권을 행사하다
08 **compel** 억지로 …시키다, 강요하다　09 **assessment** 평가, 감정
10 **fortitude** 불굴의 정신, 꿋꿋함　11 **coalition** 연합, 합동
12 **rise to** 내처하다, 응히여 일어서다

## Grammar Tips!!

**Some permanent members of the Security Council have publicly announced (that) they will veto any resolution that compels the disarmament of Iraq.**

접속사로 자주 등장하는 that. 똑같은 that 이지만, 용법이 서로 다르죠. 전자는 생략되기는 했어도 타동사 뒤에서 목적어 역할을 하는 목적절 that이고, 후자는 앞의 resolution을 수식하는 (주격)관계대명사 that입니다. 흔히 이 두 용법을 구분하기 위해, that 앞에 선행사(명사)가 있는지(관계대명사), that절 속 문장이 완벽한지(목적절), 즉 주어나 목적어가 모두 존재하는지 여부를 따진답니다.

# Saddam Hussein Must Leave Iraq

**CD-1 TRACK 11**

In recent days, some governments in the Middle East have been doing their part. They have delivered public and private messages [01]urging the [02]dictator to leave Iraq, so that disarmament can [03]proceed peacefully. He has [04]thus far refused. All the decades of [05]deceit and cruelty have now reached an end. Saddam Hussein and his sons must leave Iraq within 48 hours. Their [06]refusal to do so will result in military conflict, [07]commenced at a time of our choosing. For their own safety, all [08]foreign nationals—including journalists and [09]inspectors— should leave Iraq immediately.

**decades** – 밑줄 친 **d**발음은 매우 약하다. 따라서 **데케이즈** 정도로 발음된다. 영단어에서는 **ade**, **ede, ide, ode, ude**로 끝나는 경우 자음 **d**가 아주 약하게 발음되는데, 이 발음규칙을 모를 경우, **decades**를 데케이드즈 또는 데케이드스로 부정확하게 발음하기 쉽다. **cf. hide** 하잇, **grade** 그뤠잇

**his sons** – **his**의 **s**가 **son**의 **s**쪽으로 동화되어 **히:썬즈**로 발음된다.
**cf. his sister**

**Iraq** – 발음이 **어랙, 이락, 어락, 어랙, 아이락, 아이랙** 등 여러 개로 발음될 수 있다. 필자의 경우에는 대학 1학년 초 **어랙** 이라고 발음하는 아나운서의 발음을 잡지 못해 이 평범한 고유명사에서 헤맨 경험이 있다.

# 사담 정권에 최후 통첩을 보내다

 최근 며칠 동안 중동의 일부 정부들은 나름의 역할을 해주었습니다. 그들은 공적·사적으로 메시지를 보내 무장해제가 평화롭게 진행될 수 있도록 독재자 사담 후세인이 이라크를 떠나줄 것을 촉구했습니다. 그는 지금까지 거절해왔습니다.

 기만과 잔인한 학정으로 얼룩진 수십 년의 세월도 이제 종점에 도달했습니다. 사담과 그의 아들들은 48시간 내에 이라크를 떠나야 합니다. 이를 거절하면 그 결과는 곧 무력 충돌이며, 미국이 정한 시각에 맞춰 개전이 이루어질 것입니다. 신변 안전을 위해, 기자와 사찰단을 포함한 모든 외국인들은 즉시 이라크를 떠나야 합니다.

## 단어와 어구

01 **urge** 촉구하다
02 **dictator** 독재자
03 **proceed** 진행하다
04 **thus far** 지금까지, 여태까지는
05 **deceit** 기만, 속임
06 **refusal** 거절
07 **commence** 개시하다, 시작하다
08 **foreign nationals** 외국인들
09 **inspector** 조사관, 감독관

## 알아두면 좋아요!!

어휘력을 향상시키는 방법 가운데 하나는 단어를 보고 그 단어를 여러 품사로 확장시켜보는 거죠. 여기 본문에 나온 단어만을 가지고 연습 한번 해 볼까요?

| 명사 | | 동사 | 형용사 | | 명사 |
|---|---|---|---|---|---|
| government | → | govern | private | → | privacy |
| delivery | → | deliver | cruel | → | cruelty |
| dictator | → | dictate | safe | → | safety |
| disarmament | → | disarm | | | |
| refusal | → | refuse | | | |
| deceit | → | deceive | | | |
| inspector | → | inspect | | | |

# The Day of Your Liberation Is Near

 Many Iraqis can hear me tonight in a [01]translated radio broadcast, and I have a message for them.

If we must begin a [02]military campaign, it will be directed against the [03]lawless men who rule your country and not against you. As our coalition takes away their power, we will deliver the food and medicine you need. We will [04]tear down the [05]apparatus of terror and we will help you to build a new Iraq that is [06]prosperous and free. In a free Iraq, there will be no more wars of aggression against your neighbors, no more [07]poison factories, no more [08]executions of [09]dissidents, no more [10]torture chambers and [11]rape rooms. The [12]tyrant will soon be gone. The day of your [13]liberation is near.

**medicine** – 메디신이 아니라 **매리슨**이 보다 정확한 발음이다. 모음 **e**에 강세가 들어가므로 약간 애에 가깝게 발음해야 하고, 자음 **d**가 모음과 모음 사이에 끼어 있어 **r**로 유화된다.
**cf. give a person a dose of his own medicine**
같은 방식으로 되갚음하다

**apparatus** – 강세가 첫 번째 모음과 세 번째 모음에 있다. 따라서 **애퍼래러스**로 발음되는 것에 주의한다. 필자가 강조하는 것은 아는 단어들은 모두 다 강세를 알고 있어야 한다는 것이다.

**there** – 유사발음이나 똑같은 발음이 여러 개 있으므로 그 때 그 때 문맥으로 구분해야 한다. **there're, they're, their**가 발음상 혼란을 주는 단어들이다.
**cf. dare**(감히 …하다)의 **d**는 **d**발음이 **there**의 **th**에 비해 강하다.

**dissidents** – 이 단어는 강세가 첫 음절에 있어 **di** 부분을 상대적으로 강하게 발음해야 한다. 강세가 없는 두 번째 모음 **i**와 세 번째 **e**는 **어** 또는 **으**로 발음한다.

# 해방의 날이 가까이

　오늘밤 많은 이라크 국민들은 통역을 통해 라디오 방송으로 나의 발표를 들을 수 있습니다. 이에 나는 이라크 국민에게 메시지를 보냅니다.

　우리가 군사작전을 시작한다면, 그것은 여러분을 통치하는 무법자들을 겨냥한 것이며 여러분을 겨냥한 것이 아닙니다. 우리 연합군이 그들의 권력을 탈환하게 되면, 우리는 여러분이 필요로 하는 식량과 의약품을 전달해드릴 것입니다. 우리는 테러 조직을 해체한 후, 자유롭고 번영하는 새로운 이라크를 건설할 수 있도록 여러분을 도울 것입니다. 자유로운 이라크에서는 이제 더 이상 이웃국가들에 대한 침략전쟁이나, 독가스공장, 반체제인사들에 대한 처형, 고문실이나 강간실 따위는 존재하지 않을 것입니다. 폭군은 곧 사라질 것입니다. 이라크 해방의 그날이 가까이 있습니다.

## 단어와 어구

01 **translate** 번역하다, 통역하다　02 **military campaign** 군사 행동(작전)　03 **lawless** 불법의, 무법의
04 **tear down** 헐다, 해체하다　05 **apparatus** 기구, 장치, 조직　06 **prosperous** 번창하는, 번성하는
07 **poison** 독　08 **execution** 처형, 사형집행　09 **dissident** 반체제 인사
10 **torture chamber** 고문실　11 **rape** 강간, 성폭행　12 **tyrant** 폭군, 전제군주
13 **liberation** 해방

## 알아두면 좋아요!!

**There will be <u>no more</u> wars of aggression against your neighbors.**

이제 더 이상 이웃국가들에 대한 침략전쟁은 없을 것입니다.

= There will be <u>no longer</u> wars of aggression against your neighbors.

= There will be <u>not any more</u> wars of aggression against your neighbors.

= There will be <u>not any longer</u> wars of aggression against your neighbors.

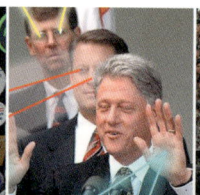

## 02
# Bill Clinton

### Bill Clinton, 그는 누구인가!

베이비 붐 세대인 빌 클린턴은 15세 때, 아칸소주의 우수 학생으로 뽑혀 백악관을 방문하고 J. F. 케네디 대통령과 악수하는 기회를 얻게 된다. 이 때 대통령이 되겠다는 꿈을 꾸지 않았나 추측해본다. 이 글은 마틴 루터 킹 목사가 마지막으로 설교한 곳인 <The Church of God In Christ In Memphis>에서 1993년 11월 13일 대부분 즉흥적으로 행한 연설이다. 마틴 루터가 다시 나타나서 지난 25년에 대한 성적표를 매긴다면 어떠한 성적을 줄 것인가?라는 등의 표현을 쓰며 거침없는 말솜씨를 보여주고 있다.

# You Did a Good Job in Opening Opportunity

**CD-1 TRACK 13** If Martin Luther King, who said, "Like [01]Moses, I am on the [02]mountaintop, and I can see the [03]promised land, but I'm not going to be able to get there with you, but we will get there"—if he were to [04]reappear by my side today and give us a report card on the last twenty-five years, what would he say? You did a good job, he would say, voting and electing people who [05]formerly were not [06]electable because of the color of their skin. You have more political power, and that is good. You did a good job, he would say, letting people who have the ability to do so live wherever they want to live, go wherever they want to go in this great country. You did a good job, he would say, [07]elevating people of color into the [08]ranks of the [09]United States Armed Forces to the very top or into the very top of our government. You did a very good job, he would say. He would say, you did a good job creating a black [10]middle class of people who really are doing well, and the middle class is growing more among [11]African-Americans than among non-African Americans. You did a good job; you did a good job in opening opportunity.

# 기회를 열어주었으니 훌륭합니다

"나는 모세처럼 산정에서 약속의 땅을 볼 수 있습니다. 하지만 여러분과 같이 갈 수는 없을 것입니다. 그러나 여러분은 그곳에 가게 될 것입니다."라고 말했던 마틴 루터 킹 목사가 만약 오늘 내 옆에 다시 나타나서 지난 25년 간에 대한 성적표를 우리에게 주신다면, 그 분은 뭐라고 말씀하실까요? 그 분은 말할 것입니다. 과거에는 피부색 때문에 선출될 수 없는 사람들을 투표로 선출할 수 있으니 여러분은 훌륭한 일을 해냈다고, 여러분은 보다 많은 정치적 권력을 갖게 되었으니 잘된 일이라고 그 분은 말할 것입니다. 자신에게 능력만 있으면 원하는 곳에서 살 수 있고, 이 나라 어느 곳이든 가고 싶은 곳에 갈 수 있게 되었으니, 그것도 잘한 일이라고 그 분은 말할 것입니다. 유색인들을 미군 최고위직에 또는 정부 최고위직에 등용시키고 있으니 그것도 잘한 일이라고, 그 분은 말할 것입니다. 정말 잘했다고 말해주실 것입니다. 성공한 흑인 중산층을 만들고, 게다가 흑인이 아닌 사람들 사이에서보다 흑인들 사이에서 더 많은 중산층이 생겨나고 있으니 그것도 잘한 일이라고 말할 것입니다. 여러분들 잘했습니다. 기회를 열어주었으니 훌륭합니다라고 할 것입니다.

## 단어와 어구

01 **Moses** 모세, 유대 나라의 건국자   02 **mountaintop** 산 꼭대기, 산정상   03 **promised land** 약속의 땅
04 **reappear** 다시 나타나다   05 **formerly** 전에, 과거에   06 **electable** 선출될 수 있는
07 **elevate** 승진시키다, 등용하다, 높이다   08 **rank** 계급
09 **United States Armed Forces** 미군   10 **middle class** 중산층
11 **African-American** 흑인

# Not for the Freedom with Reckless Abandon

**CD-1 TRACK 14** But he would say, I did not live and die to see the American family destroyed. I did not live and die to see thirteen-year-old boys get [01]automatic [02]weapons and [03]gun down nine-year-olds just for the [04]kick of it. I did not live and die to see young people destroy their own lives with drugs and then build [05]fortunes destroying the lives of others. That is not what I came here to do. I fought for freedom, he would say, but not for the freedom of people to kill each other with [06]reckless abandon, not for the freedom of children to have children and the fathers of the children walk away from them and abandon them as if they don't [07]amount to anything. I fought for people to have the right to work but not to have whole communities and people abandoned. This is not what I lived and died for. My fellow Americans, he would say, I fought to stop white people from being so filled with [08]hate that they would [09]wreak violence on black people. I did not fight for the right of black people to [10]murder other black people with reckless abandon.

### 미국에서는 이렇게 발음해요! ||||||||||||||||||||||||||||||||||||||||||||||||||||

**automatic** – 우리말처럼 많이 쓰이는 영단어이지만 영어로 발음할 때는 **어러매릭**으로 발음해야 자연스럽다. **automatic**과 발음상 헷갈리는 단어가 있다. 그건 **aromatic**(방향 제)라는 단어이고 발음은 **애러매릭**이다.

    **cf. Automatic Teller Machine (ATM)** 현금 자동 인출기

**drug** – 드럭, 쥬럭 둘다 가능하다. **drive, drill, draw** 등의 단어에서 **dr**의 **d**는 약간 ㅈ쪽에 가깝게 발음되기도 한다.

    **cf. Food and Drug Administration (FDA)** 미 식품 의약청

**murder** – 머더보다는 **머러**가 자연스럽다. **murder**를 머러로 발음한다는 미국식 발음에 익숙치 않으면 이 **murder**가 **mother**(엄마)로 들릴 수도 있다.

    **cf. a murder suspect** 살인 용의자

# 무분별한 자유는 이제 그만

그러나 그는 말할 것입니다, 나는 미국 가정이 파괴당하는 것을 보고 싶지는 않았다. 나는 13살 어린이가 무기를 입수해 단지 재미삼아 9살난 아이를 쏴 죽이는 것을 보고싶지 않았다. 나는 젊은이들이 마약으로 인생을 망치고, 또한 다른 사람들의 인생을 짓밟아 재산을 모으는 것을 보고 싶지는 않았다. 내 삶의 목적이 그것은 아니었다고 말입니다. 그 분은 말할 것입니다. 나는 자유를 위해 투쟁했지만 그것이 무분별하게 살인할 수 있는 자유를 위한 투쟁도, 아이가 아이를 낳고, 아이의 아비되는 사람들이 아이를 버리고 마치 아무런 가치도 없는 양 방치할 수 있는 자유를 위한 투쟁도 아니었다. 나는 사람들의 노동권을 위해 투쟁한 것이지, 사회 전체와 국민들이 버림받는 것은 내 투쟁의 목적이 아니었다 내 삶과 죽음의 목적이 이런 것은 아니었다. 국민 여러분, 그 분은 말할 것입니다. 나는 증오심으로 가득찬 백인들이 흑인들에게 폭력을 가하려는 것을 중단시키기 위해 싸웠다고. 나는 무분별하게 흑인들이 다른 흑인들을 살해할 권리를 위해 싸우지는 않았다고 말할 것입니다.

## 단어와 어구

01 **automatic** 자동적인
02 **weapon** 무기
03 **gun down** 쏴 죽이다
04 **kick** 재미
05 **fortune** 부, 많은 재산, 큰 재물
06 **reckless abandon** 무분별함, 방종
07 **amount to** …에 해당하다, 상당하다
08 **hate** 증오
09 **wreak** (해, 벌 등을)가하다, 주다
10 **murder** 살인(하다)

## Check Check!!

연설 과정에서 단어가 빠지는 경우가 종종 있습니다. 달변가로 소문난 클린턴 대통령도 예외는 아니죠.

연설 가운데 이런 문장이 나옵니다. "~not for the freedom of children to have children and the fathers of the children walk away from~." 그런데 여기서 사실은 walk 앞에 to부정사(형용사적 용법)가 있어야 올바른 문장이 되죠. 즉, '아이를 낳는 아이들(children to have children)과 그 아이들을 버리고 떠나는 아버지들(the fathers of the children to walk away from them)의 자유'라고 하여야 올바른 문장이 됩니다.

# Justice will Prevail

**CD-1 TRACK 15** You have lost too much, but you have not lost everything. And you have certainly not lost America, for we will [01]stand with you for as many tomorrows as it takes. If ever we needed evidence of that, I could only [02]recall the words of Governor and Mrs. Keating. "If anybody thinks that Americans are mostly [03]mean and selfish, they ought to come to Oklahoma. If anybody thinks Americans have lost the capacity for love and [04]caring and courage, they ought to come to Oklahoma."

To all my fellow Americans beyond this hall, I say, one thing we [05]owe those who have sacrificed is the duty to [06]purge ourselves of the dark forces which [07]gave rise to this [08]evil. They are forces that [09]threaten our [10]common peace, our freedom, our way of life. Let us teach our children that the God of [11]comfort is also the God of [12]righteousness. Those who [13]trouble their own house will [14]inherit the wind. [15]Justice will [16]prevail. Let us let our own children know that we will stand against the forces of fear. When there is talk of hatred, let us [17]stand up and talk against it.

---

**미국에서는 이렇게 발음해요!** ||||||||||||||||||||||||||||||||||||||||||||||||||||||||||||

**ought to** – 미국인들은 자기들끼리 얘기할 때 **오러**로 발음해버린다. 클린턴 대통령과 하버드 대학을 수석으로 졸업했다는 알 고어 부통령이 이 조동사를 잘 쓰는 편인데 두 사람 모두 **오러**로 발음한다. 물론 **오투**도 가능하다.
　　eg. **She ought to be punished.** 그녀는 당연히 처벌받아야 한다.

**prevail** – 밑줄 친 **r**발음이 아주 약해 **프뵈이얼** 정도로 발음된다.
　　eg. **Right will prevail in the end.** 정의는 결국 승리한다.

# 정의는 승리할 것이다

여러분은 너무나 많은 것을 잃기는 했어도 전부를 잃은 것은 아닙니다. 그리고 분명한 것은 미국을 잃지는 않았다는 사실입니다. 왜냐하면 얼마의 시간이 걸리든 우리는 여러분 곁에 함께 할 것이기 때문입니다. 만약 우리에게 보다 구체적인 확신이 필요하다면 저는 키팅 주지사 부부의 말을 떠올릴 것입니다. "미국인들이 대체로 비열하고 이기적이라고 생각하는 사람들이 있다면 오클라호마 시에 와보십시오. 미국인들이 사랑과 보살핌, 그리고 용기를 보여줄 능력을 상실했다고 생각하는 사람들이 있다면, 그 역시 오클라호마 시에 와보십시오."

이 시청 회관을 넘어 전 미국시민들께 말씀드립니다. 우리가 희생자들을 위해 해야 할 한 가지 의무는 우리 자신에게서 이 죄악의 근원인 흉악한 세력을 말끔히 제거해야 한다는 것입니다. 그들은 우리 공동의 평화, 우리의 자유, 우리 삶의 방식을 위협하는 세력들입니다. 우리의 아이들에게 위로의 하나님은 또한 정의의 하나님이라는 것을 가르칩시다. 자기 집을 해롭게 하는 자의 소득은 바람이라. 정의는 승리할 것입니다. 우리가 공포의 세력과 맞서 싸울 것임을 우리 자식들에게 알려줍시다. 증오의 말은 말로써 대항합시다.

## ‖ 연설의 배경 ‖

1995년 4월 19일 출근 시간대인 오전 9시 5분 오클라호마 시에 있는 미 연방건물 청사에서 강력한 폭발물이 터져 168명이 죽고 600여명이 부상당하는 테러가 발생해 미국을 비롯한 전 세계가 경악했다. 범인으로 체포된 티모시 맥베이는 사건 발생 2년전 텍사스에서 집단자살한 다윗파 신도들에 대한 연방정부의 불만스런 사건처리 때문에 테러를 저질렀다고 밝혔다. 필자는 당시 대학에서 CNN과 AP 뉴스를 강의할 때인데, 한 달 동안 이 오클라호마 테러 사건이 헤드라인뉴스로 다루어졌던 기억을 갖고 있다. 이 글은 사건 발생 4일 뒤, 클린턴 대통령이 오클라호마 시민들, 유가족들을 앞에 두고 희생자들의 명복을 비는 송덕문의 성격이다.

## 단어와 어구

01 **stand with** 지지하다
02 **recall** 상기하다, 회상하다
03 **mean** 비열한, 성질이 못된
04 **caring** 돌봄, 보살핌
05 **owe** 빚지고 있다, …의 은혜를 입고 있다
06 **purge** 깨끗이 하다, 숙청하다
07 **give rise to** …의 근원이다, …을 발생시키다
08 **evil** 악, 사악, 죄악
09 **threaten** 위협하다
10 **common** 공동의, 공통의, 흔한
11 **comfort** 위로, 위안, 안락
12 **righteousness** 정의
13 **trouble** 걱정시키다, 괴롭히다
14 **inherit** 물려받다, 상속받다
15 **justice** 정의
16 **prevail** 이기다, 우세하다
17 **stand up** 대항하다, 일어나다

# Their Leaves Do Not Wither

**CD-1 TRACK 16**

Yesterday Hillary and I had the [01]privilege of speaking with some children of other federal employees—children like those who were lost here. And one little girl said something we will never forget. She said, we should all [02]plant that tree [03]in memory of the children. So this morning before we got on the plane to come here, at the [04]White House, we planted a tree [05]in honor of the children of Oklahoma. It was a [06]dogwood with its wonderful spring flower and its deep, [07]enduring roots. It [08]embodies the lesson of the [09]Psalms—that the life of a good person is like a tree whose leaf does not [10]wither. My fellow Americans, a tree takes a long time to grow, and [11]wounds take a long time to [12]heal. But we must begin. Those who are lost now belong to God. Some day we will be with them. But until that happens, their [13]legacy must be our lives.

Thank you all, and God bless you.

---

**White House** – **Wh**의 **h**는 묵음이고, **House**의 **H**발음은 약화된다. 따라서 백악관은 **와이라우스**처럼 발음된다.

> eg. **The President lives in the White House.**
> 대통령은 백악관에 거주한다.

**leaf** – **f**가 매우 작게 들리기 때문에, 들을 때 **lip**인지 **lit**인지 **leak**인지 **leap**인지 발음상으로 구분하기 어렵다.

> cf. **turn over a new leaf** 심기일전하다, 마음을 고쳐먹다

**heal** – **eal**로 끝났기 때문에 약간 당겨서 **히얼**로 발음한다.

> cf. **deal, meal, seal, reveal, ordeal**

# 훌륭한 사람의 삶은 잎이 시들지 않는 나무와 같다

힐러리와 나는 어제 다른 연방정부 직원들의 몇몇 자녀들과 얘기할 수 있는 기회를 가졌습니다. 그 어린이들은 여기서 목숨을 잃은 어린이들과 같은 아이들이었습니다. 그때 한 어린 소녀가 했던 말을 우리 부부는 결코 잊지 못할 것입니다. 그 아이는, "죽은 어린이들을 기억하기 위해 우리 모두 나무를 심어요."라고 말했습니다. 그래서 우리는 오늘 아침 여기 오기 위해 비행기를 타기 전에 백악관에서, 희생당한 오클라호마 어린이들을 추모하기 위해 나무 한 그루를 심었습니다. 멋진 봄 꽃을 피우고, 오랜기간 깊게 뿌리 내리는 층층나무 한 그루였습니다. 그것은 훌륭한 사람의 삶은 잎이 시들지 않는 나무와 같다는 성가의 교훈을 구현하는 것입니다. 국민 여러분, 나무가 자라는 데는 오랜 시간이 걸리고, 상처를 치유하는 데도 오랜 시간이 걸립니다. 그러나 우리는 시작해야 합니다. 희생자들은 이제 하느님 품에 있습니다. 언젠가는 우리도 그들과 함께 있을 것입니다. 그러나 그날이 올때까지, 그들이 물려준 유산은 우리의 삶이 되어야 합니다.

감사합니다. 여러분 모두에게 신의 은총이 깃들기를 바랍니다.

## 단어와 어구

01 **privilege** 특권, 특전
02 **plant** 심다
03 **in memory of** …의 기념으로
04 **White House** 백악관
05 **in honor of** …에 경의를 표하여
06 **dogwood** 층층나무
07 **enduring** 영속적인, 불후의
08 **embody** 구체화하다
09 **Psalms** 성가
10 **wither** 시들다
11 **wound** 부상, 상처
12 **heal** 치유하다
13 **legacy** 유산

## 알아두면 좋아요!!

### 세계 대통령/ 총리 관저

한국 Cheong Wa Dae (Blue House 청와대)
미국 White House (백악관)
러시아 the Kremelin (클레믈린 궁)
프랑스 Elysee Palace (엘리제 궁)
영국 No.10 Downing Street (다우닝가 10번지)

### 미 대통령 관련 기본어휘

대통령 집무실 Oval office
대통령 전용기 Airforce One
대통령 주말 별장 Camp David
대통령 부인 First Lady
대통령 가족 First Family

# A Smaller Government But a Stronger Nation

**CD-1 TRACK 17** We have moved past the [01]sterile [02]debate between those who say government is the enemy and those who say government is the answer. My fellow Americans, we have found a third way. We have the smallest government in 35 years, but a more [03]progressive one. We have a smaller government but a stronger nation.

**미국에서는 이렇게 발음해요!** ||||||||||||||||||||||||||||||||||||||||||||||||||||||||||||||||||||||||||||||||||||||

**past** – **past**의 끝자음 **t**가 약화되어 발음되기 때문에 문맥을 타지 않으면 **pass**인지, **path**인지 헷갈리기 쉽다. 특히 본문에도 나오듯(**past the**) **t**뒤에 자음(th)이 이어질 경우, 마치 생략된 것처럼 들린다.
   **cf. meat, market**

**sterile** – 발음은 스ㅌ+떼릴, 스ㅌ+떼라일 모두 가능하다.
   **cf. fragile** 부서지기 쉬운, 덧없는

**third** – θ발음과 끝자음 **d**를 약화시키는 것 두 가지를 주의해야 한다. 발음은 ㅆ+떠(드).
   **eg. This is the third time this month.**
   이달 들어서 세 번째예요.

**smaller** – 비교급을 만들어주는 **er**이 명확히 들리지 않는다.
   **cf. larger, higher, lower**

# 작아진 정부, 그러나 강해진 국가

　우리는 정부가 적이라고 말하는 사람들과 정부가 해결책이라고 말하는 사람들 간의 무익한 논쟁을 지나왔습니다. 국민 여러분, 우리는 제 3의 길을 찾아냈습니다. 우리 정부는 지난 35년만에 가장 작은 정부이긴 하지만 보다 진보적인 정부입니다. 미국은 이제 정부는 더 작아졌으나, 더욱 강력한 국가가 되었습니다.

## ‖ 연설의 배경 ‖

이 글은 1998년 1월 27일, 클린턴 대통령이 TV와 라디오를 통해 전국에 생중계되는 가운데, 의회와 국민을 향하여 시정방향을 발표한 연두교서의 일부분이다. 하루 전인 1월 26일 기자들에게 백악관 인턴인 모니카 르윈스키 양과의 불륜을 부인했다가, 같은 해 8월 17일에는 르윈스키 양과의 부적절한 관계를 시인하여 성희롱 및 위증 혐의로 탄핵위기에까지 몰렸지만 클린턴은 경제면에서 A⁺점수를 받고 있다는 데에서 자신감을 얻고 시종일관 박력있는 연두교서를 발표해 나간다. 결론적으로, 클린턴 집권 당시의 경제 호황이 그의 여성 스캔들과 대국민 거짓 발언까지 잠재워 버리고 그를 성공적인 대통령으로 기억되게 해주었다.

### 단어와 어구

01 **sterile** 메마른, 불임의, 무익한　　02 **debate** 논쟁, 토론　　03 **progressive** 전진하는, 진보적인

## 알아두면 좋아요!!

### 탄핵(impeachment)

1998년 르윈스키와의 부적절한 관계(inappropriate relationship)으로 세계적으로 망신(international disgrace)을 사고, 그것도 모자라 탄핵위기(at the brink of impeachment)에 몰렸던 클린턴 전 대통령(former president Clinton).

일반적으로 공무원이 부정한 짓을 저질렀다는 혐의(a public official is accused of wrongdoing)를 받고 탄핵되면(impeached), 이후 재판을 받는다(tried). 죄가 있을 경우(if found guilty), 기소(convicted)되거나 해임(removed from office) 또는 더 이상의 망신을 피하기 위해 스스로 물러나는(resign to avoid further disgrace)과정으로 이어진다.

# The Balanced Budget

**CD-1 TRACK 18**
Americans in this [01]chamber and across our nation have pursued a new strategy for prosperity: [02]fiscal [03]discipline to cut interest rates and [04]spur growth; investments in education and skills, in science and technology and transportation, to prepare our people for the new economy; new markets for American products and American workers.

When I [05]took office, the [06]deficit for 1998 was [07]projected to be $357 billion, and [08]heading higher. This year, our deficit is projected to be $10 billion, and heading lower. For three decades, six Presidents have come before you to [09]warn of the damage deficits [10]pose to our nation. Tonight, I come before you to announce that the federal deficit—once so [11]incomprehensibly large that it had 11 zeroes—will be, simply zero. I will [12]submit to Congress for 1999 the first [13]balanced budget in 30 years. Thank you. And if we [14]hold fast to fiscal discipline, we may balance the budget this year—four years [15]ahead of schedule.

## 미국에서는 이렇게 발음해요!

**deficit** – 데피시트는 완전 콩글리쉬이므로 가운데에 모음을 약모음으로 발음하여 **대ㅍ+허씨ㅌ**으로 발음해야 한다.
> **cf. trade deficit** 무역 적자

**zero** – **z**는 우리말 표기가 힘든 발음이다 **ㅅ+지로(우)**라고 일단 표기는 해보지만 발음기호 **z**는 성우의 발음을 유심히 듣고 다른 자음들에 비해 특별히 더 많은 훈련을 해야 한다.
> **cf. zero hour** 행동 개시 시간

**ahead of** – 두 단어를 연음시키면서 **of**의 **f**발음은 거의 안나게 **(어)해러(브)** 정도로 발음한다.
> **eg. We expect to complete the work ahead of schedule.**
> 우리는 그 일을 예정보다 빨리 끝낼 예정이다.

# 계속 호전되고 있는 연방재정

이곳에 계신 위원 여러분들을 비롯해 전국의 국민들은 번영을 위한 새로운 전략을 추구했습니다. 금리를 낮추고 성장을 촉진하는 재정관리, 교육과 기능, 과학 기술과 교통에 투자하여 우리 국민을 새로운 경제, 즉 미국 제품과 미국 노동자들을 위한 새로운 시장에 대비하게 하였습니다.

제가 취임했을 당시, 1998년도 적자 규모는 3천5백7십억 달러로 추산되었고 그 또한 계속 늘어나는 추세였습니다. 금년도 적자는 100억 달러로 예상되는 가운데, 그 규모는 계속 낮아지고 있습니다. 지난 30년동안 6명의 대통령이 이곳 연단에 서서 적자로 인해 국민들이 겪게 될 피해에 대해 경고했습니다. 저는 오늘밤 이곳 의원님들 앞에 서서, 한때 수천억에 달하던 엄청난 연방정부의 적자가 이제 곧 제로가 될 것임을 공표합니다. 저는 30년만에 처음으로 1999년 의회에 균형예산을 제출할 것입니다. (박수 소리에 대해) 감사합니다. 그리고 우리가 재정관리를 강력하게 지속시켜 나간다면, 금년에 균형예산을 실현할 수도 있습니다. 이는 예정보다 4년 앞당기는 것입니다.

**단어와 어구**

01 **chamber** 방, 의회, 회의장
02 **fiscal** 재정상의, 회계의
03 **discipline** 규율, 단련, 기강
04 **spur** 박차를 가하다, 격려하다, 자극하다
05 **take office** 취임하다
06 **deficit** 적자
07 **project** 계획하다, 예상하다, 안출하다
08 **head** 니아가다, 전진하다
09 **warn** 경고하다
10 **pose** 자세를 취하다, 불러일으키다
11 **incomprehensibly** 이해할 수 없게, 무한하게
12 **submit** 제출하다
13 **balanced budget** 균형예산
14 **hold fast** 굳게 계속되다, 고집하다
15 **ahead of schedule** 예정보다 앞서

# Social Security First

CD-1
TRACK
19

Here's the really good news: If we [01]maintain our [02]resolve, we will produce balanced budgets as far as the eye can see. We must not go back to [03]unwise [04]spending or [05]untargeted tax cuts that risk reopening the deficit.

But whether the issue is tax cuts or spending, I ask all of you to meet this test: Approve only those [06]priorities that can actually be accomplished without adding a dime to the deficit. Now, if we balance the budget for next year, it is projected that we'll then have a [07]sizable surplus in the years that [08]immediately follow. What should we do with this projected [09]surplus? I have a simple four-word answer: Save Social Security first. Thank you. Tonight, I [10]propose that we [11]reserve 100 percent of the surplus—that's every penny of any surplus—until we have taken all the necessary [12]measures to [13]strengthen the [14]Social Security system for the 21st century. Let us say—let us say—to all Americans watching tonight—whether you're 70 or 50, or whether you just started paying into the system—Social Security will be there when you need it. Let us make this commitment: Social Security first. Let's do that together.

## 미국에서는 이렇게 발음해요!

**risk** – r발음을 내야 하므로 혀를 굴려 **뤼슥** 또는 **뤼스(크)**처럼 발음한다.
  eg. **High risk, potentially high reward.**
    위험 부담이 큰 만큼 그에 걸맞는 큰 성과도 기대할 수 있을 겁니다.

**immediately** – 많이 쓰이는 부사이기 때문에 발음을 정확히 낼줄 알아야 한다.
    본토 발음은 **이미디엇리**.
    cf. **lately** 최근에, **deliberately** 고의로

**or** – **오(어)**라고 발음할 때도 있고, 그냥 **오**나 **어** 정도로만 발음할 때도 많다.
  cf. **give or take** 대략

# 사회 보장 제도가 우선이다

여기 정말 좋은 소식이 있습니다. 우리가 우리의 결의를 지킨다면, 눈에 보이는 균형 예산을 실현하게 될 것입니다. 우리는 어리석은 지출이나 목표없는 세금 인하로 돌아가서 재정적자가 재개되는 모험을 해서는 안 됩니다.

그러나 문제가 세금인하든, 지출이든 저는 여러분 모두에게 이 시험에 대처할 것을 부탁드립니다. 단돈 한 닢도 적자를 늘리지 않으면서 실제로 성취할 수 있는 우선적인 것들만을 승인해주십시오. 자, 우리가 내년도 예산의 균형을 맞춘다면, 우리는 바로 이어지는 연도들에서 상당한 흑자를 내게 될 것으로 예상됩니다. 우리는 이 예상되는 흑자로 무엇을 해야 하나요? 간단하게 네 단어로 답변드리겠습니다. "사회 보장 제도 사수." 감사합니다. 오늘밤, 저는 100%의 흑자를 떼어두자고 제안합니다. 흑자가 얼마이든간에 한 푼도 빠짐없이 말입니다. 우리가 21세기 사회보장제도를 강화하기 위해 필요한 모든 조치를 취할 때까지 말입니다. 오늘 밤, 70대이든, 50대이든, 이제 세금 납부를 시작한 분이든간에 이 방송을 지켜보는 모든 미국인들에게 말합시다. 여러분들이 그것을 필요로 할 때, 사회보장이 그곳에 있을 것이라고. 이렇게 약속합시다. 사회보장이 우선입니다. 우리 함께 그것을 합시다.

**단어와 어구**

01 **maintain** 유지하다
02 **resolve** 결의, 결심
03 **unwise** 어리석은
04 **spending** 지출
05 **untargeted** 목표가 없는
06 **priority** 우선적으로 해야 하는 일, 우선권, 상위
07 **sizable** 상당한 크기의, 꽤 큰
08 **immediately** 즉각, 즉시, 바로
09 **surplus** 잉여, 흑자
10 **propose** 제안하다
11 **reserve** 남겨두다, 떼어두다
12 **measure** 조치
13 **strengthen** 강화시키다
14 **Social Security System** 사회보장제도

# 03
# George H. W. Bush

## George H. W. Bush, 그는 누구인가!

예일대 졸. 하원의원, CIA국장을 거쳐 전임 레이건 대통령 밑에서 부통령을 8년이나 했다. 만년 부통령이라는 딱지를 떼게 되는 계기가 된 이 글은 1988년 8월 18일 Louisiana주 New Orleans에서 열린 공화당 전당대회에서의 후보 수락 연설의 일부이다. 이 연설을 계기로 민주당 후보에게 많이 뒤져있던 후보 지지율을 급상승시켰다. 92년 대선에서는 세금을 올리지 않겠다던 공약을 깨고 세금을 올려놓는 바람에 민주당의 클린턴 후보에게 패배하였다.

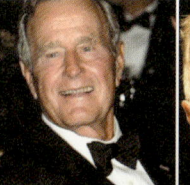

# At the Bright Center Is the Individual

**CD-1 TRACK 20**　　An election - an election - that is about ideas and [01]values is also about [02]philosophy. And I have one. At the bright center is the individual. And [03]radiating out from him or her is the family, the essential [04]unit of [05]closeness and of love. For it is the family that communicates to our children—to the twenty-first century—our culture, our religious faith, our traditions and history. From the individual to the family to the community, and then on out to the town, the church and the school, and, still [06]echoing out, to the county, the state, and the nation—each doing only what it does well, and no more. And I believe that power must always be kept close to the individual, close to the hands that [07]raise the family and run the home.

## 미국에서는 이렇게 발음해요!

**election** – 콩글리쉬로 발음하게 되면 **erection**(발기)이 된다.
> eg. **There is no possibility that she will win the election.**
> 그녀가 선거에서 승리할 가능성은 없다.

**philosophy** – ph는 f발음과 똑같다. 취업의 최종 관문인 영어면접시험에서 면접관이 **"What is your life philosophy?"** ("당신의 인생 철학은?")하고 물어볼 수 있는데 평소에 **philosophy**를 필로소피로 발음해 왔다면 질문 자체를 이해하지 못해 답변이 불가능할 수 있다. **philosophy**에 대한 정확한 발음은 ㅍ+휠라써ㅍ+히.
> cf. **physics** 물리학
> 　　**physician** 내과의사

**family** – 발음이 아주 나쁜 사람은 훼미리라고 발음하는 것 같다. 미국식 발음은 ㅍ+홰믈리 또는 ㅍ+홰밀리이다.
> eg. **At the Moon Festival, we Koreans visit our family graves.**
> 추석 때 우리 한국인들은 성묘하러 간다.

48

# 밝게 빛나는 중앙에 개인이 있습니다

　생각과 가치에 관한 선거는 또한 철학에 관한 선거입니다. 저에게도 하나의 철학이 있습니다. 밝게 빛나는 중앙에 개인이 있습니다. 그에게서 뻗어나오는 것은 가족이며, 가족은 친밀과 사랑의 본질적인 단위입니다. 왜냐하면 21세기에 우리의 아이들, 우리의 문화, 우리의 종교, 우리의 전통과 역사와 소통하는 것은 바로 가족이기 때문입니다. 개인으로부터 가족, 공동체, 마을, 교회와 학교까지, 계속해서 더 나아가 군, 주, 그리고 국가에까지 뻗어나갑니다. 각자 자기가 잘 하는 일만 합니다. 더 이상은 아닙니다. 그래서 저는 힘은 항상 개인에 가까이 있어야 하고, 가족을 부양하고, 가정을 꾸려나가는 사람들과 가까이 있어야 한다고 믿습니다.

## ‖ 연설의 배경 ‖

부통령을 8년이나 지낸 만년 부통령이라는 별명에 시달리고 각종 후보 여론 조사에서도 낮은 지지율을 보였던 부시는 이날 대선 후보 지명 연설에서 가치를 중시하겠다는 자신의 정치 철학을 밝힘으로서 대역전의 기회를 잡는다.

## 단어와 어구

01 **value** 가치
02 **philosophy** 철학
03 **radiate** 빛을 발하다, 발산하다,방출하다
04 **unit** 구성 단위
05 **closeness** 친밀
06 **echo** 메아리치다, 반향하다
07 **raise** 기르다, 키우다

## Structure Tips!!

"At the bright center is the individual."은 도치구문입니다. 진지사구(at the bright center)가 문두로 나가면서 뒤에 주어(the individual)와 동사(is)가 도치, 즉 자리바꿈을 하죠. 뒤이어 나오는 문장 "radiating out from him or her is the family" 역시 도치구문입니다. 원래는 "the family is radiating out from him or her"이라고 쓰지만, 'radiating~'부분을 강조하고 싶다거나, 주어가 너무 길 경우에도 도치구문을 사용하기도 합니다.

# A Kinder and Gentler Nation

**CD-1 TRACK 21** We're a nation of community, of thousands and tens of thousands of [01]ethnic, religious, social, business, [02]labor union, neighborhood, regional, and other [03]organizations—all of them [04]varied, voluntary, and [05]unique.

........ a [06]brilliant diversity spread like stars, like a thousand points of light in a [07]broad and peaceful sky.

The fact is [08]prosperity has a purpose. It is to allow us to [09]pursue "the better angels," to give us time to think and grow. Prosperity with a purpose means taking your idealism and making it [10]concrete by certain acts of [11]goodness.

Some would say it's soft and [12]insufficiently tough to [13]care about these things. But where is it written that we must act as if we do not care, as if we are not moved? Well, I'm [14]moved. I want a kinder and gentler nation.

---

### 미국에서는 이렇게 발음해요!

**community** – 커뮤니디 정도로 발음해서 밑줄 친 t를 ㄷ으로 발음하는 게 좋다.
> **cf. city** 도시
> **meeting** 회의

**soft** – ft가 (ㅍ+흐)(트) 정도로 약하게 발음된다. 그러므로 쏘(ㅍ+흐)(트) 정도로 발음한다. 잘못 들으면 **soap**처럼 들릴 수 있다.
> **cf. swift** 스윕(트) 빠른
> **raft** 뢥(트) 뗏목
>
> <<< swift의 경우 t는 거의 묵음이고, f는 받침으로 들어가서, 발음상으로는 sweet(달콤한), sweep(청소하다) 사이에서 헷갈리기 쉽다. 따라서, 영어 청취는 항상 독해와 병행 훈련해야 효력을 발휘한다.

**as if** – 두 단어를 연음시키듯이 애짚처럼 발음된다.
> **eg. He acts as if he were the president.**
> 그는 마치 사장처럼 행동한다.

# 보다 인정있고 예의 바른 국가를 향해

우리는 공동체, 수천 수만개의 소수 민족, 종교, 사회, 업종, 노조, 지역 사회, 국부적인, 기타 단체들로 구성된 나라입니다. 이 모든 것이 다채롭고, 자발적이고, 독특하기 때문입니다.

별들처럼, 넓고 평화로운 하늘에 있는 1000개의 불빛처럼 다양성이 찬연히 펼쳐져 있습니다.

번영에는 목표가 있습니다. 그것은 우리가 "우리 본성의 선한 마음"을 추구하게 하고, 우리에게 생각하고 성장할 시간을 주게 될 것입니다. 목표가 있는 번영은 여러분의 이상주의를 받아들이고 특정한 선한 행동들에 의해 그것을 구체화한다는 것을 의미합니다.

이런 것들에 관심을 갖는다는 것은 유약하고, 충분히 강하지 못한 것이라고 말하는 사람들도 있을 것입니다. 그러나, 우리가 관심도 없고, 감동도 받지않는 사람처럼 행동해야 한다고 어디에 명문화되어 있습니까? 음, 저는 감동을 받는 사람입니다. 저는 보다 인정있고 보다 예의 바른 국가를 원합니다.

---

### 단어와 어구

01 **ethnic** 민족의, 인종의, 소수 민족의
02 **labor union** 노조
03 **organization** 조직
04 **varied** 잡다한, 다채로운
05 **unique** 독특한
06 **diversity** 다양성
07 **broad** 광범위한, 넓은
08 **prosperity** 번영, 번성
09 **pursue** 추구하다
10 **concrete** 구체적인
11 **goodness** 선량, 덕, 착한 행위
12 **insufficiently** 불충분하게
13 **care about** 돌보다, 관심을 갖다
14 **move** 감동시키다

## Structure Tips!!

**Some would say <u>it</u>'s soft and insufficiently tough <u>to</u> care about these things.**

「가주어(it) ~ 진주어(to)」 구문이네요. 가주어 it은 형식 주어로, 말 그대로 형식적으로 존재할 뿐 아무런 의미도 지니지 않습니다. 진짜 주어는 'to이하'의 문장입니다. '그것은 유약하고 너무나 강하지 못하다'고 하는데 여기서 그것이란 바로 '이런 것들에 신경 쓰는 것'을 의미하겠죠. 이런 구문은 주로 주어가 너무 길 경우, 가짜 주어 it을 앞에 두고 진짜 주어는 to부정사를 이용해서 뒤로 보내, 문장을 보다 명확하게 볼 수 있게 하기 위해서 사용한답니다.

# 04
# Ronald Reagan

## Ronald Reagan, 그는 누구인가!

아나운서, 할리우드 영화배우로 활동하다가 1962년 공화당에 입당. 미국의 3대주 중 하나이 캘리포니아 주지사를 거쳐, 1980년 대선에서 민주당의 지미 카터를 누르고 당 선되었다. 1984년 대선에서도 민주당 후보를 압도적으로 누르고 재선되었다. 정치적 으로는 성공했지만 1994년 불치병인 알츠하이머병에 대한 초기 증상 진단 결과가 나 온 이후 투병생활을 계속해오다가 2004년 93세를 일기로 타계하였다. 유머 감각이 뛰어나 필자가 개인적으로 제일 좋아하는 대통령이다.

# We Have the Capacity Now

**CD-1 TRACK 22**

The economic ills we suffer have [01]come upon us over several decades. They will not [02]go away in days, weeks, or months, but they will go away. They will go away because we as Americans have the [03]capacity now, as we've had in the past, to do whatever needs to be done to preserve this last and greatest [04]bastion of freedom.

---

**미국에서는 이렇게 발음해요!** ||||||||||||||||||||||||||||||||||||||||||||||||||||||||||

**ills** – **ill** 발음은 약간 당겨서 발음해야 하므로 **이얼즈** 정도로 발음한다.

    **cf. hill** 언덕

        **oil** 기름

        **bill** 청구서, 지폐, 법안

**capacity** – 첫 번째 모음 **a**에는 강세가 없고, 두 번째 모음 **a**에는 강세가 들어가니까 **커패씨디** 정도가 정확한 발음이다.

    **eg. This work is beyond my capacity.**

        이 일은 내 능력밖이다.

    <<< 강세를 앞에다 두고 **캐퍼씨디**라고 발음하는 사람을 본 적이 있는데, 당시 그 발음을 듣고 있었던 미국인 바이어가 단번에 알아들었을까? 강세 위치를 정확하게 알아두려는 노력을 오늘부터라도 시작하자.

**we've** – 축약형은 거의 들리지 않을 때가 많다. 그러므로 문맥을 잘 파악해야 한다.

    **cf. I've, They've, You've, They'd, She'd**

# 우리에게는 해결 능력이 있다

우리가 겪고 있는 경제적인 병폐들은 수십년에 걸쳐 우리에게 닥쳐왔습니다. 이 병폐들은 수일, 수주 아니면 수개월 안에 사라지지는 않을 것입니다. 그러나 결국 사라지게 될 것입니다. 이 병폐들은 사라지게 됩니다. 왜냐하면 지금 우리 미국인들에게는 과거에도 그래 왔던 것처럼 이 자유라는 최후의, 최대의 요새를 지키기 위해 필요한 것은 무슨 일이든 할 수 있는 능력이 있기 때문입니다.

## ‖ 연설의 배경 ‖

Ronald Reagan에게는 "Great Communication"라는 별명이 하나 있다. 그만큼 말을 잘한다는 뜻이다. 50여편의 영화에 출연한 경력이 있는 전직 헐리우드 배우 출신인 레이건 대통령은 재임 중 엄청난 병력 증강을 단행하고 외교는 강력한 반공 정책을 취했었지만 그가 대통령 취임 당시에는 경제가 최악의 상황이라 통상적인 취임 인사말이 끝나자마자 경제 위기 탈출을 위한 자신의 구상을 밝혀나갔다. 레이건 대통령에게는 가장 큰 이벤트 중 하나였을 집권1기 취임사를 어떻게 풀어나가는지 보자.

### 단어와 어구

01 **come upon** 닥쳐오다, 다가오다   02 **go away** 사라지다   03 **capacity** 능력, 역량, 수용량, 자격
04 **bastion** 요새, 성채, 보루

## Grammar Tips!!

**They will go away because we _as_ Americans have the capacity now, _as_ we've had in the past~.**

「as 용법」

as는 전치사로도 쓰이고, 접속사로도 쓰입니다. 전자의 경우, 명사 앞에서 쓰여서 "~로서"로 해석되고, 후자의 경우는 하나의 문장 앞에 쓰이며 "~때문에, ~함에 따라" 또는 "~하듯이, ~하는 동안" 등으로 해석됩니다. 즉, 위에 쓰인 문장 역시 전자는 명사 Americans앞에 쓰였으므로 "미국인으로서"라는 뜻이고, 후자는 문장을 이끌고 있으므로 "과거에 우리가 그랬듯이"로 해석될 수 있습니다. 접속사로 쓰였을 경우엔, 문맥을 잘 파악하여 해석해야겠죠.

# All of Us Together Must Bear the Burden

**CD-1 TRACK 23**    In the present crisis, government is not the [01]solution to our problem; government is the problem. From time to time, we've been [02]tempted to believe that society has become too [03]complex to be managed by [04]self-rule, that government by an [05]elite group is [06]superior to government for, by, and of the people. Well, if no one among us is capable of governing himself, then who among us has the capacity to govern someone else? All of us together, in and out of government, must bear the burden. The solutions we seek must be [07]equitable, with no one group [08]singled out to pay a higher price.

---

**미국에서는 이렇게 발음해요!** ||||||||||||||||||||||||||||||||||||||||||||||||||||||||||||||||||||||||||||||||||||||||||||||||||

**solution** – 요즘 이 단어를 솔루션이라고 발음하는 것을 많이 보았는데 썰루션이 자연스럽다. 모음 **o**에서 약모음화 현상이 일어나기 때문이다.

    **cf. resolution** 결의, 결의안

        <<< 필자는 가끔 개인지도 나갈 때나, 학원에서 강의할 때, 영어는 강사의 지도보다는 '본인이 하기 나름이다' 라는 말을 자주 하면서 영어표현 "I'm not the solution. You are the solution." (내가 해결책이 아니라 여러분 자신의 노력에 달려있다.)을 자주 쓰곤 한다. 여러분들도 요즘음 가장 많이 쓰이는 영단어 중 하나인 solution을 발음할 때 솔루션이 아니라 썰루션으로 발음하는 습관을 들여야 한다.

**elite** – 일리:(트) 또는 에일리:(트)로 두개가 모두 가능하다.

    **cf. a strong sense of being an elite** 강력한 엘리트 의식

**equitable** – 에퀴터블보다는 애쿼러블로 발음해야 자연스럽다.

    **cf. equity** 공평, 공정, 재산의 순가

56

# 모두 함께 짐을 짊어집시다

현 위기에서 정부는 우리의 문제에 대한 해결책이 아닙니다. 바로 정부가 문제입니다. 때때로 우리는 사회가 너무 복잡해져 자치적으로 운영될수 없으며, 엘리트층에 의한 정부가 국민의, 국민에 의한, 국민을 위한 정부보다 우수하다고 믿고 싶은 유혹을 받아왔습니다. 만약, 우리 중에 자기 스스로를 다스릴 수 있는 사람이 아무도 없다면, 우리 중에 누가 다른 사람을 다스릴 능력이 있단 말입니까? 정부내에서 일하는 사람이든 정부밖에서 일하는 사람이든, 우리 모두 함께 짐을 짊어져야 합니다. 우리가 찾는 해법은 어떤 한 그룹을 선택하여 그들에게 더 큰 대가를 치르게 하지 않는 그런 공평한 해법이어야 합니다.

---

### 단어와 어구

01 **solution** 해결, 해법
02 **tempt** 유혹하다
03 **complex** 복잡한
04 **self-rule** 자치
05 **elite** 정선된, 최우량의
06 **superior** 우수한, 뛰어난
07 **equitable** 공평한, 공정한
08 **single out** 골라내다

## Structure Tips!!

**Society has become <u>too</u> complex <u>to</u> be managed by self-rule.**

「too A(형용사/부사) to B(동사)」 구문입니다. "너무 A 해서 B할 수 없다"는 뜻이죠. 즉, 이 문장에서는 '사회가 너무 복잡해져서 자치로는 운영될 수 가 없다'고 해석됩니다.

「so~ that ~ cannot」 구문을 사용하여 표현할 수도 있습니다.

→ Society has become so complex that it cannot be managed by self-rule.

# We Are a Nation That Has a Government

**CD-1 TRACK 24**

We are a nation that has a government—not the other way around. And this makes us special among the nations of the Earth. Our government has no power except that granted it by the people. It is time to [01]check and [02]reverse the [03]growth of government, which shows [04]signs of having grown beyond the [05]consent of the governed. It is my intention to [06]curb the size and [07]influence of the Federal [08]establishment and to [09]demand [10]recognition of the [11]distinction between the powers granted to the Federal Government and those [12]reserved to the States or to the people. All of us—all of us—need to be [13]reminded that the Federal Government did not create the States; the States created the Federal Government.

---

**미국에서는 이렇게 발음해요!**

**consent** – '동의하다', '동의' 라는 뜻의 이 단어는 동사형, 명사형에 관계없이 강세가 뒤에 있다.

**curb** – 어휘력이 약하면 **curve**로 착각할 수 있다. **curb**와 **curve**는 들을 때 미세한 차이가 나기 때문에 독해력으로 구분해야 한다.

   cf. **curb the hikes of public utility charges**
     공공요금의 인상을 억제하다

**recognition** – 레코그니션으로 발음하기 쉬운데 정확한 발음은 **뤠컥니션**이다. 첫 번째 모음과 세 번째 모음에 강세를 두고 발음하면 단어 자체에 리듬이 들어가 쉽게 본토에 가까운 발음을 할 수 있다.

   eg. **It also features handwriting recognition and compatibility with most PCs.**
     필적을 인식할 수 있으며 대부분의 개인용 컴퓨터와도 호환이 가능합니다.

# 국민이 정부를 소유하는 나라

우리는 정부를 갖고 있는 국가이지 정부가 국가를 갖고 있는 나라가 아닙니다. 그리고 그것이 지구상의 다른 국가들 중에서도 우리 미국을 특별한 나라로 만들어주고 있습니다. 우리 정부는 국민이 정부에게 부여한 것 이외에는 어떤 권한도 없습니다. 이제 정부의 증대를 견제하고 후진시켜야 할 때입니다. 정부가 피지배자의 동의를 넘어 증대했다는 징후를 보여주고 있습니다. 나의 목적은 연방정부 조직의 규모와 영향력을 억제하고 연방정부에게 부여된 권력과 주정부 또는 국민에게 귀속된 권력 간의 차이에 대한 인식을 요구하는 것입니다. 연방정부가 주를 만든것이 아니라, 주들이 연방정부를 만들었다는 사실을 우리 모두 상기할 필요가 있습니다.

## 단어와 어구

01 **check** 억제하다, 저지하다, 견제하다  02 **reverse** 거꾸로 하다, 역전(역류)시키다  03 **growth** 성장, 발달, 증대
04 **sign** 징후, 기미  05 **consent** 승낙, 동의  06 **curb** 억제하다
07 **influence** 영향  08 **establishment** 기성 권력 조직(체계)  09 **demand** 요구하다
10 **recognition** 인지, 인정  11 **distinction** 차이, 특징, 우수성  12 **reserve** 지정하다, 확보하다
13 **remind** 상기시키다, 일깨우다

## 알아두면 좋아요!!

**대쉬 (dash –) 용법**

비격식체 문장에서 주로 사용됩니다. semi colon(접속사 역할), colon(뒤에서 설명)과 같은 방식으로 사용됩니다. 이 문단에 나오는 "We are a nation that has a government—not the other way around"의 경우, 대쉬는 내용상 but(역접)의 의미를 띤다는 것을 문맥을 통해 알 수 있습니다.

Ex.  He had three defects; carelessness, lack of concentration and obstinacy in his ideas.
　　→ He had three defects — carelessness, lack of concentration and obstinacy in his ideas.

# The Government — Work with Us, Not over Us

**CD-1**
**TRACK**
**25**    Now, so there will be no misunderstanding, it's not my intention to [01]do away with government. It is rather to make it work — work with us, not over us; to [02]stand by our side, not ride on our [03]back. Government can and must provide [04]opportunity, not [05]smother it; [06]foster [07]productivity, not [08]stifle it.

**미국에서는 이렇게 발음해요!** ||||||||||||||||||||||||||||||||||||||||||||||||||||||||||||||||

**rather** – 롸더 또는 래더로 발음한다.

    **cf. weather** 날씨

        <<< 필자는 고교생들을 개인지도하면서 상당수의 학생들이 이 단어를 **래러**라고 발음하는 것을 확인했다. 그렇다면 그 학생들은 weather를 웨러라고 엉터리 발음을 하지 않을까?

**work** – walk와는 발음상 아주 미세한 차이가 나기 때문에 **walk**인지 **work**인지는 문맥으로 구분하는게 안전하다. **walk**은 목에서 **워ㅋ**을 발음하듯이 하고, **work**은 양빰에서 **월ㅋ**하고 발음하는 기분으로 발음한다.

    **eg. We work from 9 to 6.**

        우리는 9시부터 6시까지 일한다.

**ride** – 롸이(드)로 발음하는데, 유사발음 **write**, **right**, **rite** 등이 있기 때문에 이 단어 역시 문맥으로 구분할 줄 알아야 한다.

    **eg. Would you give me a ride?**

        좀 태워주시겠습니까?

# 우리의 위에서가 아니라 우리와 함께 하는 정부

자, 그러므로 오해는 없을 것입니다. 내 의도는 정부를 없애는 것이 아닙니다. 오히려 정부가 제대로 기능하게 하는 것이 나의 목표입니다. 정부가 우리의 위에서가 아니라 우리와 함께, 우리의 위에서 군림하는 것이 아니라 우리의 편에 서게 하는 것입니다. 정부는 기회를 억누르는 게 아니라 기회를 제공해야 합니다. 정부는 생산력을 억누르는게 아니라 생산력을 촉진시켜야 합니다.

## 단어와 어구

01 **do away with** 없애다, 폐지하다　　02 **stand by** 돕다, 편들다　　03 **back** 등

04 **opportunity** 기회　　05 **smother** 억누르다, 숨막히게 하다　　06 **foster** 육성하다, 촉진하다

07 **productivity** 생산성(력)　　08 **stifle** 질식시키다, 억누르다, 진압하다

## Structure Tips!!

이 지문에는 유독 「A not B = not B but A」 구문이 많이 등장하고 있습니다. "B가 아니라 A이다"라는 뜻으로 해석이 되죠. 일반적으로 이런 구문은 상관접속사로 분류됩니다.

### 대표적 상관접속사의 예

- both A and B  (A와 B 둘다)
- either A or B  (A 또는 B 가운데 하나)
- neither A nor B  (A, B 둘다 아닌)
- not only A but also B  (= B as well as A)  (A뿐만 아니라 B도)

# Sacrifice

CD-1 TRACK 26  Under one such [01]marker lies a young man, Martin Treptow, who left his job in a small town [02]barbershop in 1917 to go to France with the [03]famed Rainbow Division. There, on the western front, he was killed trying to carry a message between [04]battalions under [05]heavy artillery fire. We're told that on his [06]body was found a [07]diary. On the [08]flyleaf under the [09]heading, "My Pledge," he had written these words: "America must win this war. Therefore I will work, I will save, I will [10]sacrifice, I will [11]endure, I will fight [12]cheerfully and [13]do my utmost, as if the issue of the whole struggle [14]depended on me alone.

## 미국에서는 이렇게 발음해요!

**battalion** – 강세가 두 번째 모음에 있어 이 단어는 **버탤리언**으로 발음된다. **t**가 모음과 모음 사이에 있더라도 강세가 있으면 그대로 **t**발음을 낸다.

  **cf. material** 머티어리얼 물질적인, 물질의

**artillery** – **i**에 강세가 들어가면 **에**에 가깝게 발음될 때가 있는데 이 단어가 거기에 해당된다. 따라서 대포라는 이 단어는 **아텔러리**로 발음한다.

  **cf. begin** 시작하다

**written** – 신경을 써야 하는 코맹맹이 발음이 나왔다. **리튼**이 아니라 **륏은**으로 재빨리 **륏**을 발음하고 **은**발음을 내야 하는데 이 코맹맹이 발음은 그렇게 쉬운 발음이 아니기 때문에 연습을 많이 해야 한다.

  **eg. I failed the written test.**
  필기시험에서 떨어졌어.

# 희생

　그 묘석밑에 Martin Treptow라는 한 젊은이가 누워 있습니다. 그는 1917년 소도시의 이발소를 그만두고 프랑스로 가 유명한 <Rainbow Division> 부대에 합류했습니다. 거기, 서부전선에서 중포의 포탄이 발사되는 가운데에 대대간 연락을 취하려다가 전사했습니다. 우리는 그의 시신에서 일기장이 발견되었다고 들었습니다. "나의 다짐"이라는 제목 아래 여백면에 그는 다음과 같이 써 놓았습니다. "미국은 이 전쟁에서 승리해야 합니다. 그렇기 때문에 나는 마치 이 모든 전투의 결과가 나에게 달린 것처럼 일하고, 지키고, 희생하고, 인내하고, 기꺼이 싸우면서 전력을 다할 것이다."라고.

## 단어와 어구 ))))))))))))))))))))))))))))))))))))))))))))))))))))))))))))))))))))))))))))))))))))

01 **maker** 묘비, 묘석　　02 **barbershop** 이발소　　03 **famed** 유명한

04 **battalion** 대대　　05 **heavy artillery fire** 중포의 포격　　06 **body** 시신

07 **diary** 일기　　08 **flyleaf** 여백면　　09 **heading** 표제, 제목

10 **sacrifice** 희생하다　　11 **endure** 참다, 인내하다　　12 **cheerfully** 쾌활하게, 기분좋게, 기꺼이

13 **do one's utmost** 전력을 다하다　　14 **depend on** …에 의존하다

## 알아두면 좋아요!!

이 문단에 등장하는 묘비(marker)란 알링턴 국립묘지(Arlington National Cemetery)에 즐비하게 늘어서 있는 묘비들 가운데 Martin이라는 사람의 묘비를 일컬어 하는 말입니다. 레이건 대통령이 희생을 강조하기 위해 조국을 위해 목숨 바친 사람을 언급하는 부분입니다. 참고로 알링턴 국립묘지는 우리나라로 치면 국립 서울 현충원(the Seoul National Cemetery)에 해당합니다.

# Believe

**CD-1 TRACK 27** The crisis we are facing today does not require of us the kind of sacrifice that Martin Treptow and so many thousands of others were [01]called upon to make. It does require, however, our best effort and our [02]willingness to believe in ourselves and to believe in our capacity to [03]perform great [04]deeds, to believe that together with God's help we can and will resolve the problems which now confront us. And after all, why shouldn't we believe that? We are Americans.

God bless you, and thank you. Thank you very much.

---

**미국에서는 이렇게 발음해요!**

**best** – 조끼(vest)와 구분해서 위아래 입술을 닿게 하면서 **배스(트)**로 발음. 반면에 조끼는 **봬스(트)**로 발음한다.

    **cf. bet** 도박, 내기
        **vet** 수의과 의사

**deed** – '행위'라는 이 단어는 **did**(했다)와 구분해서 약간 장음으로 **디:(드)**라고 발음해야 한다.

**help** – 헬프보다는 **해얼(프)**로 발음해야 한다. 미국인들은 l발음앞에서 살짝 **어** 발음을 넣어 발음하는 경향이 있다.

    **cf. self-respect** 자존심

**shouldn't** – 끝자음 **t**를 약하게 **슈든**으로 발음한다.

      **eg. You shouldn't have done it.**
        너 그거 하지 말았어야 했는데.

# 믿음

오늘날 우리가 직면한 이 위기는 **Martin Treptow**를 비롯한 수많은 다른 사람들에게 요청했던 그러한 종류의 희생을 우리에게 요구하지 않습니다. 그러나 그것은 기꺼이 우리 자신을 믿고, 큰 일을 해낼 수 있는 능력을 믿으며, 신의 도움으로 우리가 직면한 문제들을 우리가 해결할 것이라는 믿음을 갖도록 최선의 노력을 기울일 것을 요구합니다. 그런데 왜 우리는 그것을 믿지 못합니까? 우리는 미국인입니다.

신의 축복이 있기를 기원합니다. 감사합니다.

## 단어와 어구

01 **call upon** 요구하다, 부탁하다　　02 **willingness** 기꺼이 …할 용의　　03 **perform** 실행하다, 수행하다
04 **deed** 행위, 업적

## Structure Tips!!

**The crisis we are facing today does not require of us the kind of sacrifice that Martin Treptow and so many thousands of others were called upon to make.**

긴 문장은 끊어 읽기만 잘하면 간단히 해석될 수 있습니다. 기본적으로 끊어 읽기는 접속사(관계사 포함) 앞, 긴 주어 뒤 또는 긴 목적어 앞, 준동사 앞, 전치사 앞에서 이루어집니다. 그럼 위 문장을 끊어 볼까요?

The crisis / (that) we are facing today / does not require of us / the kind of
　　목적격 관계사 앞　　　　　　긴 주어 뒤　　　　　　긴 목적어 앞
그 위기는 / 오늘날 우리가 직면한(위기) / 우리에게 (~)을 요구하지 않는다 / (~와 같은) 종류의

sacrifice / that Martin Treptow and so many thousands of others / were called upon / to make.
　　목적격 관계사 앞　　　　　　　　　　　　　　　　　긴 주어 뒤　　　　준동사 앞
희생(을) / 마틴 트랩토우와 그 외 수 천 명의 사람들이 / 요구 받았던 것과 같은 / (희생)하라고

# Self-delusion

CD-1
TRACK
28
If history teaches anything it teaches [01]self-delusion [02]in the face of [03]unpleasant facts is [04]folly. We see around us today the [05]marks of our [06]terrible dilemma — [07]predictions of [08]doomsday, [09]antinuclear demonstrations, an [10]arms race in which the West must, for its own [11]protection, be an [12]unwilling [13]participant. At the same time we see totalitarian forces in the world who seek [14]subversion and conflict around the globe to [15]further their [16]barbarous assault on the human spirit. What, then, is our course? Must civilization [17]perish in a [18]hail of [19]fiery [20]atoms? Must freedom [21]wither in a quiet, [22]deadening [23]accommodation with totalitarian evil?

## 미국에서는 이렇게 발음해요!

**subversion** – 써붜:젼 또는 써:붜션 모두 가능하다.

    **cf. immersion** …에 담금

**perish** – 끝에 오는 **sh**발음은 **쉬**발음을 최대한 짧게 내야 한다.

    **cf. crash** 충돌, 추락

        **fish** 물고기

        **push** 밀다

    **eg. Your wish is my command.**

        분부만 내려주십시오.

**atom** – 강세가 앞에 있고 **t**가 모음과 모음사이에 있어 **애럼**으로 발음한다.

    **eg. A molecule of water consists of two atoms of hydrogen and one atom of oxygen.**

    물의 분자는 2개의 수소와 1개의 산소 원자로 구성되어 있다.

# 자기 기만

우리가 역사에서 배울 것이 있다면, 그것은 불쾌한 사실들에 직면하여 자기를 기만하는 것은 어리석은 생각이라는 점입니다. 오늘날 우리 주변에서 우리가 처한 끔찍한 딜레마의 흔적들을 봅니다. 지구 종말에 대한 예언들, 반핵 시위, 서구가 자신을 보호하기 위해 마지못해 참여하는 군비경쟁 등을 말하는 것입니다. 동시에 전체주의 세력들이 인간 정신에 대한 야만적 공격을 강화하기 위하여 전 세계에서 정부전복과 전쟁을 추구하는 것이 보입니다. 그렇다면, 우리의 갈 길은 어떻게 되는 겁니까? 문명은 원자폭탄이 빗발치는 가운데 멸망해야 합니까? 자유는 전체주의의 악과 조용히 힘빠지는 화해를 하다가 시들어 가야 합니까?

‖ **연설의 배경** ‖

위 글은 1982년 6월 8일 Westminster(영국 국회의사당)에서 행한 연설이다. 이 연설에서 레이건은 소련의 몰락을 예측했는데, 레이건의 임기말에 소련 공산당 서기장 미하일 고르바초프의 개혁 정책이 시작되고, 결국 동구 공산권의 붕괴로 이어졌다. 소련의 경제상황을 예리하게 분석해온 그의 예언이 적중했음을 보여주는 레이건의 대표적 명연설문 중의 하나이다.

## 단어와 어구

01 **self-delusion** 자기 기만
02 **in the face of** …에 직면하여
03 **unpleasant** 불쾌한
04 **folly** 어리석은 짓(행동, 생각)
05 **mark** 흔적
06 **terrible** 무시무시한, 끔찍한
07 **prediction** 예측, 예언
08 **doomsday** 최후의 심판일, 세상의 마지막 날
09 **anti-nuclear** 반핵
10 **arms race** 군비경쟁
11 **protection** 보호
12 **unwilling** 마지못해 하는
13 **participant** 참가자, 운동선수
14 **subversion** 전복, 파괴
15 **further** 조성하다, 촉진하다, 증진하다
16 **barbarous** 야만적인
17 **perish** 멸망하다
18 **a hail of** …의 빗발
19 **fiery** 불타는, 화염의
20 **atom** 원자
21 **wither** 시들다, 시들어 죽다
22 **deaden** 말라죽게 하다, 사멸하다, 약해지다
23 **accommodation** 화해, 조정, 적응, 편의

# Turning Point

**CD-1 TRACK 29** It may not be easy to see; but I believe we live now at a [01]turning point. In an ironic sense Karl Marx was right. We are [02]witnessing today a great revolutionary crisis, a crisis where the demands of the economic order are conflicting directly with those of the political order. But the crisis is happening not in the free, non-Marxist West, but in the [03]home of Marxist-Leninism, the Soviet Union. It is the Soviet Union that runs against the [04]tide of history by [05]denying human freedom and human [06]dignity to its citizens. It also is in deep economic difficulty. The [07]rate of growth in the [08]national product has been steadily [09]declining since the fifties and is less than half of what it was then.

---

**미국에서는 이렇게 발음해요!** ||||||||||||||||||||||||||||||||||||||||||||||||||||||||||||||||||

**tide** – **de**발음이 약화되어 **tie**로 들리므로 주의해야 한다.

> **cf. aide** 보좌관
> **wide** 넓은
> **hide** 숨다

**its_citizens** – **s**와 **c**에서 동화현상이 일어난다. **s**가 **c**쪽으로 동화되어 **잇씨리즌즈**로 발음된다.

> **cf. its symbol**

> <<< 필자가 현장에서 강의하던 시절 가끔 받아쓰기 숙제도 내주고 받아쓰기 시험을 보기도 했는데, 채점할 때 가장 많이 틀리는 것들 중 하나가 바로 이 tsc, tss로 철자되면서 s 발음이 동화되는 경우이다.

**what it was** – 세 단어가 연음되듯이 발음되어 **와리와즈**처럼 발음되는 데에 주의한다.

> **cf. what is it?** 와리짙

# 전환점

보기가 쉽지는 않겠지만 나는 우리가 전환점의 시기에 살고 있다고 믿습니다. 아이러니하게도 칼 마르크스는 옳았습니다. 우리는 오늘날 엄청난 혁명적 위기 상황을 목격하고 있습니다. 경제적 질서에 대한 요구들이 정치적 질서에 대한 요구들과 직접적인 충돌을 일으키기 때문에 발생하는 위기입니다. 그러나 이 위기는 마르크스주의가 아닌 자유로운 서구에서 일어나는 것이 아니라 마르크스 레닌주의의 본고장인 소련에서 일어나고 있습니다. 소련은 자국민의 인간적 자유와 존엄을 부정함으로써 역사의 흐름에 거스르고 있습니다. 소련은 또한 심각한 경제적 곤경에 처해 있습니다. 1950년대 이후 연간 국민 생산 증가율은 계속 하락하여 지금은 당시의 절반 수준도 안됩니다.

## 단어와 어구

01 **turning point** 전환점
02 **witness** 목격하다
03 **home** 본거지, 원조
04 **tide** 흐름, 조수, 형세
05 **deny** 부정하다
06 **dignity** 존엄
07 **rate** 속도, 비율, 요금
08 **national product** 국민 생산
09 **decline** 하락하다, 감퇴하다, 거절하다

## Grammar Tips!!

**The rate of growth in the national product <u>has been</u> steadily declining <u>since</u> the fifties~.**

다시 한 번 현재완료가 등장했네요. 앞서 「for 시간: ~동안」이 쓰인 문장에서 현재완료 계속적 용법이 나왔었죠. 이번엔 since가 등장하는 현재완료 문장입니다. 엄밀히 말하면 현재완료 진행형(have been ~ing)입니다. 토플이나 토익에 자주 등장하는 문법으로, since가 '~이래로, ~이후로'라는 뜻으로 사용될 경우, 주절은 90% 이상 현재완료가 나옵니다. 즉, "1950년대 이후 지금 까지 국내 생산 증가율이 꾸준히 감소하고 있다"는 뜻입니다. 그런데 그 감소가 현재에도 진행 중이라는 의미를 넣고 싶어서, '현재완료 진행형'이 쓰인 거죠.

# Economic Failure

CD-1
TRACK
30
The [01]dimensions of this [02]failure are [03]astounding: A country [04]which employs one-fifth of its population in agriculture is unable to [05]feed its own people. Were it not for the private [06]sector, the [07]tiny private sector [08]tolerated in Soviet agriculture, the country might be [09]on the brink of [10]famine. These private [11]plots [12]occupy a [13]bare 3 percent of the [14]arable land but [15]account for nearly one-quarter of Soviet farm [16]output and nearly one third of meat [17]products and [18]vegetables. [19]Overcentralized, with little or no [20]incentives, year after year the Soviet system [21]pours its best resource into the making of [22]instruments of destruction.

---

**미국에서는 이렇게 발음해요!** ||||||||||||||||||||||||||||||||||||||||||||||||||||||||||||||||||||||||||||

**famine** – 사전 발음기호대로 발음하면 **ㅍ+해민**이다. 하지만 미국인들은 **ㅍ+해믄**으로 발음한다. 사전 발음기호대로 발음을 공부한다면 부자연 스러워질 수 있다.
  cf. **victim** 희생자

**quarter** – **쿠오려**인데 **쿠오**를 한꺼번에 발음하는 기분으로 발음해야 한다.
  cf. **quit** 그만두다
      **quell** 진압하다
      **quality** 품질
      ‹‹‹ quality를 **퀄리티**로 발음하면 그저 그런 발음이고 **쿠알러디**에서 **쿠알** 부분을 한꺼번에 발음해버리면 **A⁺** 발음!

**incentive** – **인쌔니(브)** 또는 **인쌘티(브)**, 모두 가능하다.
  cf. **center** 중심
      **internet** 인터넷
      **representative** 대표

# 경제적 실패

경제적 실패의 규모는 엄청납니다. 인구의 5분의 1이 농업에 종사하는 나라에서 자국민들을 먹여 살릴 수가 없습니다. 민간부문, 즉 소련 농업이 허용하는 아주 작은 민간부문이 없다면, 소련은 기아에 직면할지도 모릅니다. 이 민간 토지는 경작 가능한 땅의 3%에 불과하지만, 소련 농업생산량의 거의 4분의 1을 차지하고, 육류와 채소는 거의 3분의 1에 해당하는 양을 생산합니다. 소련체제는 지나치게 중앙집권체제인데다가 유인책마저 거의 없거나 아예 없습니다. 그런데도 매년 가장 좋은 자원을 파괴의 도구를 만드는 데에 쏟아 붓고 있습니다.

---

**단어와 어구**

01 **dimension** 치수, 면적, 크기  02 **failure** 실패  03 **astound** 몹시 놀라게 하다

04 **employ** 고용하다  05 **feed** 먹이를 주다, 음식을 먹이다

06 **sector** 부문  07 **tiny** 아주 작은

08 **tolerate** 묵인하다, 허용하다, 너그럽게 대하다  09 **on the brink of** …하기 직전에

10 **famine** 기근, 굶주림  11 **plot** 작은 토지, 작은 구획의 땅, 음모

12 **occupy** 점령하다, 차지하다  13 **bare** 얼마 안되는, 다만, 발가벗은  14 **arable** 경작할 수 있는

15 **account for** 차지하다  16 **output** 산출, 생산, 생산고, 수확  17 **product** 제품

18 **vegetable** 채소  19 **overcentralize** 지나치게 중앙집권화하다

20 **incentive** 유인, 장려, 인센티브  21 **pour** 붓다

22 **instrument** 도구

# Overwhelming Facts

CD-1
TRACK
31
One of the simple but [01]overwhelming facts of our time is this: Of all the millions of [02]refugees we've seen in the [03]modern world, their [04]flight is always away from, not toward the Communist world. Today on the [05]NATO line, our military forces face east to prevent a possible [06]invasion. On the other side of the line, the Soviet forces also face east to prevent their people from leaving.

**미국에서는 이렇게 발음해요!** ||||||||||||||||||||||||||||||||||||||||||||||||||||||||||||||

**overwhelming** – 미국인들이 l발음을 힘들어 해 이 단어는 **오붜웰밍**과 **오붜웨밍** 중간정도의 소리를 낸다.

    **cf. film** 필름
        **calm** 고요한, 잔잔한

**modern** – 강세가 첫 모음에 있고, 자음 **d**가 모음과 모음사이에 위치해 있어 **마른**으로 발음된다. 이 단어를 영국식으로 발음해본다면 **머든** 정도가 되겠다.

    **cf. modest** 겸손한
        **moderate** 온건한, 알맞은

**NATO** – 네이로, 네이도, 네이토로 모두 가능하다.

    **cf. potato** 감자

      《《《 필자는 고등학교 졸업할 때까지는 이 북대서양조약기구를 **나토**로 발음하는 줄로 알고 있다가 대학 1학년 초 **NATO**가 **네이로**로 발음된다는 걸 알고 순간적으로 많이 당황했던 기억이 있다.

# 저항할 수 없는 사실

우리 시대의 간단하면서도 엄청난 사실들 가운데 하나는 이것입니다. 우리가 현대 세계에서 보게 되는 수백만의 난민들은 늘 공산세계로부터 발생하며, 공산세계로 가기 위해 난민이 되는 사람은 없습니다. 오늘도 우리 군은 나토의 전선에서 있을 지도 모르는 소련 침공을 막기 위해 동쪽을 바라보고 있습니다. 전선의 반대편에서는 소련군대가 자국민의 탈출을 막기 위해 동쪽을 바라보고 있습니다.

## 단어와 어구 ||||||||||||||||||||||||||||||||||||||||||||||||||||||||||||||||||||||||||||||||||||||

01 **overwhelming** 압도적인, 엄청난　　02 **refugee** 피난민　　03 **modern** 현대의, 현대적인
04 **flight** 도피, 줄행랑, 비행　　05 **NATO** 북대서양 조약기구　　06 **invasion** 침략, 침공

## 알아두면 좋아요!!

**콜론(colon :) 용법**

콜론은 기본적으로 앞의 내용을 부연 설명해 주기 위해 사용합니다. 주로 "즉, 예를 들면, 왜냐하면" 등으로 해석됩니다. semi colon이나 dash와 마찬가지로 문맥을 통해 해석을 해야 합니다.

One of the simple but overwhelming facts of our time is this: of all ~.

위 문장에서도 역시 콜론이 앞의 내용을 부연설명하기 위해 사용된 형태죠. 해석하면 "우리 시대에 관한 간단하면서도 엄청난 사실 가운데 하나는 이것이다. 즉 ~."

# The March of Freedom and Democracy

CD-1
TRACK
32
I have discussed on other occasions, including my address on May 9th, the [01]elements of Western policies toward the Soviet Union to [02]safeguard our interests and protect the peace. What I am [03]describing now is a plan and a hope for the long term — the march of freedom and democracy which will leave Marxism-Leninism on the [04]ash heap of history as it has left other [05]tyrannies which [06]stifle the freedom and [07]muzzle the [08]self-expression of the people.

## 미국에서는 이렇게 발음해요!

**interests** – 끝에 오는 **sts**발음이 만만치 않아 보통 **인터래슛**정도만 들리게 발음하고 지나간다.

**democracy** – 강세가 두 번째 모음 **o**에 있어 **디마크러씨**로 발음해야 부드러운 발음이 나온다.
**democracy**를 콩글리쉬 **데모크러시**로 발음한다면, 영어발음에 다소 무지하거나 단어의 강세에 무신경한 사람이다.

　　**cf. democratic 대머크래릭** 민주적인, 민주당의
　　**Democrat 대머크래트** 민주당원

**as it has left** – 이렇게 **as**가 절을 유도할 경우에 **as**가 **as**인지, **is**인지, **was**인지 발음상으로는 구분이 어렵다. 그럴 때는 강력한 청취력에 의지하거나 아니면 직독직해력으로 구분해야 한다.

　　**eg. Make sure that you have all your belongings with you as you leave the plane.**
　　　비행기에서 내리실 때, 모든 소지품을 챙기셨는지 확인하시기 바랍니다.

# 자유와 민주주의의 행진

저는 5월 9일에 한 연설을 포함하여 우리의 이익을 지키고, 평화를 보호하기 위한 서방의 대소련 정책의 요소들을 다른 행사때에 논의한 바 있습니다. 제가 지금 말씀드리는 것은 장기적인 계획과 희망입니다. 자유와 민주주의가 국민의 자유를 억누르고 의사표현을 막는 폭정들을 역사의 잿더미 속에 남기고 앞으로 전진했듯이, 자유와 민주주의가 이제 마르크스-레닌주의도 역사의 잿더미 속에 남겨버리는 것입니다.

---

### 단어와 어구

01 **element** 요소
02 **safeguard** 지키다, 보호하다
03 **describe** 묘사하다
04 **ash heap** 잿더미
05 **tyranny** 폭정, 학정
06 **stifle** 질식시키다, 숨막히게 하다, 억누르다
07 **muzzle** 말못하게 하다, (언론을)억압하다
08 **self-expression** 자기 표현

## Grammar Tips!!

**What I am describing now is a plan and a hope for the long term.**

what은 두 가지 용례로 사용됩니다. 그 하나는 의문대명사(무엇), 나머지 하나는 관계대명사(~것)죠. 하지만 실제로는 두 가지 용례의 구분이 모호한 경우가 많습니다. 가령, "He knows what I want to say." 라는 문장의 경우 '그는 내가 무엇(의문대명사)을 말하고 싶어 하는지 안다' 또는 '그는 내가 말하고자 하는 것(의문대명사)을 안다' 로, 두 가지 뜻으로 모두 해석 가능합니다.

그러나 위 문장처럼, what이 주어로 쓰일 경우엔 거의 99%로 관계대명사로 쓰였다는 사실 기억하고 해석하세요. 따라서, '지금 내가 말하는 것은' 이라고 해석해야겠죠?

# Let Us Be Shy No Longer

CD-1 TRACK 33
I've often [01]wondered about the [02]shyness of some of us in the West about standing for these [03]ideals that have done so much to [04]ease the [05]plight of man and the [06]hardships of our [07]imperfect world. This [08]reluctance to use those [09]vast resources [10]at our command reminds me of the elderly lady whose home was [11]bombed in the [12]Blitz. As the [13]rescuers moved about, they found a bottle of brandy she'd [14]stored behind the [15]staircase, which was all that was left standing. And since she was [16]barely [17]conscious, one of the workers pulled the cork to [18]give her a taste of it. She came around immediately and said, "Here now — there now, put it back.  That's for emergency." Well, the emergency is upon us. Let us be shy no longer.

---

**미국에서는 이렇게 발음해요!** ||||||||||||||||||||||||||||||||||||||||||||||||||||||||||||

**plight** – **flight**와 구분해서 발음해야 하므로 위아래 입술이 닿게 하면서 **플라잇**으로 발음해야 한다.

> **eg. He sympathized heartily with her plight.**
> 그는 그녀의 비참한 처지를 마음으로부터 동정했다.

**she'd** – **쉬드**라고 발음하면 어색할 수 있다. **would**나 **had**가 대명사 주어와 축약되면 [-읃]으로 발음되어 **쉳**이나 **쉬읃**으로 발음해야 한다.

> **cf. he'd**
> **I'd**
> **We'd**

**taste of it** – 세 단어를 가볍게 연음시키듯이 **테이스터비ㅌ**처럼 발음해야 자연스럽다.

> 이 역시 **테이스트 어브 이트**나 **테이스트 오브 이트**로 발음하면 어색해진다. 연음할 때와 연음하지 않았을 때의 발음차이는 위에서 보다시피 현격한 차이가 난다. 그만큼 영어발음기술이 중요하고, 연음현상이 중요하다는 것이다.
>
> **cf. part of it** 파러비ㅌ

# 더 이상 소심하지 말자

　이러한 이상들이 인류가 부딪친 곤경과 불완전한 세계가 만들어낸 고난을 완화시키는 데 큰 도움을 주었는데도 서구에 사는 우리 가운데 일부가 이런 이상을 지지하는 데 소심한 태도를 보이는 이유가 무엇인지 종종 알고 싶었습니다. 우리가 마음대로 쓸 수 있는 방대한 자원활용을 꺼리는 그런 태도는 나에게 한 할머니의 얘기를 생각나게 합니다. 할머니의 집은 적의 급습으로 폭격되었습니다. 구조대가 집안을 돌아다니다가 할머니가 계단 뒤편에 숨겨둔 브랜디 병 하나를 발견했습니다. 그 집에는 성한 것이라곤 그 병 하나뿐이었습니다. 할머니의 의식이 희미했기 때문에 구조대원 한 사람이 코르크 마개를 따고 할머니의 입에 브랜디를 흘리려 했습니다. 그러자 할머니는 즉시 정신을 차리면서, "그거 도로 갖다 놓으세요. 그건 비상용이에요."라고 말하더라는 겁니다. 자, 그 비상사태가 우리에게 다가왔습니다. 이제는 더 이상 소심해지지 맙시다.

## 단어와 어구

01 **wonder** 의아하게 생각하다, 이상하게 여기다
02 **shyness** 수줍음, 겁많음
03 **ideal** 이상
04 **ease** 완화하다, 진정시키다
05 **plight** 곤경, 궁지
06 **hardship** 곤란, 곤경
07 **imperfect** 불완전한
08 **reluctance** 마지 못해 함, 내키지 않음
09 **vast** 방대한, 거대한
10 **at one's command** 마음대로 쓸 수 있는
11 **bomb** 폭격하다
12 **Blitz** 급습, 전격전
13 **rescuer** 구조원
14 **store** 저장하다
15 **staircase** 계단
16 **barely** 가까스로, 간신히
17 **conscious** 의식있는, 지각있는
18 **give someone a taste of** …을 맛보게 하다

# Share the Pain

CD-1
TRACK
34
Ladies and gentlemen,

I'd planned to speak to you tonight to report on the [01]state of the Union, but the events of earlier today have led me to change those plans. Today is a day for [02]mourning and remembering. Nancy and I are [03]pained [04]to the core by the tragedy of the shuttle Challenger. We know we share this pain with all of the people of our country. This is truly a national [05]loss.

---

**미국에서는 이렇게 발음해요!** ||||||||||||||||||||||||||||||||||||||||||||||||||||||||||||||||

**led** – 레드는 드 발음은 약하게 한다.

    **eg. Fear led her to tell lies.**
      두려움은 그녀에게 거짓말을 하게 했다.

**shuttle** – 셔틀도 가능하지만 미국인들은 보통 **셔를**로 발음한다. 발음을 부드럽게 하려는 것이 미국식 발음의 특징이다.

    **cf. battle** 전투
        **settle** 해결하다

**truly** – 트룰리 보다는 **츠룰리**로 발음해야 자연스럽다.

    **cf. truth** 진실
      **try** 해보다
      **troops** 부대, 병력

    <<< 저 역시 영어 교육 전문가로서 항상 영어교육 시장의 trend에 쫓아가려고 노력하는 사람 가운데 한 명이죠. 이때 trend는 **추랜(드)**정도로 발음해줘야 좋은 발음입니다.

# 고통을 함께 나누며

국민 여러분,

저는 오늘밤 연두교서를 발표하기로 계획했었습니다만 오늘 앞서 벌어진 사고로 인해 그 계획을 변경하게 되었습니다. 오늘은 애도와 추모의 날입니다. 낸시와 저는 챌린저호의 참사로 뼈에 사무치는 슬픔을 느끼고 있습니다. 우리는 이 고통을 전국민이 함께 하고 있다는 것을 알고 있습니다. 이것은 실로 국가적인 손실이 아닐 수 없습니다.

## ‖ 연설의 배경 ‖

위 글에 나온 대로 레이건 대통령은 1986년 1월 28일 연두교서를 발표하기로 예정되어 있었지만 이날 우주 왕복선 챌리저호가 이륙 직후 채 1분도 안 되어 공중에서 폭발하는 참사가 발생했다. 우주선에 승선한 승무원 7명 전원이 사망하였는데 그 중 한 명이 학교교사였기 때문에 미국의 모든 어린이들과 학생들은 이 참사를 충격 속에 생방송으로 지켜봐야 했다. 희생자들의 명복을 비는 이 특별성명에서 레이건은 충격이 심했을 어린이들을 위해 특별히 의미있는 말을 해준다.

## 단어와 어구 ||||||||||||||||||||||||||||||||||||||||||||||||||||||||||||||||||||||||||

01 **state of the Union** 연두 교서　　02 **mourning** 애도, 조문　　03 **pain** 괴롭히다, 마음 아프게 하다

04 **to the core** 철두철미, 속속들이　　05 **loss** 손실

## Grammar Tips!!

### I'd <u>planned</u> to speak to you tonight to report on the state of the Union~.

이 문장에서는 과거완료(hap p.p)가 사용되었습니다. 과거완료는 대과거라고도 불리며, 과거 보다 더 이전에 일어난 시제를 의미합니다. 원래는 문장 속에 과거를 나타내는 표현이 나오고, 그 때를 기준으로 더 이전의 과거를 나타낼 때 과거완료를 사용합니다. 가령, "When I arrived, he had already left." 라는 문장은 '내가 도착했을 때(과거 시점)를 기준으로, 그는 도착 이전에 이미 떠났다(과거 보다 앞선 대과거)' 다는 뜻이므로, 과거완료가 쓰인 거죠.

하지만 위 문장의 경우처럼, 과거를 나타내는 문장이 굳이 나오지 않더라도, 말하는 사람이 과거를 염두에 두고 그 이전에 일어난 일을 말할 때, 과거완료를 사용할 수 있습니다. 즉, 오늘 아침 챌린저호가 폭발(이미 일어난 일-과거)하기 전에, 국민들에게 발표할 연설문을 계획했던 것(우주선 폭발 이전에 했던 일-대과거)이므로 과거 완료를 쓴 것이죠.

# As a Nation Together

Nineteen years ago, almost to the day, we lost three
[01]astronauts in a terrible accident [02]on the ground. But we've
never lost an astronaut [03]in flight; we've never had a [04]tragedy like
this. And perhaps we've forgotten the [05]courage it took for the
[06]crew of the [07]shuttle. But they, the Challenger Seven, were aware
of the dangers, but overcame them and did their jobs [08]brilliantly.
We [09]mourn seven heroes: Michael Smith, Dick Scobee, Judith
Resnik, Ronald McNair, Ellison Onizuka, Gregory Jarvis, and
Christa McAuliffe. We mourn their [10]loss as a nation together. For
the families of the seven, we cannot [11]bear, as you do, the full
[12]impact of this tragedy. But we feel the loss, and we're thinking
about you so very much.

### 미국에서는 이렇게 발음해요!

**lost an** – 동사에서 목적어로 넘어가지만 두 단어는 연음시키면서 발음하는게 좋다. **로스턴** 또는
**로스튼** 정도로 발음한다.
> **cf. Lost and Found** 분실물 신고센터

**forgotten** – 코맹맹이 발음을 내야하므로 신경써서 발음하도록 한다. **플가튼**이 아니라 **ㅍ+호
(어) 같은** 정도로 발음한다.
> **cf. mitten** 벙어리 장갑
> **rotten** 썩은
> **written write**(쓰다)의 과거분사

>>> 나는 언젠가 나만의 발음표기방식을 특허내려 특허청에 갈 계획인데, **Patent Office**(특허
청)을 제대로 발음하려면, **팻은 아ㅍ+히스**이다.

**Scobee, Resnik, McNair, Onizuka** – 이와같이 드물게 쓰이는 사람 이름들에 대한
발음은 가볍게 지나가자. 혹시 받아쓰기 훈련시 고유명사에 대한 철자를 제대로 적
어보려고 10회 이상 되감기 한다면 **"It's waste of time"**(시간 낭비)이다.

# 모두 함께

거의 19년 전 오늘 지상에서의 끔찍한 사고로 우주 비행사 세 명을 잃었습니다. 하지만 비행중에는 한 명도 잃은 적이 없었고, 우리는 이같은 비극을 한 번도 겪은 적이 없습니다. 우리는 어쩌면 우주 비행사들에게 필요한 용기를 잊어버렸는지도 모릅니다. 그러나 7명의 챌린저호 승무원들은 위험을 알고 있었지만 그 위험들을 극복했고 자신들의 임무를 훌륭히 해냈습니다. 우리는 7명의 영웅들에게 조의를 표합니다. 마이클 스미스, 디 스코비, 주디쓰 레즈닉, 로날드 맥네어, 엘리슨 오니주카, 그레고리 자비스와 크리스타 맥올리페. 우리 국민 전체가 영웅들의 죽음을 슬퍼하고 있습니다. 우리는 이 참사가 주는 커다란 충격을 7명의 유가족들 만큼 느끼지는 못합니다만 우리도 상심하고 있으며 여러분들을 정말 많이 생각하고 있습니다.

---

### 단어와 어구

01 **astronaut** 우주 비행사    02 **on the ground** 지상에서    03 **in flight** 비행중

04 **tragedy** 비극    05 **courage** 용기    06 **crew** 승무원

07 **shuttle** 왕복선    08 **brilliantly** 눈부시게, 화려하게, 멋지게    09 **mourn** 애도하다, 조문하다

10 **loss** 죽음, 손실, 실패    11 **bear** 견디다, 참다    12 **impact** 충격

---

## Grammar Tips!!

**But <u>they</u>, the Challenger Seven, were aware of the dangers, but overcame <u>them</u> and did <u>their</u> jobs brilliantly.**

대명사는 말 그대로 앞서 나온 말을 대신 받는 명사를 말합니다. 특히, 영어에서는 말과 글 속에 똑같은 명사가 반복되는 것을 기피하여, 한 번 나온 명사는 대부분 대명사로 처리하죠. 그래서 대명사가 많이 사용된 문장에는 그 대명사가 무엇을 받는 표현인지 문맥을 통해 확인해야 하는 어려움이 있습니다. 이런 식의 문제는 수능이나 토플에서도 종종 볼 수 있죠.

위 문장에서도 그들(they)이 세 번 등장합니다. 첫 번째 they는 챌린저호 승무원(the Challenger Seven)을, 두 번째 them는 위험(the dangers)을, 세 번째 their는 또다시 앞서 나온 승무원들을 의미합니다.

# Continue to Follow Them

**CD-1 TRACK 36**     And I want to say something to the schoolchildren of America who were watching the [01]live coverage of the shuttle's [02]takeoff. I know it's hard to understand, but sometimes [03]painful things like this happen. It's all part of the [04]process of [05]exploration and [06]discovery. It's all part of [07]taking a chance and [08]expanding man's horizons. The future doesn't [09]belong to the [10]fainthearted; it belongs to the brave. The Challenger crew was pulling us into the future, and we'll continue to follow them.

---

**미국에서는 이렇게 발음해요!**

**hard to** – 유사발음이 겹치니까 하드 투가 아니라 하(어) 투로 발음해야 자연스럽다.

   **cf. Glad to see you.**
   만나서 반가워.

**part of the** – 파트 어브 더가 아니라 파러(브) 더로 발음해서 **part**와 **of**를 연음시켜야 한다.

   **eg. That's part of the problem.**
   그것도 문제네요.

**doesn't** – 끝자음 **t**가 희미하게 들리거나 들리지 않기 때문에 주의한다. **t** 발음을 강하게 하여 **doesn't**를 다즌트라고 발음하게 되면, 나중에 청취에 어려움을 겪는다. 친절하게 **t** 발음을 강하게 해주는 원어민은 별로 없으니까. 지금 부터라도 다즌(ㅌ)이라고 읽는 연습을 해두자.

   **eg. She doesn't know where the department store is.**
   그 여자는 백화점이 어디 있는지 모릅니다.

82

# 전진은 계속 된다

    우주 왕복선 발사를 생방송으로 지켜본 미국 어린이들에게 이런 말을 해주고 싶습니다. 이해하기 어렵다는 것을 알고 있습니다. 하지만 때로는 이번 참사와 같은 고통스러운 일들도 발생할 수 있습니다. 그것은 모두 탐험과 발견의 과정입니다. 그것은 모두 위험을 무릅쓰고 인간의 시야를 넓히는 일의 일부입니다. 미래는 소심한 자들의 것이 아니라, 용감한 자들의 것입니다. 챌린저 승무원들은 우리를 미래로 이끌고 있었고, 우리는 그들을 계속 따라갈 것입니다.

## 단어와 어구

01 **live coverage** 생방송으로 취재　　02 **takeoff** 이륙　　03 **painful** 고통스러운

04 **process** 과정　　05 **exploration** 탐험, 탐사　　06 **discovery** 발견

07 **take a chance** 운에 맡기다, 위험을 무릅쓰다

09 **expand man's horizons** 인간의 시야를 넓히다

09 **belong to** …에 속하다　　10 **fainthearted** 소심한, 겁많은

## Grammar Tips!!

### The Challenger <u>crew</u> was pulling us into the future~.

명사의 종류 가운데 하나로 crew는 집합명사에 속하죠. 집합명사는 그 단어 자체가 복수(승무원들)의 의미를 띠며, 단수·복수 동사 모두 사용 가능하죠. 비슷한 예로 'family(가족)'나 'committee(위원회)' 역시 의미에 따라 단·복수 모두 사용 가능한 집합명사입니다. 위 문장에는 챌린저호 승무원들을 모두를 하나로 보고 있으므로 단수형인 was를 쓴 것이죠.

Ex.　The family is large. → 그 가족은 대가족이다. 〈가족을 하나의 의미로 사용했을 때〉

　　　The family get up early in the morning. → 그 가족은 아침에 일찍 일어난다.

〈가족 구성원 하나하나를 의미하여 사용했을 때〉

# Hopes and Journeys Continue

CD-1
TRACK
37
I've always had great faith in and [01]respect for our space program, and what happened today does nothing to [02]diminish it. We don't [03]hide our space program. We don't keep [04]secrets and [05]cover things up. We do it all [06]up front and in public. That's the way freedom is, and we wouldn't change it for a [07]minute. We'll continue our [08]quest in space. There will be more shuttle flights and more shuttle crews and, yes, more [09]volunteers, more [10]civilians, more teachers in space. Nothing ends here; our hopes and our [11]journeys continue.

---

**미국에서는 이렇게 발음해요!** ▌▌▌▌▌▌▌▌▌▌▌▌▌▌▌▌▌▌▌▌▌▌▌▌▌▌▌▌▌▌▌▌▌▌▌▌▌▌▌▌▌▌▌▌▌▌

**nothing** – 미국인에 따라 **나ㅆ+띤** 또는 **나ㅆ+뜬**으로 발음한다.

    **cf. anything**
        **something**

**space** – **sp**로 시작되는 단어들도 **st**로 시작되는 단어들처럼 된소리로 발음한다. 따라서 이 단어는 **스ㅍ+뻬이스**처럼 발음된다.

    **cf. spark** 점화시키다
        **sponsor** 후원하다, 후원자

**volunteer** – **v**발음을 내야 하니까 위아래 입술이 닿지 않도록 노력하면서 **봐런티어** 정도로 발음한다.

    **eg. That school depends on volunteers to keep it going.**
        그 학교의 존폐여부는 자원봉사를 손에 달려 있다.

    **‹‹‹** 이 단어를 **볼런티어**라고 발음하는 사람을 봤는데, 굉장히 어색하게 들렸다. 독자들에게도 그 발음이 어색하게 들린다면 발음이 좋아지고 있다는 증거로 봐도 좋다.

# 희망과 탐험은 계속되며

저는 항상 우리의 우주 프로그램에 대한 강한 믿음과 존경심을 갖고 있습니다. 오늘 발생한 사고가 그것을 약화 시키지는 못합니다. 우리는 우리의 우주 프로그램을 숨기지 않습니다. 우리는 비밀로 하거나 은폐하지 않습니다. 우리는 이 일을 숨김없이 공개적으로 추진합니다. 자유란 그런 것이며 우리는 조금도 바꾸지 않을 것입니다. 우리는 우주 탐사를 계속할 것입니다. 계속해서 우주선이 발사되고, 계속해서 우주 비행사들이 나올 것입니다. 그렇습니다, 더 많은 자원자들, 더 많은 민간인들, 더 많은 교사들이 우주로 가게 될 것입니다. 아무 것도 여기서 끝나지 않습니다. 우리의 희망과 우리의 우주 여행은 계속됩니다.

## 단어와 어구

01 **respect** 존경
02 **diminish** 줄이다, 떨어뜨리다
03 **hide** 숨기다
04 **secret** 비밀
05 **cover up** 은폐하다
06 **up front** 솔직하게, 숨김없이, 미리, 선불로
07 **not ~ for a minute** 조금도 …않다
08 **quest** 탐구, 추구
09 **volunteer** 자원자
10 **civilian** 민간인
11 **journey** 여행, 여정

## Grammar Tips!!

일부 동사, 형용사, 명사에는 같이 쌍을 이루어 같이 쓰이는 전치사가 있습니다. 예컨대, interest(관심) 뒤에는 in, effect(영향) 뒤에는 on, filled(~로 가득 찬) 뒤에는 with가 쓰이죠. 마찬가지로, 이 지문 첫 문장에서도 이런 문법이 적용되고 있음을 볼 수 있습니다.

I've always had great faith in and respect for our space program~.

faith(신념, 믿음) 뒤에는 in, respect(존경) 뒤에는 for가 쓰였습니다. "우주 프로그램에 대한 믿음과 존중"이라는 뜻으로 어느 것 하나 전치사가 빠져서는 절대 안된다는 사실 명심하세요.

# Dedication

**CD-1**
**TRACK 38** There's a [01]coincidence today. On this day 390 years ago, the great [02]explorer Sir Francis Drake died [03]aboard ship [04]off the coast of Panama. In his lifetime the great [05]frontiers were the [06]oceans, and an [07]historian later said, "He lived by the sea, died on it, and was buried in it." Well, today we can say of the Challenger crew: Their [08]dedication was, like Drake's, [09]complete. The crew of the space shuttle Challenger [10]honored us by the manner in which they lived their lives. We will never forget them, nor the last time we saw them, this morning, as they prepared for their journey and waved goodbye and "[11]slipped the [12]surly [13]bonds of the earth" to "touch the face of God."

---

**미국에서는 이렇게 발음해요!** ||||||||||||||||||||||||||||||||||||||||||||||||||||||||

**explorer** – 문맥을 파악하지 못하면 사람형을 만드는 **er**을 놓치기 쉽다.
　　　　　**cf. murderer** 살인범

**space shuttle** – **ce**와 **sh**가 유사발음이라 **ce**가 **sh**쪽으로 거의 동화되어버린다. 따라서 이 두 단어는 **스페이 샤**를 처럼 발음한다.
　　　　　**cf. space ship** 스페이:쉽
　　　　　**this spring** 디:쓰쁘링
　　　　　**police say** 폴리:쎄이

**waved** – 끝자음 **d**가 거의 들리지 않기 때문에 초보자들의 경우, **weight, wade, way** 등과 혼동하기 쉽다. 해결책으로는 뉴스 받아쓰기를 통해서 많이 헤매다 보면, 정신이 번쩍 들 수도 있다. 그러니까, 청취력을 향상시킬 수 있는 방법 중의 하나가 초기에 많이 당해보는 것이다.
　　　　　**eg. She waved a greeting to her boyfriend.**
　　　　　그녀는 손을 흔들어 남자친구에게 인사했다.

# 헌신

오늘의 사고와 우연히 일치되는 사건이 있습니다. 390년 전 오늘 위대한 탐험가 Francis Drake경이 파나마 근해의 선상에서 사망했습니다. 그 분의 생애에서 위대한 미개척지는 바다였습니다. 후에 한 역사가는, "그는 바다 곁에 살았고, 바다 위에서 죽었으며, 바다 속에 묻혔다"고 말했습니다. 오늘 우리는 챌린저호 승무원들에 대해 이렇게 말할 수 있습니다. 그들의 헌신은 Drake 경처럼 완벽했다고. 우주 왕복선 챌린저호의 승무원들은 그들의 살아온 방식으로 우리들을 영예롭게 했습니다. 우리는 그들을 결코 잊지 못할 것입니다. 우주 여행준비를 하고, 손을 흔들면서 "지구의 험악한 굴레에서 벗어나 하느님의 얼굴을 만지러 갈 때"의 그들의 마지막 모습도 결코 잊지 못할 것입니다.

---

### 단어와 어구

01 **coincidence** 우연의 일치
02 **explorer** 탐험가
03 **aboard** …에 타고
04 **off the coast** 근해에서
05 **frontier** 변경, 국경, 미개척의 분야
06 **ocean** 바다
07 **historian** 역사가
08 **dedication** 헌신
09 **complete** 완전한, 완벽한
10 **honor** 명예(영예)를 주다
11 **slip** 자유롭게 되다, 해방되다
12 **surly** 험악한, 고약한
13 **bonds** 굴레, 속박, 구속

---

## Structure Tips!!

**Their dedication was, like Drake's, complete.**

위 문장처럼, 문장 속에 앞뒤 콤마(comma)가 사용되어 구나 절이 삽입되었을 경우, 그 부분은 빼고 해석하면 쉽죠. 즉, '그들의 헌신은 완벽했다. 드레이크의 헌신처럼' 으로 해석합니다. 위 문장은 짧아서, 굳이 삽입된 부분을 뺄 필요가 없으나, 긴 문장의 경우엔 빼고 나중에 그 부분을 해석하는 것이 훨씬 용이하게 글을 읽을 수 있게 합니다.

# Responsibility

**CD-1 TRACK 39** I've studied the Board's report. Its [01]findings are honest, [02]convincing, and highly [03]critical; and I accept them. And tonight I want to share with you my [04]thoughts on these findings and report to you on the [05]actions I'm taking to [06]implement the Board's [07]recommendations. First, let me say I take full responsibility for my own actions and for those of my administration. As [08]angry as I may be about [09]activities [10]undertaken without my [11]knowledge, I am still [12]accountable for those activities. As [13]disappointed as I may be in some who served me, I'm still the one who must answer to the American people for this [14]behavior. And as [15]personally [16]distasteful as I find secret bank accounts and [17]diverted funds—well, as the [18]navy would say, this happened [19]on my watch.

**report** – 흔히 레포트라고 발음하기 쉬운데 레포트라는 발음은 없다. 정확한 발음은 뤼포(어)(트).
cf. **deport** 추방시키다

**honest** – 이 단어 '정직한' 은 **아니스(트)**로, **earnest** (진지한)는 **어니스(트)**로 구분해서 발음하라.

**accept** – **익쌔ㅍ(트)**, **억쌔ㅍ(트)**, **액쌔ㅍ(트)** 셋 다 통하긴 하지만, 일반적으로 미국인들은 **익쌔ㅍ(트)** 아니면, **억쌔ㅍ(트)**로 발음한다.

**thought** – 문장속에서는 **sought** (추구했다)와 발음상 구별이 여의치 않다. 그럴 때는 어떻게 해야 할까? 문맥으로 구분해야 한다.

# 책임

저는 위원회의 보고서를 검토했습니다. 위원회의 조사는 정직하고, 설득력있고, 대단히 비판적이었습니다. 저는 그 조사결과를 수용합니다. 그리고 오늘밤 저는 이 조사결과에 대한 저의 생각을 여러분과 공유하고, 위원회의 건의를 이행하기 위해 제가 앞으로 취할 조치에 대해 여러분께 보고 드리고 싶습니다. 먼저, 저 자신과 정부 관리들의 행동에 대해 전적으로 책임을 지겠습니다. 저 모르게 착수된 활동들에 대해 비록 화가 났지만 저는 여전히 그러한 활동들에 대해 책임이 있습니다. 저를 위해 일하는 일부 공직자들에게 비록 실망했지만 저는 여전히 이러한 행동에 대해 미국민들에게 해명해야 하는 사람입니다. 그리고 제가 비밀 계좌와 자금 전용을 개인적으로 불쾌하게 생각하지만, 해군의 표현을 빌리자면, 이 일은 제가 지켜보는 가운데 발생했기 때문에 저의 책임입니다.

## ‖ 연설의 배경 ‖

Iran-Contra Scandal(레바논에 억류되어 있는 미국인 인질을 석방시킬 목적으로 비밀리에 이란에 무기를 판매하고 그 대금의 일부를 니카라과의 콘트라 반군에 지원한 이상야릇한 스캔들)로 많은 고위 관리들이 옷을 벗게 되고, 레이건의 인기가 계속 떨어지고 있을 때, 레이건은 1987년 3월 4일 위 글을 발표하게 된다. 많은 정치 평론가들은 이 연설이 그의 떨어진 인기를 만회하고 나머지 임기를 성공적으로 마치게 된 계기가 되었다고 한다.

## 단어와 어구

01 **findings** 조사(연구)결과, 발견  02 **convincing** 설득력있는  03 **critical** 비판하는, 결정적인, 중대한
04 **thought** 생각  05 **action** 행동, 조치  06 **implement** 이행하다, 실행하다
07 **recommendation** 건의, 추천  08 **angry** 화난  09 **activity** 활동
10 **undertaken undertake** (착수하다, 떠맡다)의 과거분사  11 **knowledge** 지식
12 **accountable** 책임이 있는  13 **disappointed** 실망한  14 **behavior** 행동, 처신
15 **personally** 개인적으로  16 **distasteful** 싫은, 불쾌한  17 **divert** 딴데로 돌리다, 유용하다, 전용하다
18 **navy** 해군  19 **on my watch** 나의 감시(감찰)하에

# My Heart and My Best Intentions

**CD-1 TRACK 40** Let's start with the part that is the most [01]controversial. A few months ago I told the American people I did not [02]trade [03]arms for hostages. My heart and my best [04]intentions still tell me that's true, but the facts and the [05]evidence tell me it is not. As the Tower [06]board reported, what began as a [07]strategic [08]opening to Iran [09]deteriorated, in its [10]implementation, into trading arms for hostages. This [11]runs counter to my own beliefs, to administration policy, and to the original [12]strategy we had in mind. There are reasons why it happened, but no [13]excuses. It was a [14]mistake.

---

### 미국에서는 이렇게 발음해요!

**Let's start** – 렛스 스타트는 콩글리쉬 발음이다. **랫 슷+따(어)(트)**처럼 발음해야 한다.

  **cf. Let's start the ball rolling.**
  시작합시다.

**reported** – 레포티드는 대표적인 콩글리쉬 감이다. **뤼포(어)릿**으로 발음해야 본토발음에 가깝다.

  **cf. supported** 지지했다

**strategic** – 밑줄 친 부분에 강세를 두고 **스트러티직**이라고 발음한다. **t**가 모음과 모음사이에 있어도 강세가 있을 때는 그대로 **t**발음을 낸다. **strategic**의 명사형은 **strategy**인데 의외로 이 기본적인 단어를 제대로 발음하지 못하는 독자들이 많은 걸로 알고 있다. **strategy**는 **스트래러지**로 발음해야 정확한 발음. 강세가 **a**에 있고, 모음 **e**에서 **schwa**현상(강세를 받지 못하는 모음의 발음이 약화되는 현상)이 일어났다.

  **eg. We see him as a strategic partner.**
  우리는 그를 전략적 제휴자로 보고 있습니다.

90

# 나의 마음과 나의 의도

가장 쟁점이 되는 부분부터 시작합시다. 몇 달 전, 저는 인질석방을 목적으로 무기 거래를 하지 않았다고 미국민들에게 말했습니다. 저의 가슴과 저의 최선의 의도는 여전히 저에게 그것이 사실이라고 말합니다. 하지만 사실과 증거는 그렇지 않다고 저에게 말합니다. 타워 위원회가 보고했듯이, 이란과의 전략적인 개통으로 시작되었던 것이 그 실행 과정에서 인질을 위한 무기거래로 변질되었습니다. 이는 저의 신념에 거스르고, 정부 정책에도 거스르며, 우리가 구상하고 있던 원래의 전략과도 반대되는 것입니다. 사태가 벌어진 이유들이 있습니다만, 변명하지 않겠습니다. 실수였습니다.

## 단어와 어구

01 **controversial** 논쟁의, 쟁점이 되는　02 **trade** 거래하다, 교역하다　03 **arms** 무기

04 **intention** 의도, 목적, 계획　05 **evidence** 증거　06 **board** 위원회, 부, 국, 청

07 **strategic** 전략적인　08 **opening** 개시, 시작, 개통, 열림

09 **deteriorate** 악화되다, 나빠지다　10 **implementation** 이행, 실행

11 **run counter to** 거스르다, 반대되다　12 **strategy** 전략　13 **excuse** 변명, 해명, 구실, 핑계

14 **mistake** 실수

## Structure Tips!!

**What ①<u>began</u> as a strategic opening to Iran / ②<u>deteriorated</u>, in its implementation, into trading arms for hostages.**

위 문장처럼, 관계대명사가 문두에 나와서 주어 역할을 하거나 또는 주어를 수식할 경우, 주어 부분이 길어지죠. 그럼 주어가 어디까지인지 구분하기가 힘들 수 있습니다. 이 경우, 두 번째 동사 앞까지가 주어부에 해당합니다. 여기서는 began이 첫 번째, deteriorated가 두 번째 동사이므로 deteriorated 앞이 주어부에 해당하겠죠?

## 05
# Jimmy Carter

## Jimmy Carter, 그는 누구인가!

해군에서 퇴역한 후 고향에서 땅콩 농장을 경영하다가 정계에 투신하였다. 민주당 상
원의원을 거쳐, 1976년 대선에서 현직 대통령 **Gerald R. Ford**를 누르고 39대 대통
령에 취임하였다. 취임이후 에너지 파동과 경제문제의 해결을 위하여 많은 노력을 기
울였지만 1979년 이란인들이 테헤란 주재 미 대사관을 기습하여 미국인들을 인질로
붙잡아두는 사건이 발생했을 때, 인질구출작전 실패와 국내 경제상황의 악화능으로
인해 1980년 대선에서 **Ronald W. Reagan**에 패배한다. 퇴임후 20여년간 세계 곳곳
에서 벌어지고 있는 분쟁의 해결과 평화와 인권을 위해 노력한 공로가 인정되어 노벨
평화상을 수상하기도 했다. 다음 글은 에너지 위기사태와 국가의 목표라는 주제로
1979년 7월 15일 행한 연설이다.

# Reach Out and Listen

**CD-1 TRACK 41** Ten days ago I had planned to speak to you again about a very important subject - energy. For the fifth time I would have [01]described the [02]urgency of the problem and [03]laid out a series of legislative recommendations to the Congress. But as I was preparing to speak, I began to ask myself the same question that I now know has been troubling many of you. Why have we not been able to get together as a nation to [04]resolve our serious energy problem? It's clear that the true problems of our Nation are much deeper—deeper than gasoline lines or energy [05]shortages, deeper even than inflation or [06]recession. And I realize more than ever that as President I need your help. So, I decided to reach out and listen to the voices of America.

---

**미국에서는 이렇게 발음해요!** ||||||||||||||||||||||||||||||||||||||||||||||||||||||||||||||||

**important** – 강세가 가운데에 있다. 따라서 발음은 **임포(어)튼(트)**. 반면에 발음상 헷갈릴 수 있는 **impotent**(발기 불능의, 무력한)는 강세가 앞에 있다. **impotent**는 코맹맹이 발음을 내야 해서 발음할 때 특히 주의를 요한다. **impotent**에 대한 발음은 **임퍼트은(트)**이다. 우리 한국인들이 발음하기 힘든 **impotent**는 다행히 일상회화에서는 그리 많이 쓰이지 않는다. **impotent**는 **vigra**(비아그라) 관련 뉴스나 **blue movie**(포르노 영화)에서는 자주 접할 수 있는 단어이다.

> eg. **English is vitally important.**
> 영어는 아주 중요하다.

**laid out a series** – **laid**와 **out**은 연음시켜 발음해야 부드러워지고, **serious**와 구분해서 **씨어리즈**로 발음한다.

> cf. **Find out about it.**
> 그것에 대해 알아보시오.

# 미국의 소리를 듣다

열흘 전 저는 아주 중요한 문제인 에너지에 관해서 여러분에게 다시 얘기할 계획을 갖고 있었습니다. (연설을 했더라면) 저는 다섯 번째로 문제의 긴급성을 설명하고 의회에 건의하기 위한 일련의 입법안들을 제시했을 것입니다. 그러나 연설을 준비하면서, 여러분들을 괴롭혀온 같은 문제에 대해 자문해 보기 시작했습니다. 왜 우리는 하나가 되어 우리가 직면해 있는 심각한 에너지 문제를 해결할 수 없었는지에 대해서 말입니다. 우리 나라의 진정한 문제는 주유소 앞에 길게 늘어선 사람들의 행렬이나 에너지 부족보다 훨씬 심각하고, 심지어 물가 상승이나 경기불황보다도 분명 더 심각합니다. 그리고 저는 대통령으로서 그 어느 때보다도 여러분의 도움이 필요하다는 것을 깨닫고 있습니다. 그래서 저는 미국의 소리를 듣기로 결심했습니다.

---

**단어와 어구**

01 **describe** 묘사하다, 설명하다　　02 **urgency** 긴급, 위급, 위기　　03 **lay out** 펼치다, (계획을)입안하다
04 **resolve** 해결하다　　05 **shortage** 부족, 결핍　　06 **recession** 경기불황, 불경기

## Grammar Tips!!

**For the fifth time I <u>would have described</u> the urgency of the problem~.**

가정법 과거완료 용법입니다. 기본 형태는 「If 주어 + had pp, 주어 would(조동사 과거) have pp」입니다. "만일 ~했다면, ~했을 텐데"로 해석되며, 과거 사실과 반대되는 것을 가정하는 것이죠. 위 문장에는 if절이 빠져 있지만, 문맥을 통해 충분히 의미를 파악할 수 있는 경우입니다. 즉, '만일 에너지에 관해 연설을 했다면, 그 문제의 심각성을 다섯 번째 언급한 일이 되었을 텐데...' 다시 말해, 에너지에 관해 연설하지 않았고 심각성도 언급하지 않았다는 뜻이 되죠. 과거 사실의 반대를 가정하는 것이니까요.

# We're in Trouble

It has been an extraordinary 10 days, and I want to share with you what I've heard.

This from a [01]southern Governor: "Mr. President, you are not [02]leading this Nation — you're just [03]managing the Government." "Mr. President, we're in trouble. Talk to us about blood and sweat and tears." "If you lead, Mr. President, we will follow." This kind of [04]summarized a lot of other [05]statements: "Mr. President, we are [06]confronted with a [07]moral and a spiritual [08]crisis." Several of our [09]discussions were on energy, and I have a notebook full of [10]comments and [11]advice. I'll read just a few. "We can't go on [12]consuming 40 percent more energy than we produce."

"Our neck is [13]stretched over the fence and [14]OPEC has a knife."

And the last that I'll read: "When we enter the moral [15]equivalent of war, Mr. President, don't [16]issue us [17]BB guns."

---

## 미국에서는 이렇게 발음해요!

**blood** – 블러드는 콩글리쉬 분위기가 나므로 **블럿(ㄷ)**처럼 **ㄷ**발음을 매우 약하게 발음한다.
    **eg. Blood is thicker than water.** 피는 물보다 진하다.

**kind of** – **kind**에서는 **d**가 들리지 않고, **of**에서는 **f**가 들리지 않는다. 따라서 이 두 단어는 **카이너(브)** 정도로 발음하고 지나간다.
    **cf. sort of** 쩌러(브)

**a lot of** – **어 롯 오브**는 대표적인 콩글리쉬. **a**는 거의 발음하지 않고 **lot**과 **of**는 서로 연음되면서 **라러(브)** 정도로 발음한다.
    **eg. Looks like you have a lot of work to do.** 할 일이 많아 보이시네요.

**over** – 문맥을 이해하지 못하면 초보자들의 경우 **of**처럼 들릴 수도 있으므로 앞뒤 단어들을 힌트로 활용할 줄 알아야 한다.
    **cf. Over my dead body!** 내 눈에 흙이 들어가기 전에는 절대 안돼!

# 곤경에 처한 우리들

귀중한 열흘을 보냈으며, 제가 들은 내용을 여러분과 공유하고 싶습니다.

이건 남부의 한 지사가 한 말입니다. "대통령님, 대통령께서는 이 나라를 이끌고 계시는 게 아닙니다. 단지 정부를 관리하고 계십니다.""대통령님, 우리는 곤경에 처해있습니다. 우리에게 피와 땀과 눈물에 대한 얘기를 해주시기 바랍니다.""대통령님이 이끌어주신다면, 우리는 따라 가겠습니다."

이렇게 해서 많은 발언들을 요약했습니다. "대통령님, 우리는 도덕적, 정신적 위기에 직면해 있습니다." 우리의 논의 중 몇 가지는 에너지에 관한 것이었고, 제 노트에는 지금 여러 의견과 충고의 글로 가득 차 있습니다. 몇 개를 읽어보겠습니다. "우리가 생산하는 것보다 40%나 더 많은 에너지를 계속 소비해서는 안됩니다."

"우리의 목이 담벼락에 걸쳐져 있고 **OPEC**은 칼을 쥐고 있습니다."

그리고 마지막으로 읽겠습니다. "우리가 도덕적 전시 상황에 돌입했을 때, 대통령님, 우리에게 장난감 총을 지급해주지 마십시오(진짜 총을 주십시오)."

---

# A Crisis of Confidence

**CD-1 TRACK 43**  But after listening to the American people I have been [01]reminded again that all the [02]legislation in the world can't [03]fix what's wrong with America. So, I want to speak to you first tonight about a subject even more serious than energy or inflation. I want to talk to you right now about a [04]fundamental [05]threat to American democracy.

The threat is nearly invisible in ordinary ways: It is a crisis of confidence.

---

**미국에서는 이렇게 발음해요!** |||||||||||||||||||||||||||||||||||||||||||||||||||||||||||||||||||||||

**can't fix** – 부정의 **can't**이니까 좀 강하고 길게 **캐앤**발음을 내야 한다.

        **cf. can't read**
                **can't swim**
                **can't dance**

**wrong** – **롱**으로 발음하면 **long**으로 들리므로 소리 안나게 **(우)**발음을 내려는 입모양을 취하고 있다가 마치 **루엉**을 빠르게 발음해야 한다.

        **eg. Don't get me wrong.**
           오해하시면 안됩니다.

**invisible** – 안개가 많이 낀 **foggy day**에 만날 수 있는 이 단어는 세 가지에 주의해서 발음해야 한다.

    ■ 세 번째 모음을 약 모음 **어**로 발음해야 한다는 것.
    ■ **v** 발음을 내기 위해 위 아래 입술이 닿을락 말락하게 발음해야 한다는 것.
    ■ 강세는 두 번째 모음인 **i**에 있다는 것.
    따라서 **인뷔저블**로 발음된다.

# 신뢰의 위기

    하지만 국민의 말을 들은 후에 이 세상에 존재하는 모든 법률이 미국이 안고 있는 문제를 해결해 줄 수는 없다는 사실이 다시 생각났습니다. 그래서 저는 오늘 밤, 먼저 에너지나 물가상승보다 훨씬 심각한 한 가지 주제에 관해 얘기하고자 합니다. 저는 지금 미국 민주주의에 대한 근본적인 위협에 관해서 얘기하고 싶습니다.

    보통의 경우, 이 위협은 거의 보이지 않습니다. 그건 신뢰의 위기입니다.

---

## 단어와 어구

01 **remind** 상기시키다  02 **legislation** 법률제정  03 **fix** 고치다, 수선하다
04 **fundamental** 근본적인  05 **threat** 위협

## Structure Tips!!

긴 문장의 경우, 끊어 읽으면 좀 더 빠르고 쉽게 이해하는데 도움이 되죠. 앞서 나온 끊어 읽기의 기본 원칙(p.65)에 따라 아래 문장을 끊어 봅시다.

I want  /  to speak to you first tonight  /  about a subject  /  even more serious
준동사 앞                   전치사 앞            관계사(which is가 생략된 형태) 앞
나는 ~를 원한다 / 오늘밤 먼저 여러분에게 말하기(를) / 한 가지 주제에 대해 / 훨씬 더 심각한 (주제)

/  than energy or inflation.
전치사 앞
    에너지나 인플레이션보다

## 06
# Gerald R. Ford

## Gerald R. Ford, 그는 누구인가!

제럴드 R. 포드는 미국 제 38대 대통령으로 미시간 주에서 하원으로 당선되어 정치활동을 시작했다. 워터게이트 사건으로 실각한 닉슨 대통령의 뒤를 이어 대통령에 취임하였다. 나음은 딘헥재판위기에 몰린 전임 대통령 닉슨이 1974년 8월 8일 밤 사임하자 투표없이 익일 정오에 대통령에 취임하면서 행한 취임 연설의 첫부분이다. 포드 대통령은 솔직한 인상으로 많은 사람들의 호감을 사긴 했으나 전임자에 대한 예우 차원에서 단행한 사면과 경제 정책의 실패 등이 원인이 되어 지지율이 급속히 떨어졌고, 1976년 대선에서 민주당 후보 지미 카터에게 패배했다.

# Confirm Me as Your President

**CD-1 TRACK 44** The [01]oath that I have taken is the same oath that was taken by George Washington and by every President under the Constitution. But I [02]assume the Presidency under [03]extraordinary circumstances never before experienced by Americans. This is an hour of history that [04]troubles our minds and [05]hurts our hearts. Therefore, I feel it is my first duty to make an [06]unprecedented [07]compact with my countrymen. Not an [08]inaugural address, not a [09]fireside chat, not a [10]campaign speech — just a little [11]straight talk among friends. And I [12]intend it to be the first of many. I am [13]acutely [14]aware that you have not [15]elected me as your President by your [16]ballots, so I ask you to [17]confirm me as your President with your [18]prayers.

---

**미국에서는 이렇게 발음해요!**

**oath** – θ 발음이 끝에 와서 받침으로 들어가듯이 발음된다.
    **cf. path** 작은 길
        **youth** 젊음
        <<< youth는 복수형으로 youths가 되면 명사형 use(사용)와 거의 유사하게 들려 헷갈리기 쉽다.

**extraordinary** – 발음이 쉽지 않다. 포드 대통령은 **액스트라 오(어)디너리**로 발음했으니까 독자 여러분들도 그렇게 발음하면 된다.
        **cf. extracurricular** 정규과목 이외의

**straight** – 자음이 세 개 몰려있긴 하지만 이 단어의 경우 밑줄친 **str**의 가운데 철자 **t**가 약하게 발음된다. **strong**, **street**, **strange**에서도 **t**발음이 난다.
        **eg. Go straight down the road and take the first left.**
            이 길을 따라 쭉 가다가 왼쪽으로 들어가세요.

# 여러분의 대통령으로

이 선서는 조지 와싱턴 대통령이 했고 헌법에 따라 역대 대통령들이 행한 그 취임선서입니다. 하지만 저는 미국인들이 전에 경험해보지 못한 특별한 상황하에서 대통령직을 떠맡게 되었습니다. 이 시각은 역사적으로 우리의 마음을 괴롭히고, 우리의 가슴을 아프게 하는 순간입니다. 그렇기 때문에 저는 국민 여러분과 사상 유례없는 협약을 맺는 것이 첫 번째 의무라고 생각합니다. 취임사도 아니고, 노변 한담도 아니고, 유세연설도 아닌 친구들 간의 솔직한 얘기를 하고자 하는 것입니다. 그리고 오늘 이 얘기는 많은 얘기 중에 첫 번째 대화가 되기를 바랍니다. 저는 여러분이 저를 투표를 통해서 대통령으로 선출하지 않았다는 점을 잘 알고 있습니다. 그래서 저는 여러분이 여러분의 기도와 함께 저를 여러분의 대통령으로 승인해줄 것을 부탁드립니다.

### 단어와 어구

01 **oath** 선서, 맹세, 서약
02 **assume** 떠맡다, 지다
03 **extraordinary** 특별한, 비상한
04 **trouble** 괴롭히다, 걱정시키다
05 **hurt** 다치게 하다
06 **unprecedented** 유례없는, 전례없는
07 **compact** 계약, 협약, 협정
08 **inaugural address** 취임 연설
09 **fireside chat** 노변 한담
10 **campaign speech** 유세 연설
11 **straight** 솔직한
12 **intend** 의도하다
13 **acutely** 심각하게, 격렬하게, 날카롭게
14 **aware** 알고 있는
15 **elect** 선출(선거)하다
16 **ballot** 투표
17 **confirm** 확인하다
18 **prayer** 기도(식)

# Have the People Rule

**CD-1 TRACK 45** In all my [01]public and [02]private acts as your president, I expect to [03]follow my instincts of [04]openness and [05]candor with full [06]confidence that [07]honesty is always the best [08]policy in the end. My fellow Americans, our long national [09]nightmare is over. Our constitution works; our great Republic is a government of [10]laws and not of men. Here the people [11]rule.

---

**미국에서는 이렇게 발음해요!** ||||||||||||||||||||||||||||||||||||||||||||||||||||||||||||||||||||||||||||||||||||

**acts** – 청취, 발음, 독해 모두 다 초보 수준에 있다면 이 단어가 **ax**(도끼)나 알파벳 **X**로 들릴 수도 있다.

**confidence** – 유사발음이 나는 **competence**(자격, 능력)와 다르게 주의해서 발음해야 한다. confidence는 칸ㅍ+히던스이고 **competence**는 캄펏.은스처럼 발음한다.
     **eg. Thank you for your confidence and cooperation.**
        당신의 신뢰와 협조에 대해 감사드립니다.

**law** – 소리 안나게 (을)자 발음을 내려는 입모양을 취하고 있다가 (을)로 발음한다.
     **eg. A law is a law.**
        악법도 법이다.

**잠깐!!** 일반적으로 대통령은 연설할 때 차분하게 비교적 천천히 말한다. 하지만 위 문장들을 CNN뉴스 캐스터가 읽을 경우에는 상황이 다르다. 일반적으로 뉴스 캐스터들은 빠르게 말하고, 읽기 때문에 연설문의 발음 속도와 CNN이나 AP뉴스의 발음 속도에는 상당한 차이가 있음을 주지한다.

# 국민에 의한 통치

대통령으로서 공적인 행동과 사적인 행동을 할 때 저는 정직이 언제나 최선의 정책이라는 확신을 갖고 저의 본능적인 솔직함과 정직성을 따를 작정입니다. 국민 여러분, 우리 나라의 긴 악몽은 끝났습니다. 우리의 헌법이 효력을 발휘하고 있습니다. 우리의 위대한 공화국은 법치정부이며 소수 기득권자의 정부가 아닙니다. 이 나라에서는 국민들이 통치합니다.

### 단어와 어구

01 **public** 공적인, 공공의　　02 **private** 사적인, 개인적인　　03 **follow** 따르다
04 **openness** 솔직, 개방　　05 **candor** 솔직, 정직, 허심탄회　　06 **confidence** 신뢰, 신임, 확신
07 **honesty** 정직　　08 **policy** 정책　　09 **nightmare** 악몽
10 **law** 법　　11 **rule** 통치하다

## Structure Tips!!

### <u>Have</u> the people rule.

이 문단의 타이틀로 쓰인 이 문장에 중요한 문법이 하나 숨어 있습니다. 바로 have가 사역동사로 쓰였을 때, 그에 따른 해석과 문법이죠. 사역동사 have의 기본 형태는 「have + 목적어 + 동사원형(능동) 또는 과거분사(수동)」입니다. 간혹 ~ing 형태가 등장하기도 합니다. 해석은 '목적어로 하여금 ~하게 하다' 라는 뜻으로, 이 문장에서는 "국민들로 하여금 통치하게 하라"로 해석하면 되겠죠?

## ABOUT THE AUTHOR

RICHOUS NIXON was born in Yorba Li...
...maker parents, and at an early age more...
...nia. He graduated from Whittier College,...
...versity Law School. He practiced law f...
...s, and later became President of the U...
...wo daughters, both married, and now re...
...D.C., with his wife, Pat. This is his first b...

CLIFF
HOUSE
BOOKS
LOS ANGELES

## 07
# Richard M. Nixon

### Richard M. Nixon, 그는 누구인가!

리차드 닉슨은 제 37대 미국 대통령으로 하원의원 재직 시절에는 반공주의자로 이름을 떨쳤으며, 후에 상원의원, 부통령 등을 거쳐 대통령에 당선되었다. '닉슨 독트린'으로 유명하며 '워터게이트' 사건으로 사임하였다. 다음은 1969년 11월 3일 닉슨 대통령은 베트남 전쟁과 관련해서 대 국민연설을 하게 되는데, 이 날 닉슨은, 미국은 이렇게 해서, 왜 베트남전에 개입하게 되었는가? 현 정부는 전 정권의 정책을 어떻게 바꿨는가? 파리 협상과 베트남 전선에서 벌어진 상황, 베트남전 종전을 위한 미국의 선택, 평화에 대한 전망 등에 대해서 국민들에게 답변해 나갔다.

# A Hope to See the Day

And now I would like to [01]address a word, if I may, to the young people of this Nation who are [02]particularly [03]concerned, and I understand why they are concerned, about this war.

I [04]respect your [05]idealism.

I share your [06]concern for peace.

I want peace as much as you do.

There are [07]powerful personal reasons I want to end this war. This week I will have to sign 83 letters to mothers, fathers, wives, and loved ones of men who have given their lives for America in Vietnam. It's very little satisfaction to me that this is only one-third as many letters as I signed the first week in office. There is nothing I want more than to see the day come when I do not have to write any of those letters.

---

**미국에서는 이렇게 발음해요!** |||||||||||||||||||||||||||||||||||||||||||||||||||||||||||||||||||||

**letter** – 래발음을 짧게 하면서 래러로 발음한다. **ladder**(사닥다리)는 래발음을 약간 길게 내는 기분
으로 래(애)러로 발음한다.

> eg. **I proposed to her by letter.**
> 나는 편지로 그녀에게 청혼했다.

**Vietnam** – 베트남은 완전 콩글리쉬, 뷔엣남으로 발음해야 한다.

> cf. **a Vietnam Vet** 베트남 전 참전 용사

**little** – 미국식 발음은 리를 또는 리들이고, 영국식 발음은 리틀로 발음한다.

> cf. **cattle** 소, 축우
> **kettle** 주전자

# 그날을 기다리며

허락해 주신다면 특히 이번 전쟁에 대해 우려하는 이 나라의 젊은이들에게 한 마디 하고 싶습니다. 저는 그들이 이 전쟁에 대해 걱정하는 이유를 이해합니다.

저는 여러분의 이상주의를 존경합니다.

여러분의 평화에 대한 걱정을 함께 합니다.

저는 여러분만큼 평화를 원합니다.

제가 이 전쟁을 끝내고자 하는 강력한 개인적인 이유들이 있습니다. 이번 주에 나는 베트남에서 미국을 위해 싸우다가 전사한 장병들의 어머니, 아버지, 아내와 사랑하는 가족들에게 보내는 83통의 편지에 서명을 해야 할 것입니다. 취임 첫주에 서명한 것에 비하면 3분의 1밖에 되지않아 만족스럽지 못합니다. 이와같은 어떤 편지에도 서명할 필요가 없는 그 날을 보게 되는 것이 제가 가장 바라는 바입니다.

## 단어와 어구

01 **address** 연설하다, 강연하다
02 **particularly** 특히, 각별히
03 **concerned** 염려하는, 근심하는
04 **respect** 존경하다
05 **idealism** 이상주의
06 **concern** 걱정, 관심, 관계
07 **powerful** 강력한

## Grammar Tips!!

**It's very little satisfaction to me that this is only one third as many letters as I signed the first week in office.**

「가주어(it) ~ 진주어(that절)」용법이군요. 앞서 나온 「it(가주어) ~ to(진주어)」용법(p.51)과 거의 흡사하죠. 단, 여기서는 that(접속사)이 이끄는 절이 진짜 주어 역할을 하고 있다는 차이가 있습니다. 마찬가지로, 주어가 너무 길어서 가짜 주어 it을 앞에 두고, 진짜 주어는 뒤로 보내는 형태로, 이 문장의 경우 하나의 문장 전체(this is ~ in office)가 주어이므로 to 부정사가 아닌 접속사 that 절이 진짜 주어 역할을 하고 있는 겁니다.

# For a Better Life on This Earth

CD-1
TRACK
47
I want to end the war to [01]save the lives of those [02]brave young men in Vietnam. But I want to end it in a way which will increase the chance that their younger brothers and their sons will not have to fight in some future Vietnam someplace in the world. And I want to end the war for another reason. I want to end it so that the energy and [03]dedication of you, our young people, now too often [04]directed into [05]bitter hatred against those responsible for the war, can be turned to the great challenges of peace, a better life for all Americans, a better life for all people on this earth.

---

**미국에서는 이렇게 발음해요!** ||||||||||||||||||||||||||||||||||||||||||||||||||||||||||||||||||||||||

**end it** – 자음과 모음이 만나면, 한 단어처럼 연음시켜 **앤딧**으로 발음한다.
　　　　**cf. send it**

**often** – 오:ㅍ+흔 또는 오:ㅍ+흐튼 모두 가능하다.
　　　　**eg. How often do you work out?**
　　　　　얼마나 자주 운동하세요?

**bitter** – **i**에 강세가 들어가면 약간 **에**쪽으로 발음되기 때문에 가끔 **better**와 발음상 혼동할 수 있다. 참고로, **six**(6)도 유치원생도 다 아는 단어이지만 발음규칙대로 **에**발음을 약간 가미하면 **sex**같이 들려 낱개 발음만 볼 때는 충분히 혼란을 일으킬 수도 있다.
　　　　**cf. hitter**

# 지구상의 더 나은 삶을 위해

저는 전쟁을 끝내고 베트남전에 참전중인 용감한 청년들의 인명을 구하고 싶습니다. 그러나 그들의 형제와 아들들이 이 세상 어딘가에 있는 미래의 베트남과 같은 곳에서 다시는 싸울 필요가 없는 가능성을 증대시키는 방향으로 전쟁을 끝내고 싶습니다. 그리고 또 다른 이유 때문에 전쟁을 끝내고 싶습니다. 저는 전쟁을 끝내서 여러분, 바로 우리 젊은이들의 힘과 헌신이, 지금은 전쟁 책임자들에 대한 격렬한 증오심에 기울여 있지만, 평화와 모든 국민들을 위한 더 나은 삶, 이 지구상의 모든 사람들을 위한 더 나은 삶을 위해 쓰여질 수 있게 하고 싶습니다.

## 단어와 어구

01 **save** 구하다, 지키다, 저축하다
02 **brave** 용감한
03 **dedication** 헌신
04 **direct** 향하게 하다, 기울이다
05 **bitter** 격렬한, 모진, 쓰라린

## Structure Tips!!

다시 끊어 읽기 연습을 해봅시다. 끊어 읽기 원칙에 구두점(콤마, 콜론, 세미콜론, 대쉬 등)을 하나 더 첨가합니다.

I want to end it / so that the energy and dedication of you, / our young people, /
접속사 앞　　　　　　　　　　　　　　　구두점 뒤　　　　　　　　구두점 뒤
나는 그것을 끝내고 싶다 / 그래서 여러분의 에너지와 헌신이(주어) / 즉, 우리 젊은이들(you와 동격) /

now too often directed / into bitter hatred / against those / responsible for the war, /
전치사 앞　　　　　　　전치사 앞　　　　관계사 생략(who are)　　　　구두점 뒤
지금은 주로 (~로) 향해있는 (에너지와 헌신) / (~)사람들에 대한 증오로 / 전쟁에 책임이 있는 (사람들) /

can be turned / to the great challenges of peace, / a better life for all Americans, /
전치사 앞　　　　　　　　　　　구두점 뒤　　　　　　　　　　　구두점 뒤
(~에) 쓰여질 수 있다 / 평화라는 매우 힘든 도전 과제에 / 모든 미국민들의 더 나은 삶에 /

a better life for all people / on this earth.
전치사 앞
모든 사람들의 더 나은 삶에 / 지구상의 (모든 사람들)

# A Plan for Peace

**CD-1 TRACK 48**  I have chosen a plan for peace. I believe it will succeed. If it does not succeed, what the [01]critics say now won't [02]matter. Or if it does succeed, what the critics say now won't matter. If it does not succeed, anything I say then won't matter. I know it may not be [03]fashionable to speak of [04]patriotism or national destiny these days. But I feel it is [05]appropriate to do so on this [06]occasion. Two hundred years ago this Nation was weak and poor. But even then, America was the hope of millions in the world. Today we have become the strongest and richest nation in the world.

---

**미국에서는 이렇게 발음해요!** ||||||||||||||||||||||||||||||||||||||||||||||||||||||||||||||||||||||||||||

**criti<u>cs</u> say** – 밑줄친 **cs**에서 **s**발음이 들리지 않는다. 두 단어가 연음되면서 자음 세 개가 모이게 되고, 자음 세 개가 모여 있으면 일반적으로 가운데 철자가 약화되기 때문이다.
  **eg. Critics say the plan focuses on short-term measures.**
    비판자들은 그 계획이 단기적인 조치에 초점을 맞추고 있다고 말한다.

**won't** – 발음상 유사한 단어들이 많다. **won, want, worn**. 따라서 **won't**에 이어지는 동사 **matter**를 힌트로 활용해서 파악할 수 밖에 없다. **matter**가 동사이고, 또한 동사원형이므로 앞에는 조동사 밖에 올 수 없다.

**feel** – 잘못 발음하면 **pill**(피임약)이나 **peel**(껍질을 벗기다)로 들리니까 필히 **ㅍ+휘얼**처럼 발음하는 연습을 해야한다.

# 평화의 계획

　저는 평화에 대한 계획을 선택했습니다. 그것이 성공할 것이라고 믿습니다. 그것이 성공하지 못한다면 지금 비판자들이 말하는 것은 중요치 않을 것입니다. 혹은 그것이 성공한다면 지금 비판자들이 말하는 것은 중요치 않을 것입니다. 그것이 실패한다면 제가 무슨 말을 하든 의미가 없을 것입니다. 요즈음 애국심이나 국가의 운명을 말한다는 것은 시대에 뒤떨어지는 일일지도 모른다는 것을 알고 있습니다. 그러나 이 상황에서는 그렇게 하는 것이 적절하다고 생각합니다. 200년 전 이 나라는 약하고 가난했습니다. 그러나 그 때에도, 미국은 전 세계 수백 만의 희망이었습니다. 오늘날 우리는 세계에서 가장 강하고 부유한 나라가 되었습니다.

## 단어와 어구 |||||||||||||||||||||||||||||||||||||||||||||||||||||||||||||||||||||||||||||||||

01 **critic** 비판자, 비평가　　01 **matter** 중요하다, 문제가 되다　　03 **fashionable** 유행하는
04 **patriotism** 애국심　　05 **appropriate** 적당한, 적절한　　06 **occasion** 경우, 때

## Grammar Tips!!

**If it <u>does</u> not succeed, what the critics say now <u>won't</u> matter.**

if절이 '만일 ~하면(부사절)'으로 쓰일 땐, 그것이 비록 미래를 나타낸다할지라도 if절에는 미래시제(will)를 쓰지 못하고, 뒤의 주절에는 미래시제를 써야합니다. 현재가 미래를 대신하는 거죠. 이 문장에서, 비록 if절이 '아직 성공하지 못했고, 미래에 성공한다면'의 의미이지만, 'will'이 아닌 현재 시제 does를 쓰고 있습니다.

EX.　If you do that again, you will be punished. 다시 한번 더 그런다면, 너 혼날거야.

# United for Peace

**CD-1 TRACK 49** Let [01]historians not [02]record that when America was the most powerful nation in the world we passed on the other side of the road and allowed the last hopes for peace and freedom of millions of people to be [03]suffocated by the forces of [04]totalitarianism. So tonight — to you, the great silent majority of my fellow Americans — I ask for your support.

Let us be united for peace. Let us also be united against defeat. Because let us understand: North Vietnam cannot [05]defeat or [06]humiliate the United States. Only Americans can do that.

---

**미국에서는 이렇게 발음해요!** ||||||||||||||||||||||||||||||||||||||||||||||||||||||||||

**record** – 동사로 쓰여 강세가 뒤에 있다. 따라서 **뤼:코(어)(드)**로 발음된다.

> **eg. These tapes were recorded in a professional studio.**
> 이 테입들은 전문 스튜디오에서 녹음되었습니다.

**road** – 비슷한 발음 **load**가 있으므로 **load**와 구분해서 이 단어는 혀를 굴려 **(우)로우(드)**로 발음해야 한다. 소리안나게 **(우)**자 발음을 내려는 입모양을 취하고 있다가 혀를 뒤쪽에서 굴려 발음하면 된다.

> **eg. The SUV is at a fork in the road.**
> SUV가 도로의 분기점에 있다.

**united** – 미국인들은 **유나이티드**보다는 **유나이릿(드)** 정도로 발음해서 **t**발음을 **r**로 발음하려는 경향이 강하다.

> **cf. United Nations** 유엔
> **United Airlines** 유나이티드 항공사
> **United Automobile Workers (UAW)** 전미 자동차 노조

# 평화를 위해 함께 합시다

　미국이 세계 최강국이던 시절, 우리가 길 맞은 편으로 몸을 피해서 수백만의 평화와 자유에의 마지막 희망이 전체주의 세력에 의해 압살당하는 모습을 그대로 좌시했음이 역사가들에 의해 기록되는 일은 없어야 합니다. 그래서 오늘밤, 침묵하고 있는 다수의 위대한 미국 시민들이여, 여러분의 지지를 부탁합니다.

　평화를 위해 뭉칩시다. 패배에 대항하여 힘을 모읍시다. 왜냐하면, 북베트남이 미국을 패배시키거나 굴욕감을 줄 수는 없기 때문입니다. 오직 미국인들만이 그것을 할 수 있습니다.

## 단어와 어구

01 **historian** 역사가 　　　　02 **record** 기록하다 　　　　03 **suffocate** 질식시키다, 억압하다
04 **totalitarianism** 전체주의 　05 **defeat** 패배시키다 　　06 **humiliate** 굴욕감을 느끼게 하다

## Grammar Tips!!

**"Let historians not record ~."** 〈능동〉
**"Let us be united for peace."** 〈수동〉

let은 사역동사로 기본 형태는 「let + 목적어 + 동사원형(능동) / be p.p(수동)」입니다. have와 마찬가지로 '~로 하여금 ~하게 하다(허용의 의미)'로 해석됩니다.

첫 번째의 경우, 역사가들이 직접 기록하는 것이므로 능동태를 써서 동사원형이 되는 것이죠. 두 번째의 경우는 "unite"가 "~을 결합하다"는 타동사로 "unite us," 즉 "우리를 결합시킨다"는 뜻으로, 주어가 '우리'일 경우 "우리는 결합되는 것"이 됩니다. 따라서 수동태를 써서 분사형태(united)가 되는 것이죠.

# Put the Interest of America First

**CD-1 TRACK 50**    I have never been a [01]quitter. To leave office before my term is completed is [02]abhorrent to every [03]instinct in my body. But as President, I must put the interest of America first. America needs a [04]full-time President and a full-time Congress, particularly at this time with problems we face at home and abroad. To continue to fight through the months ahead for my personal [05]vindication would almost totally absorb the time and attention of both the President and the Congress in a period when our entire focus should be on the great issues of peace abroad and prosperity without inflation at home. Therefore, I shall [06]resign the Presidency [07]effective at noon tomorrow.

---

**미국에서는 이렇게 발음해요!** ||||||||||||||||||||||||||||||||||||||||||||||||||||||||||||||||||||||||||

**quitter** – 퀴터가 아니라 **쿠이러**로 발음한다. **쿠이**를 발음할 때는 마치 한 단어 발음하듯이 빨리 발음해야 한다.

**fight through** – 필자의 경험으로는 문장속에 있는 **through**가 항상 약하게 들려 주의가 요망된다.

     **cf. The bill got through the Senate by a unanimous vote.**
       그 법안은 만장일치로 상원을 통과했다.

**at home** – 문장속의 **h**는 힘을 못쓰기 때문에 **home**의 **h**발음이 명확하게 들리지 않는다.

     **eg. Make yourself at home.**
       편히 하십시오.

**Therefore, I shall resign the Presidency effective at noon tomorrow.**

     – 관사와 전치사는 무조건 듣기 힘든 단어로, 이 문장이 **CNN**뉴스에서 지나갔다면 정관사 **the**와 전치사 **at**은 있는 건지 없는 건지 모를 정도로 희미하게 지나간다.

# 국익을 생각하며

저는 중도에 포기하는 사람이 아닙니다. 임기가 만료되기 전에 대통령직에서 물러나야 한다는 것은 본능적으로도 용납이 되지 않는 일입니다. 그러나 대통령은 미국의 국익을 먼저 생각해야 합니다. 미국은 직무에 전념할 수 있는 대통령과 의회를 필요로 하고 있습니다. 국내외적으로 여러 가지 문제에 직면하고 있는 지금은 특별히 더 그렇습니다. 대외적으로는 평화, 대내적으로는 물가 상승이 없는 번영에 전력투구할 시기에 저 개인의 무고함을 증명하기 위해 몇 달씩 싸움을 계속하게 되면, 대통령과 의회의 모든 시간과 관심은 그곳에 빼앗기게 될 것입니다. 그래서 저는 내일 정오를 기해 대통령직을 사임하려고 합니다.

## ‖ 연설의 배경 ‖

1972년 6월 17일 오전 2시 반 워싱턴의 워터게이트호텔 건물에 들어있던 민주당 전국위원회 사무실에 도청장치를 설치하려던 괴한 5명이 체포되면서 시작된 그 유명한 워터게이트 사건으로 인해 탄핵재판을 받을 위기에 몰리고 의회내 공화당 지지세력도 자신에게 등을 돌리기 시작하자 닉슨 대통령은 1974년 8월 8일 밤 자진 사임 성명을 발표하게 되는데 위 글은 그 날 밤 연설의 일부분이다.

## 단어와 어구

01 **quitter** 포기하는 사람, 쉽게 체념하는 사람    02 **abhorrent** 질색인    03 **instinct** 본능
04 **full-time** 전시간의, 사실상의    05 **vindication** 옹호, 변호, 변명    06 **resign** 사임하다
07 **effective** 사실상의, 효과적인

## Grammar Tips!!

**To leave office before my term is completed / is abhorrent to every instinct in my body.**

위 문장은 특이하게도 to부정사가 주어 역할을 하고 있습니다. 학교 시험에 주로 등장하는 문법으로, 준동사(to부정사 or 동명사)가 문두에서 주어 역할을 할 때는 동사는 무조건 단수동사를 써야 한다는 점을 기억해 두세요.

Ex.   To know and to teach are two different things. 아는 것과 가르치는 것은 별개의 것이다.

‹‹‹ 이 예문의 경우, 주어가 to부정사이긴 해도 복수인 are 동사를 썼죠. 이유는 주어 자리에 to부정사 두 개가 와서 이른바 "복수 주어"가 되었기 때문입니다. 참고하세요.

# All Is Ended?

We think [01]sometimes when things happen that don't go the right way; we think that when you don't pass the [02]bar exam the first time - I happened to, but I was just lucky; I mean, my [03]writing was so poor the bar [04]examiner said, "We have just got to [05]let the guy through." We think that when someone [06]dear to us dies, we think that when we [07]lose an election, we think that when we suffer a defeat that all is ended. We think, as T.R. said, that the [08]light had left his life forever.

||||||||||||||||||||||||||||||||||||||||||||||||||||||||||||||||||||||||||||||||||||||||||||||||||

**first time** – 밑줄친 **t**는 발음나지 않게 하면서 **ㅍ+훠스(:) 타임**으로 발음하는 게 자연스럽다.

>>> 필자의 현장 경험을 얘기하자면 학생들이 first time과 발음상 유사한 fourth time을 들으면 종종 fourth time을 first time으로 착각하는 경우가 자주 있었다. 주의하기 바란다.

**cf. last time** 래스(:) 타임

**writing** – 발음이 완전 콩글리쉬이면 이 단어를 **라이팅**이라고 발음하게 된다. 미국식 발음은 **롸이딩**이다. 물론 **writing**은 **롸이링**으로 발음하는 사람들도 있지만, **롸이딩**으로 발음하는 것이 가장 좋다.

**cf. Writing is my career.**
집필은 내 평생의 직업이다.

**think** – **sink**(가라앉다)와 구분해서 발음해야 하므로 밑줄친 θ 발음을 내기 위해 혀끝이 위아래 치아 사이에 살짝 걸쳐지는 기분으로 발음해야 한다.

**eg. What makes you think so?**
왜 그렇게 생각하십니까?

# 모든 것은 끝난것인가?

　우리는 가끔 일이 제대로 돌아가지 않을 때를 생각해 보곤 합니다. 가령 첫 사법시험에서 낙방하는 상상을 해봅니다. 저 역시 그런 생각을 해본 적이 있었지만, 저는 운이 좋았습니다. 그러니까 제 경우에는 사법 시험관이 제가 쓴 글이 엉망이었음에도 불구하고 "이 친구 그냥 통과시킵시다."라고 말했었지요. 우리는 우리에게 소중한 사람이 사망할 때, 우리가 선거에서 패배할 때, 우리가 패배를 경험할 때, 모든 것이 끝났다고 생각합니다. 우리는 **T.R.**이 말했듯이, 빛이 자신의 생명을 영원히 떠나버렸다고 생각합니다.

## ‖ 연설의 배경 ‖

위 글은 앞서 설명한 '워터게이트' 사건으로 미국 역사상 최초로 임기 중 사임한 닉슨 대통령이 사임 발표 다음 날, 백악관 직원들에게 행한 연설의 후반부이다. 전날 밤 사임을 발표해서 이날 정오부터는 포드 전부통령이 대통령에 취임해 있는 상황에서 허심탄회하게 고별연설을 하고 있다.

## 단어와 어구

- 01 **sometimes** 때때로
- 02 **bar exam** 사법시험
- 03 **writing** 쓰기, 쓴 것
- 04 **examiner** 시험관
- 05 **let through** 통과시키다
- 06 **dear** 소중한, 귀중한
- 07 **lose an election** 선거에 지다
- 08 **light** 빛, 등불

## 알아두면 좋아요!!

We <u>have</u> just <u>got to</u> let the guy through.　우리는 이 친구를 그냥 통과시켜야 한다.

「have got to do」의 경우, 그 형태는 물론 현재 완료이지만, "~해야 한다"로 해석되어 사용하는 경우가 많습니다. 비슷한 의미로는 'should,' 'must,' 'have to do'가 있습니다.

참고로, to부정사 없이 뒤에 명사가 이어지는 경우, have got과 have gotten 사이에는 약간의 차이가 있답니다. have got은 소유(possession)를 의미할 때 사용하고 have gotten은 획득하는 것(obtaining)을 의미할 때 주로 사용합니다.

Ex.　I've got some money. = I have some money.
　　　I've gotten some money. = I've obtained some money.

<<< 구어체에서는 have got, 문어체에서는 have, 마찬가지로 구어체에서는 have gotten, 문어체에서는 have obtained 을 선호합니다.

# With High Hopes

**CD-1 TRACK 52** Not true. It is only a beginning, always. The young must know it; the old must know it. It must always [01]sustain us, because the [02]greatness comes not when things go always good for you, but the greatness comes and you are really tested, when you take some [03]knocks, some [04]disappointments, when [05]sadness comes, because only if you have been in the deepest [06]valley can you ever know how [07]magnificent it is to be on the highest mountain. And so I say to you on this occasion, we leave, we leave proud of the people who have stood by us and worked for us and served this country. We want you to be proud of what you have done. We want you to continue to serve in government, if that is your [08]wish. Always give your best, never get [09]discouraged, never be [10]petty; always remember, others may hate you, but those who hate you don't win unless you hate them, and then you destroy yourself. And so, we leave with high hopes, in good spirit, and with deep [11]humility.

## 미국에서는 이렇게 발음해요!

**mountain** – 마운튼으로 발음하는 사람들이 있고, 마운은으로 발음하는 사람들도 있다. 마운튼, 마운은 둘 다 통하므로, 이 단어를 발음해야 할 때는 본인이 발음하기 편한 것으로 발음하면 된다.

    **cf. fountain** 분수, 샘

**proud of** – 두 단어를 연음시켜 프라우러(브) 정도로 발음하고 지나간다.

    **eg. You must be proud of your daughter.**
       따님이 자랑스럽겠어요.

**them** – 뎀 또는 듬으로 발음하는데, **one of 'em**에서와 같이 **th**발음을 하지 않을 때도 있다.

    **eg. One of 'em went to Harvard.**
       그 중 한 명은 하버드 출신이다.

# 큰 희망을 안고

사실이 아닙니다. 그건 언제나 시작일뿐입니다. 젊은 사람들은 그것을 알아야 합니다. 나이드신 분들도 그것을 알아야 합니다. 그것은 항상 우리를 지탱해 주어야합니다. 왜냐하면 위대한 것은 일이 항상 여러분에게 잘될 때 나오는 것이 아니라 여러분이 타격 받고, 실망하는 일을 당하고, 슬픈 일이 발생할 때, 정말로 시험 당하면서 나오는 것입니다. 그것은 여러분이 가장 깊은 계곡에 있을 때야 비로소 산의 정상에 있다는 것이 얼마나 멋진 일인가를 알 수 있기 때문입니다. 그래서 저는 이 고별연설에서 이 말을 하고 떠납니다. 우리들을 지지해주고, 우리들을 위해 일해왔고, 이 나라에 봉사해온 분들에 대해 자부심을 느끼면서 떠난다는 것을 말씀드립니다. 우리는 여러분이 한 일에 대해 자부심을 느끼시길 바랍니다. 우리는 그것이 여러분의 소망이라면 정부에서 계속 봉사해주기를 바랍니다. 항상 최선을 다해주십시요, 절대로 낙담하지 마십시요, 절대로 소심한 사람이 되지 마십시오. 항상 명심하시기 바랍니다. 다른 사람들이 여러분을 미워할지라도 여러분이 그들을 미워해서 자멸하지 않는 한 그들은 승자가 될 수 없습니다. 그래서 우리는 큰 희망을 안고, 기분좋게, 그리고 겸손한 마음을 안고 백악관을 떠납니다.

---

**단어와 어구**

01 **sustain** 유지하다, 계속하다, 부양하다, 견디다  02 **greatness** 큼, 거대, 위대, 웅대
03 **knock** 타격  04 **disappointment** 실망  05 **sadness** 슬픔
06 **valley** 계곡  07 **magnificent** 장엄한, 훌륭한  08 **wish** 소망
09 **discourage** 낙담시키다  10 **petty** 작은, 보잘것없는, 마음이 좁은  11 **humility** 겸손, 비하

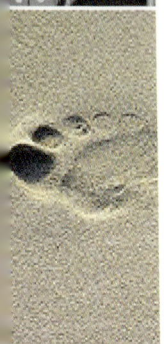

# 08
# Lyndon B. Johnson

## Lyndon B. Johnson, 그는 누구인가!

6선의 상원의원인 존슨은 케네디 대통령이 암살되던 당시 부통령으로 재직하다가 대통령직을 승계하게 되었다. 1964년 대선에서 압도적인 지지를 받고 재선된 그는 '위대한 사회'라는 슬로건을 내걸고 사회적, 경제적 개혁을 적극적으로 추진하였다. 위 글은 케네디 대통령 암살 5일후인 1963년 11월 27일 의회에서 행한 연설이다.

# Equal Rights

On the 20th day of January, in 1961, John F. Kennedy told his countrymen that our national work would not be finished "in the first thousand days, nor in the life of this administration, nor even perhaps in our lifetime on this planet." But, he said, "let us begin." Today, in this moment of new resolve, I would say to all my fellow Americans, let us [01]continue. This is our [02]challenge — not to [03]hesitate, not to [04]pause, not to [05]turn about and [06]linger over this evil moment, but to continue on our course so that we may [07]fulfill the destiny that history has set for us. Our most immediate tasks are here on this Hill. First, no [08]memorial [09]oration or [10]eulogy could more [11]eloquently honor President Kennedy's memory than the earliest possible [12]passage of the [13]civil rights bill for which he fought so long. We have talked long enough in this country about [14]equal rights. We have talked for hundred years or more. It is time now to write the next chapter, and to write it in the books of law.

**미국에서는 이렇게 발음해요!**

**Hill** – **ill**로 끝나, 약간 끌어주는 기분으로 **히얼**처럼 발음해야 한다. "나, 아팠어"(**I was ill**)를 영어로 말한다면, **아(이)와즈 이얼**로 발음해야 단 번에 전달된다.

    **cf. mill** 제분소
        **sill** 문지방

**civil** – **씨빌**은 콩글리쉬에 가깝다. **씨뷜** 또는 **씨블**이 자연스럽다.

    **eg. Every citizen has civil rights and duties.**
        모든 시민은 시민의 권리와 의무를 갖고 있다.

**write it** – 두 단어를 연음시켜 **롸이딧** 또는 **롸이릿**으로 발음하는게 자연스럽다.

    **cf. create it**
        **hate it**

# 평등권

　1961년 1월 20일 **J. F. Kennedy**는 국민들에게 우리의 국가적 과업은 대통령 취임 후 첫 1000일 안에 이루어지지 않을 것이며, 이 정부의 집권기간에도 이루어지지 않을 것이며 어쩌면 우리가 이 지구상에 살아있는 동안에도 완수되지 않을 것이라고 말했습니다. 하지만 그는 말했습니다, "시작합시다"라고. 오늘 이 새로운 결의의 순간에 모든 미국민들에게 "계속합시다"라고 말하고 싶습니다. 이것은 우리의 도전입니다. 주저하지 않고, 멈추지 않고, 뒤로 돌아서서 이 사악한 순간에 우물쭈물 머물러 있지 않으면서 우리의 길을 계속 나아가는 도전입니다. 역사가 우리들에게 정해놓은 운명을 우리가 완수할 수 있도록 말입니다. 우리에게 가장 당면한 과제들이 이곳 국회에 있습니다. 먼저, 어떤 추도사나 찬양도 그가 그토록 오랫동안 투쟁해온 인권법안을 가능한 한 가장 빠르게 통과시키는 것보다 더 감동적으로 케네디 대통령을 기릴 수는 없을 것입니다. 우리는 평등권에 대해 꽤 오랫동안 논의해 왔습니다. 우리는 100년 이상이나 논의해왔습니다. 이제는 다음 장을 쓰고 그 것을 입법화할 때입니다.

## 단어와 어구

01 **continue** 계속하다　02 **challenge** 도전　03 **hesitate** 주저하다
04 **pause** 멈추다　05 **turn about** 뒤로 돌다, 돌아보다　06 **linger** 남아 있다, 생각에 잠겨 있다
07 **fulfill** 이행하나, 완수하다, 실행히다, 실현시키다　08 **memorial** 기념의, 추도의
09 **oration** 연설, 화법, 웅변　10 **eulogy** 칭송, 찬사
11 **eloquently** 웅변적으로, 감동적으로　12 **passage** 통행, 통과
13 **civil right** 인권　14 **equal right** 평등권

# The Dignity of Man and the Destiny of Democracy

I speak tonight for the [01]dignity of man and the destiny of democracy. I [02]urge every member of both parties, Americans of all [03]religions and of all colors, from every [04]section of this country, to join me in that [05]cause. [06]At times history and [07]fate meet at a [08]single time in a single place to [09]shape a [10]turning point in man's [11]unending [12]search for freedom. So it was at Lexington and Concord. So it was a [13]century ago at Appomattox. So it was last week in Selma, Alabama. There, long-suffering men and women peacefully [14]protested the [15]denial of their rights as Americans. Many were [16]brutally [17]assaulted. One good man, a man of God, was killed. There is no cause for [18]pride in what has happened in Selma. There is no cause for [19]self-satisfaction in the long denial of equal rights of millions of Americans. But there is cause for hope and for faith in our democracy in what is happening here tonight.

---

**미국에서는 이렇게 발음해요!**

**it was** – 두 단어가 연음되듯이 **이롸즈** 정도로 발음된다.

**assaulted** – 두 번째 모음 **a**에 강세가 들어가서, 첫 모음 **a**는 발음이 약화되기 때문에 문맥을 못타면 **salt**같이 들릴 수 있다.

    **eg. My son was assaulted by Harry.**
        내 아들이 해리한테 폭행당했어.

**There is no cause for pride in what has happened in Selma.** – 이 문장에 **in**이 두 개 있는데 뒤에 나오는 **in**은 **Selma**라는 지명이 나와 있어 비교적 단번에 들을 수 있지만 처음에 나오는 **in**은 순간적으로 **and**로 로 헷갈릴 수도 있다. 연설문에서는 **has**가 **해즈**로 들리겠지만, 연설문보다 빠르게 지나가는 **CNN**뉴스에서는 **즈** 발음만 들릴 때도 있다.

# 인간의 존엄성과 민주주의의 운명

저는 오늘밤 인간의 존엄성과 민주주의의 운명에 대해 얘기하고자 합니다. 저는 양당의 모든 당원 여러분, 이 나라의 모든 계층에 있는 모든 종파와 모든 인종의 미국민들이 그러한 대의에 저와 동참해주기를 촉구하는 바입니다. 이따금, 역사와 운명은 인간이 끊임없이 자유를 추구하는 데에 있어서 어느 한 시점, 어느 한 장소에서 만나 전환점을 형성하게 됩니다. 자, 그것이 Lexington과 Concord에서 였습니다. 1세기 전에는 Appomattox에서 그랬고, 지난 주에는 Alabama주 Selma에서 그랬습니다. 그곳에서 오랫동안 고통을 받아온 남녀들은 미국시민으로서 그들의 권리가 거부된 데 대해 평화로운 시위를 벌였습니다. 많은 사람들이 잔인하게 폭행당했습니다. 선량한 성직자 한 명이 사망했습니다. Selma 사태에 대해서는 자랑할만한 이유가 없습니다. 수백만 미국인들의 평등권이 거부된 데에 대해서는 자기 만족을 느낄 이유도 없습니다. 그러나 오늘밤 이 곳에 발생하는 우리의 민주주의에 대한 희망과 신념에는 이유가 있습니다.

## ‖ 연설의 배경 ‖

1965년 마틴 루터 킹 목사가 제안한 대행진에 참여했던 전국의 흑인들이 3월 7일 Selma의 Edmund Pettus Bridge에서 주 경찰이 휘두른 경찰봉과 최루탄 가스 발사로 수백 명이 부상을 당한 채 구속되었다. 이 중 한 명이 사망하는 'Bloody Sunday' 사건이 발생한 지 1주일 후인 3월 15일 상하원 합동의총에 참석한 존슨 대통령이 흑인에 대한 투표권 통과를 요청하는 연설을 한다. 위 글은 이날 연설의 첫 부분이다.

## 단어와 어구

01 **dignity** 존엄, 품위
02 **urge** 촉구하다
03 **religion** 종교
04 **section** 구분, 계층, 과, 파
05 **cause** 원인, 목적, 이유, 대의
06 **at times** 때때로
07 **fate** 운명
08 **single** 단 하나의
09 **shape** 형성하다
10 **turning point** 전환점
11 **unending** 끝없는, 끊임없는
12 **search** 수색, 추구
13 **century** 세기
14 **protest** 항의하다
15 **denial** 부성, 서부
16 **brutally** 잔인하게
17 **assault** 공격하다, 폭행하다
18 **pride** 긍지, 자만심, 자랑거리
19 **self-satisfaction** 자기 만족

# Overcome

**CD-1 TRACK 55** There is no [01]Negro problem. There is no Southern problem. There is no Northern problem. There is only an American problem. And we are met here tonight as Americans — not as Democrats or Republicans — we are met here as Americans to [02]solve that problem.

But even if we [03]pass this [04]bill, the [05]battle will not be [06]over. What happened in Selma is part of a far larger [07]movement which reaches into every section and State of America. It is the [08]effort of American Negroes to secure for themselves the full blessings of American life. Their cause must be our cause too. Because it is not just Negroes, but really it is all of us, who must [09]overcome the [10]crippling legacy of [11]bigotry and [12]injustice. And we shall overcome.

---

**미국에서는 이렇게 발음해요!** |||||||||||||||||||||||||||||||||||||||||||||||||||||||||||||||

**Southern** – **sudden**과 발음이 유사하므로 문맥으로 구분해서 혼동을 피해야 한다.

> eg. **Peter is a native of southern Texas.**
> 피터는 남부 텍사스 출신입니다.

**part of a** – 세 단어가 연음되어 **파러붜**같이 발음된다.

> eg. **It's part of a terrorist organization.**
> 그것은 테러 조직의 일부이다.

**cause** – 오와 어의 중간발음인데 약간 더 어쪽에 가깝다.

> <<< 필자만의 기술을 전수한다면, **au**를 오로 발음할 때는, 어를 의식하면서, 어로 발음할 때는 오를 의식하면서 발음한다.

> eg. **He gave his allegiance to the cause of world peace.**
> 그는 세계 평화라는 대의를 위해 헌신했다.

> <<< 참고로 **cause**에 대한 뜻으로 원인, 이유만 알고 있으면 **LC**의 **L(listening)**만 되지 **C(comprehension)**는 되지 않는 것이다.

# 극복

　흑인 문제는 없습니다. 남부 문제도 없습니다. 북부 문제도 없습니다. 오직 미국 문제만이 있습니다. 그리고 우리는 오늘 밤 이곳에 미국민으로 모였습니다. 민주당원이나 공화당원으로 모인 게 아닙니다. 우리는 그 문제를 해결하기 위해 미국민으로서 이곳에 모였습니다.

　그러나 우리가 이 법안을 가결한다 하더라도 싸움은 끝나지 않습니다. Selma사태는 미국의 모든 계층과 미국의 모든 주에 이르는 훨씬 더 큰 운동의 일부입니다. 그것은 미국적인 삶의 충분한 행복을 스스로 지키려는 흑인들의 노력입니다. 그들의 목표는 우리의 목표도 되어야 합니다. 왜냐하면 편협과 불공평이라는 치명적인 유산을 극복해야 해야 할 사람들은 흑인들만이 아니라 실은 우리 모두이기 때문입니다. 우리는 극복할 것입니다.

## 단어와 어구

01 **Negro** 흑인, 니그로(현재 미국에서는 보통 경멸적으로 쓰이므로 대신 black이나 African-American을 쓴다)
02 **solve** 해결하다 　　　03 **pass** 통과시키다, 가결하다 　　　04 **bill** 법안
05 **battle** 전투 　　　　　06 **over** 끝난 　　　　　　　　07 **movement** 운동
08 **effort** 노력 　　　　　09 **overcome** 극복하다
10 **crippling** 심한 손상을 입히는, 무력(무능)하게 만드는 　　11 **bigotry** 편협한 사고
12 **injustice** 부정, 부패

### 알아두면 좋아요!!

「even if」 vs. 「even though」

일반적으로 "비록~할지라도" 라는 뜻으로 마치 같은 접속사인 것처럼 사용하지만, 둘 사이에는 분명 차이가 있습니다. 「even if」의 경우, "혹시나 또는 설령~하더라도"의 뜻으로 '가정'의 의미가 들어있습니다. 반면, 「even though」는 though (although)를 강조하는 형태로 "어떠한 사실에도 불구하고(despite that fact)"라는 뜻입니다.

Ex. 　Even if I had two hours to spare for shopping, I wouldn't go out and buy a suit.
　　　혹시 쇼핑할 시간이 두 시간 있었다 해도(가정), 양복을 사러 나가지는 않을 것이다.

　　　Even though I had two hours to spare for shopping, I couldn't find the suit I wanted.
　　　쇼핑할 시간이 두 시간 있음에도 불구하고(실제상황), 내가 원하는 양복을 찾을 수 없었다.

# Moving Forward in New Unity

**CD-1 TRACK 56** Fifty-two months and 10 days ago, in a moment of [01]tragedy and [02]trauma, the duties of this office [03]fell upon me. I asked then for your help and God's, that we might continue America on its course, [04]binding up our wounds, [05]healing our history, moving forward in new unity, to clear the American [06]agenda and to keep the American [07]commitment for all of our people.

### 미국에서는 이렇게 발음해요! ||||||||||||||||||||||||||||||||||||||||||||||||||||||||||||||||

**months** – **th**와 **s**가 유사발음이라 **먼스**라고 발음해서 **스**발음을 분명히 내주어야 한다.

<<< 독자중에 **먼쓰스**라고 발음하는 사람이 있어선 안되겠다.

**trauma** – **t**를 **r**이 만나면 **t**는 **ㅊ**으로 발음해야 자연스럽다.

    **cf. trunk**
       **trend**
       **trip**

**commitment** – **코미트먼트**라고 발음하는 사람이 있어선 안되겠다. 본토발음은 **커밀먼(트)**가 자연스럽다.

    **eg. We expect Pyungyang to live up to its commitments.**
    우리는 북한 정부가 약속을 지켜주기를 기대합니다.

    <<< 시사영어에서는 그 나라의 수도가 그 나라의 정부를 뜻하기도 한다. 그러니까 **Seoul**이 문맥에 따라서는 한국정부라는 뜻이 될 수 있다.

# 새로이 단결하여 앞으로 전진

   52개월 10일 전, 비극과 정신적 충격의 순간에 이 대통령직의 의무가 저에게 부여되었습니다. 저는 그 때, 우리 미국이 우리의 길을 계속 가면서 우리의 상처를 동여매고, 우리의 역사를 치유하고, 새로이 단결하며 나아가 미국의 의제를 해결하고 모든 국민들에 대한 미국의 공약을 지키기 위해 여러분의 도움과 하느님의 도움을 요청했었습니다.

## ‖ 연설의 배경 ‖

1968년 3월 31일 베트남전쟁과 관련한 연설의 후반부이다. 존슨은 이 자리에서 재선 지명전에 나서지 않겠다고 밝힌다.

## 단어와 어구

01 **tragedy** 비극
02 **trauma** 정신적 외상
03 **fall on** 들이닥치다, ~위에 떨어지다
04 **bind up** 동여매다
05 **heal** 치료(치유)하다
06 **agenda** 의제
07 **commitment** 공약, 약속, 책임

## 알아두면 좋아요!!

일반석으로 'heal,' 'cure,' 'treat' 모두 "치료하다"라는 뜻으로 동이어처럼 사용하는 경향이 있죠. 하지만 이 세 단어에도 약간의 의미상 차이가 있답니다. heal의 경우, 신체적 상처(구체적) 뿐 아니라, 이 문단에도 나와 있듯 정신적(추상적: '역사를 치유하다')인 것에도 사용할 수 있습니다. 반면, cure와 treat는 주로 '신체적 상처에 대한 치료'를 의미합니다. 단, cure는 완전한 치료를 의미하지만, treat에는 완치의 개념이 없습니다. 어떤 병이 "treatable but not curable"이라는 말은, "치료할 수는 있어도 완치는 안된다"는 뜻이죠.

# Devote

CD-1
TRACK
57

What we won when all of our people [01]united just must not now be lost in suspicion, and [02]distrust, and [03]selfishness, and [04]politics among any of our people. And believing this as I do, I have [05]concluded that I should not permit the [06]Presidency to become involved in the [07]partisan [08]divisions that are developing in this political year. With America's sons in the fields far away, with America's future under challenge right here at home, with our hopes and the world's hopes for peace [09]in the balance every day, I do not believe that I should devote an hour or a day of my time to any personal partisan causes or to any duties other than the [10]awesome duties of this office — the Presidency of your country. [11]Accordingly, I shall not [12]seek, and I will not [13]accept, the [14]nomination of my party for another [15]term as your President.

---

## 미국에서는 이렇게 발음해요!

**distrust** – 문맥을 이해하지 못하면 **this trust**로 착각할 수도 있다.

> **eg.  Our distrust of politics continues to grow stronger.**
> 정치에 대한 우리의 불신은 점점 심해지고 있습니다.

**should not permit** – 부정의 **not**은 강하게 발음해야 한다.

> **eg.  We will not choose the path of submission.**
> 우리는 굴복의 길을 선택하지 않을 것입니다.

**nomination** – 노미네이션이라고 발음하는 사람도 있지만, 미국식 발음은 **나머네이션**이다.

> **eg.  The movie received 9 Oscar nominations.**
> 그 영화는 9개 부문에서 오스카상 후보에 올랐습니다.

> <<< 영화를 film, cinema, flick이라고도 하는데, cinema를 정확하게 발음하려면 모음 i를 약간 에쪽에 가깝게 발음하고 모음 e를 약모음으로 발음해서 **쎄너마**로 발음해야 좋다.

# 헌신

　우리 모두가 단결해서 얻은 것을, 우리 국민들 간의 의혹, 불신, 이기주의 및 정치에 잃어버려서는 안되겠습니다. 이것을 확실히 믿고 있는 나로서는 대통령이라는 직책이 금년 정치의 해에 전개되고 있는 당파적 분열에 관여되서는 안된다고 결론을 내렸습니다. 미국의 아들들이 멀리 전쟁터에 나가 있고, 미국의 미래가 바로 여기 국내에서 도전을 받고 있고, 매일 평화에 대한 우리의 희망과 세계의 희망이 위험한 상황에서 저는 여러분의 나라의 대통령직이라는 경의로운 직무 이외에 어떠한 개인적, 당파적인 목적이나 의무에 제 시간 중 한 시간이라도 또는 단 하루라도 헌신해서는 안된다고 믿습니다. 따라서, 저는 여러분의 대통령으로서 연임을 위한 당의 후보지명을 추구하지도 받아들이지도 않을 것입니다.

## 단어와 어구

01 **unite** 단결하다, 뭉치다　02 **distrust** 불신　03 **selfishness** 이기주의

04 **politics** 정치(학)　05 **conclude** 결론짓다　06 **Presidency** 대통령직, 대통령의 지위

07 **partisan** 당파적인　08 **division** 분할, 구분, 분열　09 **in the balance** 어느 쪽으로도 결정되지 않고

10 **awesome** 굉장한, 아주 멋진　11 **accordingly** 따라서, 그러므로

12 **seek** 찾다, 추구하다　13 **accept** 받아들이다　14 **nomination** 지명

15 **term** 기한, 임기, 조건

## Structure Tips!!

**All of our people united just must not now be lost in <u>suspicion, (and) distrust, (and) selfishness and politics</u>.**

이 문장 속에 들어있는 유용한 구문법칙은 '병렬연결' 입니다. 시험에도 자주 출제되죠. 즉, 대등 접속사(and, but, or...)로 연결되는 단어 또는 구는 동일한 형태를 띠어야 한다는 겁니다. 위 문장처럼 and에 연결되는 단어가 모두 명사이므로, 가령 selfishness (명사)를 selfish (형용사)로 쓰면 비문이 됩니다.

John F. Kennedy
PRESIDENTIAL LIBRARY AND MUSEUM

## 09
# John F. Kennedy

## John F. Kennedy, 그는 누구인가!

미국 역사상 최연소 대통령이었던 케네디는 하바드에서 정치학을 전공하였다. 하원의원, 상원의원을 거쳐 1960년 대선에서 민주당 후보로 출마, 공화당 후보 닉슨을 누르고 당선되었다. 쿠바 미사일 위기 때, 소련의 흐루시초프와 대결하여 소련의 미사일 폭격기를 쿠바에서 철수시켰다. 이를 계기로 소련과 부분적인 핵실험금지조약을 체결하고 미·소간 해빙 무드를 조성시켰다. 1963년 11월 22일 텍사스 주 달라스에서 자동차 퍼레이드 중 암살자의 흉탄을 맞고 사망한다.

# The Survival and Success of Liberty

**CD-2 TRACK 2** We [01]observe today not a victory of party but a [02]celebration of freedom — [03]symbolizing an end as well as a beginning — [04]signifying [05]renewal as well as change.

Let the [06]word [07]go forth from this time and place, to friend and [08]foe [09]alike, that the [10]torch has been passed to a new generation of Americans - born in this century, [11]tempered by war, [12]disciplined by a hard and [13]bitter peace, proud of our [14]ancient heritage — and [15]unwilling to [16]witness or [17]permit the slow [18]undoing of those human rights to which this nation has always been [19]committed, and to which we are committed today at home and around the world. Let every nation know, whether it wishes us well or ill, that we shall pay any price, [20]bear any burden, meet any [21]hardship, support any friend, [22]oppose any foe to [23]assure the survival and the success of liberty.

This much we [24]pledge - and more.

**미국에서는 이렇게 발음해요!** ||||||||||||||||||||||||||||||||||||||||||||||||||||||||||||||||||||||||

**an end** – 언 앤(드) 발음상 유사한 두 단어가 나와 들을 때 혼동하기 쉽다.
> **eg. Bush's 2nd term will come to an end next January.**
> 부시의 두 번째 임기는 내년 1월에 끝날 것이다.

**this century** – this의 s와 century의 c가 서로 유사발음이라 한 쪽으로 동화되듯이 디:쌘 츄리로 발음되는 데에 주의한다.

**always** – 미국인들은 l발음을 힘들어하기 때문에 올웨이즈와 오웨이즈의 중간 정도로 발음한다.
> **eg. He's always very punctual.**
> 그는 언제나 시간을 잘 지킨다.

**hardship** – 자음이 여러 개 몰려있어 d발음이 잘 들리지 않는다. 따라서 하(어)쉽으로 발음한다.
> **cf. friendship**

# 자유의 생존과 성공

우리는 오늘 한 정당의 승리를 축하하는 것이 아니라 자유를, 즉 시작뿐만 아니라 끝을 상징하고 변화만이 아니라 쇄신을 의미하는 자유를 축하하는 것입니다.

바로 이 시간, 이 자리에서 우리의 우방과 적들에게 알립시다. 그 횃불이 금세기에 태어나, 전쟁으로 강해지고 힘겹고 가혹한 평화로 단련되고 오랜 유산에 자부심을 갖는 젊은 세대들에게 전달되었으며, 우리는 미국이 지금까지 헌신해왔고, 지금도 우리나라와 전 세계가 헌신하고 있는 인권이 서서히 파멸되어 가는 것을 그대로 보고만 있지 않을 것임을 말입니다.

그들이 우리가 잘되기를 바라든, 불운해지기를 바라든간에 모든 국가에 알립시다. 우리는 자유의 생존과 성공을 보장하기 위해 어떤 대가라도 치를 것이며, 어떤 짐도 짊어질 것이며, 어떤 고난에도 맞서 우방을 지지하고, 어떤 적과도 맞서 싸우겠다는 것을 말입니다.

바로 이 점을 우리는 거듭 약속하려 합니다.

## ‖ 연설의 배경 ‖

위 글은 1960년 뉴 프론티어를 표어로 내걸고 미 역사상 최연소(44세)로 대통령이 된 케네디 대통령의 취임연설문의 일부분이다. 케네디는 이 연설에서 조국과 세계를 위한 소명의식을 가장 웅변적으로 호소했다고 역사가들은 말한다. 이어지는 단락들을 통해 미국민이 인류와 평화에 대한 도덕적 책임을 함께 져 나가자고 설득력 있게 호소하고 있음을 읽을 수 있다.

## 단어와 어구

01 **observe** 축하하다, 준수하다, 주시하다, 관찰하다
02 **celebration** 축하, 의식의 거행
03 **symbolize** 상징하다
04 **signify** 의미하다, 나타내다
05 **renewal** 일신, 다시 하기, 부활
06 **word** 말, 소식
07 **go forth** 공포되다
08 **foe** 적
09 **alike** 똑같이
10 **torch** 횃불
11 **temper** 단련하다, 조절하다
12 **discipline** 훈련하다, 단련하다
13 **bitter** 가혹한, 지독한, 쓰라린
14 **ancient** 고대의, 오래된
15 **unwilling** 적대하는, 마지못해 하는
16 **witness** 목격하다
17 **permit** 허용하다
18 **undo** 망치다, 원상태로 돌리다
19 **committed** 전념하는, 헌신적인
20 **bear burden** 짐을 지다
21 **hardship** 고난
22 **oppose** 반대하다
23 **assure** 보장하다, 확신시키다
24 **pledge** 맹세하다, 다짐하다

# The Quest for Peace

**CD-2 TRACK 3**  To those nations who would make themselves our [01]adversary, we offer not a [02]pledge but a [03]request: that both sides begin [04]anew the [05]quest for peace, before the dark powers of destruction [06]unleashed by science [07]engulf all humanity in [08]planned or [09]accidental [10]self-destruction.

---

**미국에서는 이렇게 발음해요!** |||||||||||||||||||||||||||||||||||||||||||||||||||||||||||||||||||||||||

**both sides** – 보(우) 싸이즈 정도로 발음된다. **sides**의 de발음이 매우 약하기 때문에 **sides**가 마치 **size**처럼 들릴 수 있다.

    **cf. open a path through a forest** 숲에 길을 트다
           **youth sports** 청소년 스포츠
           **sex scandal** 성추문

**anew** – 맥락을 이용하지 못하면 **a new**로, 그러니까 두 단어로 순간적인 착각을 일으키기 쉽다.

**accidental** – 액씨대늘 또는 액씨댄틀 모두 가능한데 **액씨대늘**로 발음될 때, 단 번에 못잡을 수도 있다.

    **cf. sentimental** 감상적인
           **mental** 정신적인
           **dental** 치과의

# 평화의 추구

우리의 적이 되려는 국가들에게는 맹세가 아닌 요청을 하겠습니다. 과학에 의해 고삐가 풀린 어두운 파괴의 힘이 계획적이든, 우발적이든 자멸로 전 인류를 삼켜버리기 전에 양 진영이 새롭게 평화추구 노력을 시작합시다.

## 단어와 어구

01 **adversary** 적, 반대자
02 **pledge** 다짐, 맹세
03 **request** 요청
04 **anew** 새로이
05 **quest** 추구, 탐색
06 **unleash** 풀다, 해방하다, 자유롭게 하다
07 **engulf** 삼켜버리다, 들이키다
08 **planned** 계획된
09 **accidental** 우발적인
10 **self-destruction** 자멸

## Grammar Tips!!

**To those nations who would make <u>themselves</u> our adversary~.**

재귀대명사에는 두 가지 용법이 있죠. 강조 용법과 재귀 용법. '강조' 의 경우엔 그 대명사가 문장에 빠져 있어도 문법적으로 틀리지 않지만 「ex. "I did it (myself)"」, '재귀' 의 경우엔 빠지면 비문이 됩니다. 재귀 용법은 주어의 행동이 주어 자신에게 미치는 경우입니다. '주어인 국가들(those nations)이 그들 스스로를(themselves) 우리의 적으로 만든다' 는 위 문장에서는 themselves (목적어)가 빠지면 비문이 되므로 재귀용법이 되는 것입니다.

Ex. Sometimes I talk to <u>myself</u>. 나는 때로 혼자 중얼거린다. 〈재귀용법〉
　　 She saw Tom <u>himself</u>. 그녀는 탐을 보았다. 〈강조용법〉

# Let Us Begin

**CD-2 TRACK 4** And if a [01]beachhead of [02]cooperation may push back the jungle of [03]suspicion, let both sides join in creating a new [04]endeavor — not a new [05]balance of power, but a new world of [06]law, where the strong are [07]just and the weak [08]secure and the peace [09]preserved. All this will not be finished in the first one hundred days. Nor will it be finished in the first one thousand days, nor in the life of this [10]administration, nor even perhaps in our [11]lifetime on this [12]planet. But let us begin.

---

## 미국에서는 이렇게 발음해요!

**join in** – 보다시피 **in**, **in**에서 **인인** 발음이 만들어져 **joining**으로 혼동하기 쉽다.

    **eg. Soon the women will join in the football game.**
        곧 여자들이 축구경기에 참가할 것이다.

**balance** – 카센터에 갔다가 정비공이 이 단어를 **바란스**라고 발음하는 것을 들었다. **밸런스**로 발음하는 것이 자연스럽다. 첫 모음 **a**에 강세가 들어가고, 두 번째 모음 **a**에 강세가 없어 약모음화되어 **으, 어**로 발음된다.

    **eg. How do you balance, working and relaxing?**
        일과 휴식 간에 어떻게 균형을 유지하세요?

    **cf. barrack** 막사, 병영, **basket** 바구니

**on this planet** – 대통령 연설문들을 많이 읽어 본 필자의 연구 결과, 대통령들은 '지구상에', '지구상에서' 라는 말을 표현하고 싶을 때 이 표현 **'on this planet'**을 즐겨쓴다.

**begin** – 모음 **i**에 강세가 들어가 **비겐**처럼 발음된다. 영어에서는 모음 **i**에 강세가 들어가면 **i**가 약간 **에**에 가깝게 발음된다.

    **eg. The seminar begins at 2.**
        세미나는 2시에 시작됩니다.

# 시작합시다

　그리고 협력의 교두보가 불신의 정글을 밀어내면 양진영이 손잡고 새로운 과업을 이룩하도록 합시다. 새로운 세력 균형이 아니라 강대국이 의롭고, 약소국이 안전하며 평화가 유지되는 새로운 법의 세계를 이룩합시다. 이 모든 과업이 취임후 100일안에 완수되지는 않을 것입니다. 1000일안에 이루어지지도 않을 것이며, 현 정부의 임기중에 끝나지도 않을 것이며 아마도 우리가 지구상에 살아있는 동안에 끝내지 못할 수도 있습니다. 하지만 시작합시다.

## 단어와 어구

01 **beachhead** 교두보, 발판
02 **cooperation** 협조, 협력
03 **suspicion** 의심, 혐의
04 **endeavor** 노력, 애씀
05 **balance** 균형
06 **law** 법
07 **just** 정의로운
08 **secure** 안전한
09 **preserve** 보존하다
10 **administration** 행정(부)
11 **lifetime** 일생, 생애
12 **planet** 행성

## Structure Tips!!

**The strong are just and the weak (are) secure and the peace (are) preserved.**

위 문장에서 괄호 친 부분은 모두 생략된 단어들입니다. 같은 동사의 반복을 피하기 위해서죠. 대등접속사로 연결되어, 문맥상 동사가 없어도 내용이 명확할 경우, 생략이 가능합니다. 주로 CNN과 같은 뉴스에서 기자들이 위 문장처럼 동사를 생략하고 말하는 경우가 종종 있습니다.

Ex.　The rich grow richer and the poor (grow) poorer. 빈익빈 부익부

# Responsibility

**CD-2 TRACK 5** In the long history of the world, only a few generations have been [01]granted the [02]role of defending freedom in its hour of [03]maximum [04]danger. I do not [05]shrink from this [06]responsibility — I [07]welcome it. I do not [08]believe that any of us would [09]exchange places with any other people or any other generation. The energy, the faith, the devotion which we bring to this endeavor will [10]light our country and all who serve it — and the [11]glow from that fire can truly light the world. And so, my fellow Americans, ask not what your country can do for you — ask what you can do for your country.

---

**미국에서는 이렇게 발음해요!** |||||||||||||||||||||||||||||||||||||||||||||||||||||||||||||||||||||

**in its hour** – **it**의 소유격 **its**가 초보자들에게는 어려울 수 있다. 어느 정도 청취훈련을 거쳐야만 단번에 알아 들을 수 있다.

  eg. **The plastic card was returned to its sender.**
      그 신용카드는 발신인에게 반송되었다.

      <<< plastic card는 credit card를 얘기하는 것이고, plastic bag은 비닐 봉지를 얘기하는 것이다. 비닐봉지를 vinyl bag이라고 하면 완전 콩글리쉬 표현이 된다.

**light** – 소리나지 않게 (을) 발음을 내려는 입모양을 취하고 있다가 (을)라잇으로 발음하는데 문장을 읽을 때는 곧바로 **라잇**이라고 발음해도 무방하다.

  cf. **love**
      **like**

**ask not what your country can do for you** – 이 연설의 클라이맥스다. **ask not**을 발음할 때는 강조하면서 연설했기 때문에 **애스(크) 낱**을 발음할 때는 **ask** 다음에 조금 쉬었다가 **낱**이라고 분명히 발음하는게 좋다.

# 책임감

긴 세계역사를 거치면서 오직 몇 세대만이 최악의 위기에서 자유를 지킬 역할을 부여 받았습니다. 저는 이 책임을 회피하지 않을 것이며, 오히려 기꺼이 받아들이겠습니다. 우리 중 어느 누구도 다른 어느 국민이나 다른 어느 세대와 자리를 바꾸려 하지 않을 것입니다. 우리가 이같은 과업에 쏟는 힘과, 신념, 헌신이 우리의 조국과 조국에 봉사하는 모든 국민을 밝게 비춰줄 것이며 거기서 나오는 불빛은 진정 온 세상을 밝혀 줄 것입니다. 자, 미국 국민 여러분, 조국이 여러분을 위해 무엇을 할 수 있을 것인지 묻지 마시고, 여러분이 조국을 위해 무엇을 할 수 있을까를 자문해보십시오.

## 단어와 어구 ||||||||||||||||||||||||||||||||||||||||||||||||||||||||||||||||||||||||||||||||||||||||||||||||||

01 **grant** 주다, 수여하다, 승인하다    02 **role** 역할    03 **maximum** 최대의
04 **danger** 위험    05 **shrink** 뒷걸음치다, 피하다    06 **responsibility** 책임
07 **welcome** 환영하다    08 **believe** 믿다    09 **exchange** 교환하다
10 **light** 불을 켜다    11 **glow** 백열, 타오르는 불빛

## 알아두면 좋아요!!

**Only a few generations have been granted the role of defending freedom~.**

이른바 4형식 동사(수여동사)가 수동태로 쓰였을 경우, '~하게 되다,' 또는 '~당하다'는 식으로 어렵게 해석하지 않고 간단히 해석할 수 있다. 대표적인 4형식 동사로 "give, tell, teach, grant" 등이 수동태가 될 경우, 각각 "받다(be given), be told(듣다), be taught(배우다), be granted(부여받다)"로 해석할 수 있습니다.

Ex.  I have been told to do upper body exercises on a daily basis.
     매일 매일 상체 운동을 하라는 말을 들었다.

# A Nuclear Strike

**CD-2**
**TRACK 6**
This Government, [01]as promised, has [02]maintained the closest [03]surveillance of the Soviet military [04]buildup on the island of Cuba. Within the past week, [05]unmistakable [06]evidence has established the fact that a series of [07]offensive missile sites is now [08]in preparation on that [09]imprisoned island. The purpose of these [10]bases can be [11]none other than to provide a nuclear strike capability against the [12]Western Hemisphere.

---

### 미국에서는 이렇게 발음해요! ||||||||||||||||||||||||||||||||||||||||||||||||||||||||||||||||

**island** – 정확한 발음은 **아일런(드)**이다. 모음 **a**에 강세가 없어서, **으, 어**로 발음된다.

   **eg. Have you ever been to Greek islands?**
      그리스 섬에 가본 적 있니?

**missile** – 미국인들은 **미쓸**로 발음하고, 영국식 발음은 **미싸일**이다.

   **eg. The fighter was carrying a Cruise missile.**
      그 전투기는 크루즈 미사일을 탑재하고 있었다.

### shadowing(따라 읽기)에 관해서

많은 영어도사들이 청취와 발음을 향상시키기 위한 방법 중의 하나로 따라읽기를 강조한다. 통역대학원에서도 강조하는 방법이니까 이의를 제기하고 싶지 않다. 하지만 연설자나, 앵커, 아나운서의 말을 따라하는 훈련은 발음기술을 익혀가면서 해야 효력을 발휘한다는 것이다.

# 핵 공격

약속대로 정부는 쿠바섬에서의 소련의 군사력 증강에 대한 밀착 감시를 계속해왔습니다. 지난 주에 지금 소련이 일련의 공격용 미사일 기지를 고립된 섬(쿠바)에서 준비하고 있다는 명백한 증거가 나왔습니다. 이 기지들의 목적은 다름 아닌 서반구에 대한 핵 공격능력을 제공하는 것일 수 있습니다.

## ‖ 연설의 배경 ‖

1962년 10월 22일, 미국 케네디 대통령은 이날 전국에 방영된 TV연설을 통해 "소련이 미국에 핵 공격을 가할 수 있는 미사일기지를 쿠바에 건설 중"이라고 발표하고, 전격적으로 쿠바 해상 봉쇄를 명령한다.

### 단어와 어구

01 **as promised** 약속대로
02 **maintain** 유지하다, 계속하다
03 **surveillance** 감시, 감독
04 **buildup** 증강, 강화
05 **unmistakable** 틀림없는
06 **evidence** 증거
07 **offensive** 공격용의, 불쾌한
08 **in preparation** 준비중에
09 **imprisoned** 가두어진, 교도소에 갇힌
10 **base** 기지
11 **none other than** 다름아닌, 바로
12 **Western Hemisphere** 서반구

## Grammar Tips!!

**This Government, as (it was) promised, has maintained the closest surveillance ~.**

일부 종속 접속사(as, if, though, when, while)의 경우, 「주어 + be동사」를 생략할 수 있습니다. 대부분의 경우에는, 주절의 주어와 일치할 경우 주어를 생략할 수 있지만, 관용적으로 'it is(was)'가 있다고 생각하여 생략하는 경우도 있습니다. 위의 경우처럼 말이죠. 'if possible(가능하면), if necessary(필요하면)'도, 주절의 주어와는 상관없이 중간에 'it is'가 생략된 형태입니다.

Ex.   While (I was) riding a bike, I saw my brother in the middle of fighting.
자전거를 타고 가다가, 남동생이 싸움하고 있는 것을 보았다.

# We Will Not Shrink

We will not [01]prematurely or [02]unnecessarily risk the costs of [03]worldwide nuclear war in which even the [04]fruits of [05]victory would be [06]ashes in our mouth — but neither will we shrink from that risk at any time it must be faced. [07]Acting, therefore, [08]in the defense of our own security and of the [09]entire Western Hemisphere, and under the [10]authority [11]entrusted to me by the [12]Constitution as [13]endorsed by the [14]resolution of the [15]Congress, I have [16]directed that the following [17]initial [18]steps be taken [19]immediately:

First:  To [20]halt this offensive buildup, a [21]strict [22]quarantine on all offensive military [23]equipment under [24]shipment to Cuba is being [25]initiated. All ships of any kind [26]bound for Cuba from whatever nation or [27]port will, if found to [28]contain [29]cargoes of [30]offensive weapons, be turned back.

---

**미국에서는 이렇게 발음해요!** ||||||||||||||||||||||||||||||||||||||||||||||||||||||||||||||||

**risk** – 리스크라고 흔히 한국말처럼 많이 쓰이는데 정확한 발음은 **뤼스(크)**다.

**step** – t를 ㅌ와 ㄸ 중간 정도로 발음하는 게 좋다.
> **cf. stupid** 쓰뚜삐(ㄷ) 멍청한
> **stem cell** 쓰뗌쎌 줄기세포
> **star** 스따;ㄹ 별

**halt** – 유사발음이 너무 많다. **hold, hall, hole, whole** 등 그럴 때는 독해력으로 구분해야 한다.
> **cf. sharp, shark, shock, shop, shut, shot**
> <<< 한 가지 더 tip을 준다면, 독해력으로 구분하는 것 이외에 상황으로 구분하는 방법도 있다. 예를 들어 화제가 바다관련 이야기라면 shark(상어)일 가능성이 높다. 이렇게 미세한 발음 차이에서는 직청직해력과 그 상황에 잠시 빠져 들어갈 수 있는 순발력이 필요하다.

# 물러서지 않을 것이다

우리는 성급하거나 불필요하게 세계적인 핵전쟁의 대가를 치르는 모험을 하지 않을 것입니다. 핵전쟁을 치르게 되면 승리의 열매조차 우리의 입속에 재가 되어 있을 것이기 때문입니다. 하지만 우리가 그 위기를 직면해야 한다면 그 때가 어느 때이던지 물러서지 않을 것입니다.

그렇기 때문에 저는 우리 자신의 안보와 서반구 전체의 안보를 위해, 의회의 승인을 받아 헌법이 부여한 권한에 따라, 다음과 같은 초기 조치를 즉각 취할 것을 지시했습니다.

첫째, 이 공격력의 증강을 저지하기 위해 쿠바로 수송되는 모든 공격용 군장비에 대해 엄격한 검문검색을 실시하고 있습니다. 어느 국가, 어느 항구에서 출발했던지 쿠바행 선박이 공격용 무기 화물을 운반하고 있음이 발견되면 어떤 선박이든 회항할 것입니다.

## 단어와 어구

01 **prematurely** 너무 이르게, 조급하게
02 **unnecessarily** 불필요하게
03 **worldwide** 세계적인
04 **fruit** 과일, 열매
05 **victory** 승리
06 **ash** 재
07 **act** 행동하다
08 **in the defense of** …을 지키기 위하여
09 **entire** 전체의
10 **authority** 권한, 권위, 권력
11 **entrust** 맡기다, 위임하다
12 **constitution** 헌법
13 **endorse** 배서하다, 지지하다, 승인하다
14 **resolution** 결의(안)
15 **congress** 의회
16 **direct** 지시하다
17 **initial** 처음의, 최초의
18 **step** 조치, 단계
19 **immediately** 즉각
20 **halt** 멈추다, 정지시키다
21 **strict** 엄격한
22 **quarantine** 검역, 격리
23 **equipment** 장비
24 **shipment** 선적, 수송, 발송
25 **initiate** 시작하다
26 **bound for** …행의
27 **port** 항구
28 **contain** 포함하고 있다, 담고 있다
29 **cargo** 화물
30 **offensive weapon** 공격용 무기

# A Vicious and Dangerous Cycle

CD-2
TRACK
8
Today, should [01]total war ever [02]break out again — no matter how — our two countries would be the [03]primary target. It is an [04]ironic but [05]accurate fact that the two strongest powers are the two in the most danger of [06]devastation. All we have built, all we have worked for, would be destroyed in the first 24 hours. And even in the [07]cold war, which brings [08]burdens and dangers to so many countries, including this Nation's closest [09]allies — our two countries [10]bear the heaviest burdens. For we are both [11]devoting [12]massive sums of money to weapons that could be better devoted to [13]combat [14]ignorance, [15]poverty, and [16]disease. We are both [17]caught up in a [18]vicious and [19]dangerous cycle, with [20]suspicion on one side [21]breeding suspicion on the other, and new weapons [22]begetting [23]counter-weapons.

---

**미국에서는 이렇게 발음해요!** ||||||||||||||||||||||||||||||||||||||||||||||||||||||||||||||||||||

**target** – 타겟, 타깃 모두 가능하다.
> cf. ticket

**poverty** – 포버티는 부자연스럽다. **파붜리** 또는 **파붜디**로 발음해 보자.
> eg. **Disease often results from poverty.**
> 질병은 종종 빈곤에서 생긴다.
> <<< 위 예문의 주어 disease에는 한글로 발음표기가 불가능한 z발음이 두 개나 나온다. 한글로 미국식 발음표기가 불가능한 단어들의 경우에는 한글 발음표기가 가능한 단어들에 비해 발음 훈련양이 더 많아야 한다.

**caught up** – 연음시켜 **코럽, 커럽, 코랍, 커랍** 넷 중에 하나로 발음해야 한다. **caught**이 **컷, 콧, 캇**으로 발음될 수 있다는 것도 염두에 두어야 한다.

# 악순환

오늘날 전면전이 또다시 발발한다면, 언제 어떻게 발발하게 되더라도, 제 1의 타겟은 우리 두 나라가 될 것입니다. 가장 강한 두 나라가 가장 위험하게 황폐화 될 수 있다는 것은 아이러니 하지만 정확한 사실입니다. 우리가 지은 모든 것, 우리가 노력해 온 모든 것이 24간 안에 파괴될 것입니다. 이 나라와 가장 가까운 우방국들을 포함하여 다른 여러 나라들에게 부담과 위험을 불러오는 냉전하에서도 우리 두 나라는 가장 무거운 짐을 짊어지고 있습니다. 우리 두 나라는 무지나 빈곤, 질병 퇴치에 사용된다면 더 좋을지 모를 엄청난 금액의 돈을 무기에 쏟아붓고 있기 때문입니다. 우리 양국은 한 쪽이 의심하게 되면, 다른 쪽도 의심하게 되고, 새로운 무기는 신무기에 대응하는 또다른 무기를 낳게 하는 위험한 악순환에 빠져 있습니다.

## ‖ 연설의 배경 ‖

1962년 10월 쿠바 미사일 위기 때 핵전쟁도 불사하겠다며 해상을 봉쇄하고 소련의 흐루시초프와 한판 대결, 결국 미국이 쿠바를 침공하지 않겠다는 조건으로 소련은 미사일 폭격기를 쿠바에서 철수시킨다. 일촉즉발의 위기로 까지 치달았던 쿠바미사일 사태로 충격을 받은 케네디는 소련과의 평화공존의 길을 모색하게 된다. 케네디는 1963년 6월 10일 아메리칸 대학 졸업식 연설에서 "평화를 위한 전략"을 제창하고 4개월 후 대기권 내 우주 공간 및 수중에서의 핵무기실험을 금지하는 〈부분적 핵실험 금지조약〉으로 이어지게 한다. 미, 영, 소 3국간에 체결된 이 협정은 핵무기를 둘러싼 협정으로는 최초의 국제조약이다. 많은 사람들은 아메리칸 대학에서 행한 이 연설을 최고의 명연설문중에 하나로 뽑는다.

## 단어와 어구 ‖‖‖‖‖‖‖‖‖‖‖‖‖‖‖‖‖‖‖‖‖‖‖‖‖‖‖‖‖‖‖‖‖‖‖‖‖‖‖‖‖‖‖

| | | |
|---|---|---|
| 01 **total war** 전면전 | 02 **break out** 발발하다 | 03 **primary** 제 1위의, 주요한 |
| 04 **ironic** 반어적인 | 05 **accurate** 정확한 | 06 **devastation** 황폐화 |
| 07 **cold war** 냉전 | 08 **burden** 부담 | 09 **ally** 동맹국, 우방 |
| 10 **bear the heaviest burden** 가장 많은 부담을 지다 | | 11 **devote** 헌신하다 |
| 12 **massive** 큰 덩어리의, 대규모의, 대량의 | 13 **combat** 싸우다 | 14 **ignorance** 무지 |
| 15 **poverty** 빈곤 | 16 **disease** 질병 | 17 **be caught up in** …에 말려들다 |
| 18 **vicious** 악성의, 악질의, 고약한, 지독한 | 19 **dangerous** 위험한 | 20 **suspicion** 의혹, 의심 |
| 21 **breed** 낳다, 일으키다 | 22 **beget** 생기게 하다, (자식을)보다, 얻다 | |
| 23 **counter** 대응하는, 거스르는 | | |

# Treaty

CD-2
TRACK
9
[01]In short, both the United States and its allies, and the Soviet Union and its allies, have a [02]mutually deep interest in a [03]just and [04]genuine peace and in [05]halting the arms race. [06]Agreements [07]to this end are in the interests of the Soviet Union as well as ours — and even the most hostile nations can be [08]relied upon to accept and keep those [09]treaty obligations, and only those treaty [10]obligations, which are in their own interest.

---

**미국에서는 이렇게 발음해요!** ||||||||||||||||||||||||||||||||||||||||||||||||||||||||||||||||||||

**and in** – 이렇게 **앤 인** 또는 **앤딘** 하고 좀 비슷한 발음이 지나갈 때 청취력이 초·중급 수준에 있는 독자들은 단번에 귀에 쏙 들어오지 않을 수도 있다.

**hostile** – 적대적인 이라는 이 단어는 발음이 두 개이다. **하스틀** 또는 **하스타일**.

**treaty** – **추리디**로 발음하는 것이 자연스럽다. 우스갯소리로 **트리티**로 발음하게 되면 잘못하다간 상대방에게 침이 튈 수도 있다는 사실!

**those** – **th** 발음을 약한 **ㄷ**으로 발음해야 한다. 참고로 **doze**(꾸벅꾸벅 졸다)는 **d**를 강한 **ㄷ**으로 발음 해야 한다.

# 협정

　간단하게 말하자면, 미국과 미국의 우방국들, 소련과 소련의 우방국들은 모두 공정하고 진정한 평화와 군비 경쟁 중단에 상호 깊은 관심을 가지고 있습니다. 이러한 목적을 위한 협정은 우리뿐만 아니라 소련을 위한 것입니다. 가장 적대적인 국가들도 이러한 조약의 의무를 받아들이고 지킬 수 있습니다. 왜냐하면 그들에게 이익이 되기 때문입니다.

## 단어와 어구

01 **in short** 요약하자면
02 **mutually** 상호
03 **just** 공정한
04 **genuine** 진심의, 순수한, 참된
05 **halt** 중단시키다, 멈추다
06 **agreement** 협정
07 **to this end** 이 때문에
08 **rely upon** 신뢰하다, 믿다, 의존하다
09 **treaty** 조약
10 **obligation** 의무

## Grammar Tips!!

시험에 종종 '형용사를 수식하는 부사' 문제가 출제됩니다. 8품사 가운데 부사는 형용사, 부사, 동사, 문장 전체를 수식하는 품사죠. 예컨대, 이 문단에도 나와 있듯이 "a mutually deep interest"에서 '상호적인'의 뜻인 형용사 mutual이 '깊은'의 뜻인 형용사 deep을 수식하기 위해 '~ly'가 붙은 부사 mutually(상호적으로)로 품사가 바뀐 것입니다.

Ex.　a deep concerned issue (X) → a deeply concerned issues (O) 깊이 우려되는 문제
　　frequent mentioned problems (X) → frequently mentioned problems (O) 자주 언급되는 문제들

# For Common Interests

So, let us not be [01]blind to our differences — but let us also [02]direct attention to our common interests and the [03]means by which those differences can be [04]resolved. And if we can not end now our differences, at least we can help make the world safe for [05]diversity. For, [06]in the final analysis, our most basic [07]common [08]link is that we all [09]inhabit this small planet. We all [10]breathe the same air. We all [11]cherish our children's future. And we are all [12]mortal.

**basic** – 흔히 베이직이라고 발음하기 쉬운데, 매우 부자연스럽다. 정확한 발음은 베이식이다.

    **eg. The company requires employees to have at least basic computer skills.**

    그 회사는 직원들이 최소한의 기본적인 컴퓨터 기술을 갖추기를 요구한다.

**children** – 이 단어는 유치원 수준의 영단어라 난이도에서 제일 낮은 수준의 어휘다. 불쑥 이 단어를 꺼낸 이유는 필자가 국제적인 기업체 간부를 개인지도할 때, 그 분의 영어청취력을 점검하기 위해 **CNN** 뉴스 대본을 읽어보라고 했고, 그 날 뉴스 대본 중에 이 단어가 나왔었다. 그 중역은 이 단어를 **차일드런**으로 발음하는 게 아닌가? 필자의 요지는 발음이 나쁘면 당연히 거기에 비례해서 청취력도 그만큼 나쁘다는 것이다.

**mortal** – **rt**가 모음과 모음사이에 끼어 있어 **t**발음이 사라진다. 따라서 이 단어는 **모(어)를** 정도로 발음해야 자연스럽다.

    **cf. fertilizer** 비료

# 공동 이익을 위하여

그러므로, 우리의 차이를 분간합시다, 하지만 우리 공통의 이익과 서로간 차이를 해결할 수 있는 방법에 주의를 기울입시다. 우리가 우리의 분쟁을 지금 종식시킬 수 없다면 다양성을 위해 세계가 안전해지도록 도울 수는 있습니다. 왜냐하면, 결국 우리를 연결시켜주는 가장 기본적인 고리는 우리 모두 이 조그만 행성에 살고 있다는 사실입니다. 우리 모두 같은 공기를 마시고, 우리 모두 어린이들의 미래를 소중하게 생각하며, 인간은 영원하지 않다는 것입니다.

## 단어와 어구

01 **blind** 눈 먼, 안목이 없는    02 **direct** 돌리다, 기울이다, 향하게 하다    03 **means** 수단
04 **resolve** 해결하다    05 **diversity** 다양성    06 **in the final analysis** 결국
07 **common** 공통의    08 **link** 고리, 유대, 결합, 관련    09 **inhabit** …에 살다
10 **breathe** 숨쉬다    11 **cherish** 소중히 하다    12 **mortal** 죽어야 할 운명인

## 알아두면 좋아요!!

**let us also direct attention to our common interests and the means <u>by which</u> those differences can be resolved.**

「전치사+관계대명사」 형태의 해석은 순차적으로 하는 것이 좋습니다. 뒤에서 수식하여 해석하면 오히려 혼동을 초래합니다. '관계대명사 = 선행사'이므로, 위 문장은 이렇게 해석하면 되겠죠. "관심을 우리 공통의 이익과 방법에 쏟도록 하자. 그런데 그 방법에 의해 차이가 해소될 수 있다."

# Let Them Come to Berlin

Two thousand years ago the [01]proudest [02]boast was *"civis Romanus sum."* Today, in the world of freedom, the proudest boast is *"Ich bin ein Berliner."* There are many people in the world who really don't understand, or say they don't, what is the great [03]issue between the free world and the Communist world. Let them come to Berlin. There are some who say — There are some who say — that communism is the [04]wave of the future. Let them come to Berlin. And there are some who say in Europe and elsewhere we can work with the Communists. Let them come to Berlin. And there are even a few who say that it's true that communism is an [05]evil system, but it [06]permits us to make economic [07]progress. *LaBt sie nach Berlin kommen.* Let them come to Berlin. <u>Freedom has many [08]difficulties and democracy is not perfect, but we have never had to [09]put a wall up to [10]keep our people in, to prevent them from leaving us.</u>

---

**미국에서는 이렇게 발음해요!** ||||||||||||||||||||||||||||||||||||||||||||||||||

**Berlin** – 베를린이라고 발음하면 어느 도시를 말하는지 모를 수 있으므로 반드시 **벌린**으로 발음해야 한다.

    ‹‹‹ 지명과 같은 고유명사들은 우리가 생각하는 것과 많은 차이가 날 수 있으므로 그 때 그 때 외워 두어야 한다.

**perfect** – 퍼펙트는 완전한 콩글리쉬이다. 강세를 앞에다 두면서 **퍼:ㅍ+힉(트)**로 발음해야 자연스럽다.

    **eg. Nobody is perfect.**

    흠없는 사람은 없다.

＊ 위 연설문 지문에 밑줄 친 부분은 클린턴 대통령이 케네디 대통령의 연설문 중에서 가장 감명 깊었다는 문장이다. 이것으로 보아 역대 미 대통령들은 대통령이 되기 전에 아마도 중, 고교, 대학시절부터 선배 대통령들의 명연설문들을 연구하고 분석하고, 암기하고, 응용하려고 했던 것으로 추측된다.

# 베를린으로 데려옵시다

2000년 전에는 가장 큰 자랑거리가 "civis Romanus sum(나는 로마 시민입니다)"였습니다. 오늘날, 자유세계에서 가장 자랑스러운 것은 "Ich bin ein Berliner.(나는 베를린 시민이다)"입니다. 이 세상에는 자유세계와 공산세계 간의 가장 큰 문제가 무엇인지 모르는 사람들도 있고, 모른다고 말하는 사람들도 있습니다. 그들을 베를린으로 데려옵시다. 세상에는 공산주의가 미래의 흐름이라고 말하는 사람들도 있습니다. 그들도 베를린에 데려옵시다. 유럽이나 다른 곳에서 공산주의자들과 같이 일할 수 있다고 말하는 사람들도 있습니다. 그들도 베를린으로 데려옵시다. 공산주의는 사악한 제도이지만, 경제적 발전을 가능하게 하는 제도라고 말하는 사람들조차 있습니다. 그들도 베를린에 데려옵시다. 자유는 많은 어려움을 수반하고 민주주의가 완벽한 것은 아닙니다. 하지만 우리는 사람들이 우리를 떠나지 못하도록 가두기 위해 담을 쌓을 필요는 없었습니다.

## ‖ 연설의 배경 ‖

전쟁을 각오하고 소련의 미사일을 쿠바에서 철수시키는 데 성공한 케네디는 1963년 6월 26일 베를린을 방문, 브란덴부르크 장벽 앞 루돌프 빌데 광장에서 100만이 넘는 인파를 향해 연설을 한다. 공산권의 문턱에서 독일어로 "Ich bin ein Berliner(나는 베를린 시민이다)"라고 말하여 청중들의 공감을 일으킨 이 연설은 대표적 명연설문중의 하나로 꼽힌다.

## 단어와 어구

01 **proud** 자부심을 느끼는, 자랑으로 여기는  02 **boast** 자랑  03 **issue** 문제, 쟁점
04 **wave** 물결, 흐름, 피도  05 **evil** 나쁜, 사악한  06 **permit** 허용하다
07 **progress** 발달, 진보  08 **difficulty** 어려움  09 **put a wall up** 벽을 짓다(올리다, 치다)
10 **keep in** 안에 가두다

## 알아두면 좋아요!!

강대국 미국과 영국의 영향으로 세계의 지명 또한 영어의 영향권에서 자유로울 수는 없었습니다. 다음과 같이 세계의 많은 지명들이 영어식 철자로 따로 만들어 지거나 아니면 영어식 발음으로 읽혀지고 있죠. 따라서 영어를 청취할 때 주의를 해야 할 부분이기도 합니다.

| 원어(한국식 발음) | 영어(영어식 발음) | 원어(한국식 발음) | 영어(영어식 발음) |
|---|---|---|---|
| Athenae(아테네) | Athens(애씨인즈) | Moskva(모스크바) | Moscow(모스커우) |
| Belgie(벨기에) | Belgium(벨지엄) | Roma(로마) | Rome(로움) |
| Espana(에스파냐) | Spain(스페인) | Warszawa(바르샤바) | Warsaw(워-써-) |
| Koln(쾰른) | Cologne(컬로운) | Wien (뷔인) | Vienna (비에너) |

# Free Men

**CD-2 TRACK 12**    Let me ask you as I close, to [01]lift your eyes beyond the dangers of today, to the hopes of tomorrow, beyond the freedom [02]merely of this city of Berlin, or your country of Germany, to the advance of freedom everywhere, beyond the wall to the day of peace with justice, beyond yourselves and ourselves to all mankind. Freedom is [03]indivisible, and when one man is [04]enslaved, all are not free. When all are free, then we look -- can look forward to that day when this city will be joined as one and this country and this great [05]Continent of Europe in a peaceful and hopeful globe. When that day finally comes, as it will, the people of West Berlin can take [06]sober [07]satisfaction in the fact that they were in the [08]front lines for almost two decades. All — all — free men, wherever they may live, are citizens of Berlin, and, therefore, as a free man, I take pride in the words *Ich bin ein Berliner.*"

## 미국에서는 이렇게 발음해요!

**close** – 동사형으로 쓰여 **클로(우)즈**로 발음한다. 형용사, 부사형일 때는 **클로(우)스**로 발음한다.

　eg. **Close one eye.**
　　한 쪽 눈을 감아라.

　　<<< 필자는 가끔 EBS교육방송을 듣는데, EBS 영어강사들 중 특히 LC강사들 중에서 **close**의 형용사형과, 부사형의 발음을 제대로 구분하지 못하는 것을 수차례 보아왔다. 방송국에서 LC를 가르치는 사람들조차 발음을 제대로 할 줄 모르니 우리나라 영어교육이 제대로 되겠는가?

**lift** – 밑줄친 **ft**가 아주 희미하게 받침으로 들어가듯이 발음되어 **lip, lit, leak, league** 등과 발음상 혼동을 일으킬 수 있다. 그럴 때는 문맥으로 파악해야 한다.

　cf. **sift** 엄밀히 조사하다

**this city** – **this**의 **s**와 **city**의 **c**가 유사발음이라 오른쪽으로 동화되듯이 **디:씨디**로 발음되는 데 주의해야 한다.

　　cf. **this century** 디:쎈츄리
　　　 **this stop** 디:쓰땊

# 자유인들

끝으로 여러분에게 부탁드리고 싶은 것은, 오늘의 위험을 넘어 내일의 희망을 보라는 것입니다. 베를린시나 독일만의 자유가 아니라 전 세계 자유의 전진을 생각해보시라는 겁니다. 베를린 장벽을 넘어 정의가 있는 평화의 날, 여러분 자신과 우리 자신을 넘어, 전인류를 생각해보시라는 겁니다. 자유는 분할할 수 없는 것이므로 단 한명이 노예가 되면 모두가 자유롭지 못한 것입니다. 모두가 자유로울 때, 이 도시가 하나가 되고, 이 나라가 하나가 되고, 이 위대한 유럽대륙이 하나가 되어 평화롭고 희망찬 세계에 살게 되는 그 날을 우리는 기대할 수 있을 것입니다.  마침내 그 날이 오면, 반드시 오겠지만, 서 베를린 시민들은 거의 20년 동안 최전선에 있었다는 사실에 진실한 만족을 느끼실 수 있을 겁니다. 모든 자유인들은 그들이 어디에 살던지, 베를린의 시민이라고 할 수 있고, 그러므로 저 또한 자유인의 한 사람으로서 'Ich bin ein Berliner'라고 말할 수 있다는 것이 자랑스럽습니다.

## 단어와 어구

01 **lift** 올리다, (눈을)들다
02 **merely** 단지, 다만
03 **indivisible** 분할할 수 없는, 불가분의
04 **enslave** 노예로 만들다
05 **continent** 대륙
06 **sober** 술에 취하지 않은, 진실한, 있는 그대로의
07 **satisfaction** 만족
08 **front line** 전선, 최전방

## 알아두면 좋아요!!

**All free men, <u>wherever</u> (=no matter where) they may live, are citizens of Berlin~.**

관계사에 '~ever'가 붙은 형태를 "복합관계사"라고 하죠. 이 문장에는 부사 "where"에 '~ever'가 붙었으므로 "복합관계부사"라고 불려 집니다. 해석은 '(~하는 곳은)어디든지(부정),' 또는 '어디에 ~하더라도(양보)' 두 가지로 해석될 수 있습니다. 참고로, 전자의 경우 wherever를 'at any place where'로, 후자의 경우 'no matter where'로 바꾸어 사용할 수 있다는 것도 알아두면 좋겠죠?

# 10
# Dwight D. Eisenhower

## Dwight D. Eisenhower, 그는 누구인가!

미 육사를 졸업했고, 여러분이 잘 아는 맥아더장군의 참모출신이다. 제 2차 세계대전 당시 유럽 연합군 최고 사령관으로 임명되어 연합군을 승리로 이끌었다. 육군참모총장, 컬럼비아대학 총장, 나토군 최고사령관을 거쳐 1952년 대선에서 민주당후보를 물리치고 대통령에 당선된다. 밝은 성격에 포용력을 시녔ㄴ, 아이크(Ike)라는 애칭을 갖고 있었다. 이 연설은 1953년 12월 8일 뉴욕의 UN 총회에서 행한 연설이다.

# Reaction

CD-2
TRACK
13
[01]Should such an atomic attack be [02]launched against the United States, our [03]reactions would be [04]swift and [05]resolute. But for me to say that the [06]defense [07]capabilities of the United States are such that they could [08]inflict terrible losses upon an [09]aggressor — for me to say that the [10]retaliation capabilities of the United States are so great that such an aggressor's land would [11]be laid waste — all this, while fact, is not the true [12]expression of the [13]purpose and the hope of the United States.

---

**미국에서는 이렇게 발음해요!** ||||||||||||||||||||||||||||||||||||||||||||||||||||||

**atomic** – 어타믹으로 발음한다. 자음 **t**가 모음과 모음 사이에 있어도 이어지는 모음에 강세가 들어 가면 그대로 **t** 발음을 내야 한다.

**launch** – 이 단어와 **lunch**(점심) 사이의 발음 차이는 아주 미세하다. 그러므로 주의해야 한다.

**swift** – **ft**발음이 약화되어 스위(ㅍ+ㅎ)(트)로 발음된다.
   eg. **The race is not to the swift nor the battle to the strong.**
   빠르다고 경주에 이기는 것도 아니며, 힘이 세다고 싸움에 이기는 것도 아니다.

**would be laid** – 이 세 단어는 전체적으로 **욷 비 레이(드)**로 발음된다.

**while** – 접속사가 중간에 나와 혼동되기 쉽다. **우와일**이지만 빨라지면 **왈**로 발음된다.
   eg. **Would you like a journal to read while you're waiting?**
   기다리시는 동안 전문잡지라도 드릴까요?

# 대응

원자탄이 미국을 향해 발사될 경우에, 우리의 대응은 신속하고 단호할 것입니다. 그러나 미국의 방어능력이 대단해서 침략자에게 엄청난 손실을 입힌다고 내가 말한다면, 미국의 보복능력이 대단해서 침략자의 땅이 폐허가 될 것이라고 내가 말한다면, 이 모든 것은 사실이긴 하지만, 그것은 미국의 의도와 희망에 대한 진실한 표현이 아닙니다.

## 단어와 어구

01 **should** 만일 …이라면
02 **launch** 시작하다, 착수하다, 발진시키다
03 **reaction** 반응
04 **swift** 빠른
05 **resolute** 굳게 결심한, 단호한
06 **defense** 방어, 방위, 수비
07 **capability** 능력
08 **inflict** 가하다, 입히다, 괴롭히다, 벌하다
09 **aggressor** 침략자
10 **retaliation** 보복
11 **be laid waste** 폐허가 되다
12 **expression** 표현
13 **purpose** 목표, 목적

## Structure Tips!!

<u>Should</u> such an atomic attack be launched against the United States, our reactions <u>would</u> be swift and resolute.

가정법 과거 「If + 주어 + 과거동사, 주어 + would(조동사의 과거)」의 형태로, '만일~하면, ~할 텐데' 라고 해석합니다. 현재상황의 반대를 가정할 때 씁니다. 그런데, 'if절 동사'가 'were,' 'should,' 또는 'had(가정법 과거완료)'면 if를 생략할 수 있습니다. 이 경우 앞서 언급된 동사(were, should, had)가 문두로 나오게 되죠. 위의 문장도 "If such an atomic attack should be launched~" 가 원래 문장이었고, if가 생략되면서 바뀌어 진 것입니다.

# Degradation and Destruction

CD-2 TRACK 14

To [01]pause there would be to [02]confirm the [03]hopeless [04]finality of a belief that two [05]atomic [06]colossi are [07]doomed [08]malevolently to [09]eye each other [10]indefinitely across a [11]trembling world. To stop there would be to [12]accept hope -- [13]helplessly the [14]probability of civilization destroyed — the [15]annihilation of the [16]irreplaceable [17]heritage of [18]mankind [19]handed down to us [20]generation from generation — and the [21]condemnation of mankind to begin all over again the age-old [22]struggle [23]upward from [24]savagery toward [25]decency, and [26]right, and [27]justice. Surely no [28]sane member of the [29]human race could [30]discover victory in such [31]desolation. Could anyone wish his name to be [32]coupled by history with such human [33]degradation and [34]destruction.

---

**미국에서는 이렇게 발음해요!** |||||||||||||||||||||||||||||||||||||||||||||||||||||||||||||||

**pause** – **au**발음은 어와 오의 중간 발음인데 어쪽에 더 가깝게 들리곤 한다.

> **cf. author** 저자
> **taunt** 조롱하다
> **audit** 회계 감사
> **autumn** 가을

**indefinitely** – 인대ㅍ+휘닛리로 발음해야 자연스럽다.

> **cf. absolutely** 절대적으로
> **deliberately** 고의로

**heritage** – 해리티쥐, 해리디쥐, 해리:쥐로 발음될 수 있는데 뉴스에서 해리:쥐로 발음되면 이 단어의 뜻을 알고 있다 하더라도 들리지 않을 수도 있다.

> **cf. cultural heritage** 문화 유산
> **eg. hand down a heritage** 유산을 물려주다

**condemnation, annihilation** – 이렇게 **tion**으로 끝나는 단어는 **tion** 바로 앞에 강세가 있다.

# 퇴보와 파괴

거기서 멈춘다는 것은 원자탄을 소유한 두 대국이 벌벌 떨고 있는 세계를 가운데 두고 서로를 무기한 악의적으로 노려보게 될 운명이라는 절망적인 최종적 믿음을 확인하는 꼴이 될 것입니다. 거기서 멈춘다는 것은 문명이 파괴될 가능성을 무력하게 인정하는 꼴이 될 것입니다. 세대에서 세대로 우리에게 전해내려온 바꿀 수 없는 인류의 유산이 절멸되고, 미개한 삶에서 품위있고 올바르고, 정의로운 삶을 향한 오랜 세월에 걸친 투쟁을 인류가 다시 시작 해야할 운명에 놓이게 될 수도 있다는 말입니다. 틀림없이 온전한 정신 상태를 가진 인간이라면 그렇게 황폐한 곳에서 승리를 발견할 수 없을 것입니다. 어느 누가 자신의 이름이 그러한 인류의 퇴보와 파괴에 역사적으로 결부되는 것을 원하겠습니까?

## 단어와 어구

01 **pause** 중단하다, 멈추다, 주저하다
02 **confirm** 확인하다
03 **hopeless** 절망적인
04 **finality** 최종적임, 최후적임, 종국
05 **atomic** 원자의
06 **colossi** 거인, 거대한 것(colossus의 복수)
07 **be doomed** …하게 돼 있다
08 **malevolently** 악의적으로
09 **eye** 보다
10 **indefinitely** 무기한으로
11 **trembling** 벌벌 떠는, 전전 긍긍하는
12 **accept** 받아들이다
13 **helplessly** 무력하게, 어찌할 수 없게
14 **probability** 있음직함, 가망
15 **annihilation** 절멸
16 **irreplaceable** 바꿀 수 없는, 대체할 물건이 없는
17 **heritage** 유산
18 **mankind** 인류, 인간
19 **hand down** 후세에 전하다
20 **generation** 세대
21 **condemnation** 분명지움, 유죄 판결, 비난
22 **struggle** 투쟁, 분투
23 **upward** 위로 향하는
24 **savagery** 미개, 야만, 잔인
25 **decency** 품위, 예의 범절
26 **right** 올바름, 정의
27 **justice** 정의
28 **sane** 사리분별이 있는, 제 정신의
29 **human race** 인종, 인류
30 **discover** 발견하다
31 **desolation** 황폐시킴, 폐허, 황량한 것
32 **couple** 연상하다, 결부시켜 생각하다
33 **degradation** 하락, 퇴보, 퇴화
34 **destruction** 파괴

# Military Security

Until the [01]latest of our world [02]conflicts, the United States had no [03]armaments industry. American makers of [04]plowshares could, with time and as [05]required, make [06]swords as well. But we can no longer [07]risk [08]emergency [09]improvisation of national defense; we have been [10]compelled to create a permanent armaments industry of [11]vast [12]proportions. Added to this, three and a half million men and women are [13]directly engaged in the [14]defense establishment. We [15]annually spend on [16]military security alone more than the [17]net income of all United States — cooperations — corporations.

---

🟠 **미국에서는 이렇게 발음해요!** ┃┃┃┃┃┃┃┃┃┃┃┃┃┃┃┃┃┃┃┃┃┃┃┃┃┃┃┃┃┃┃┃┃┃┃┃┃┃┃┃┃┃┃┃┃┃┃┃┃┃

**latest** – 레이티스트가 아니라 **레이디스(트)**로 발음하기 때문에 문맥을 파악하지 못하면 **ladies**(숙녀들)같이 들릴 수도 있다.

    **cf. The latest fashion** 최신 유행
        **The latest model** 최신 모델

**vast** – **vest**(조끼)에 비해 **봬(애)스(트)**로 발음해서 애발음을 조금 길게 발음하는 기분으로 발음한다.

    **cf. mat** 매트
        **met** 만났다

**proportion** – 밑줄 친 **r**발음이 약화되어 **퍼포(어)션**같이 들리므로 주의해야 한다.

    **cf. prolific** 비옥한, 다산의, 다작의

# 군사보안

가장 최근의 세계 전쟁까지 미국은 군수 산업이 없었습니다. 미국의 쟁기날 제조회사들은 시간이 있고 필요하다면 검도 만들 수 있을 것입니다. 그러나 이제 더이상 긴급하고 즉흥적으로 만들어내는 국가 방위를 감행해선 안됩니다. 우리는 막대한 규모의 상시적인 군수 산업을 만들지 않을 수 없습니다. 이에 더하여, 삼백오십만 명의 남녀가 방위산업체에 직접적으로 종사하고 있습니다. 우리는 매년 모든 미국기업의 순수입보다 더 많은 돈을 군사보안에 지출하고 있습니다.

## ‖ 연설의 배경 ‖

1961년 1월 17일 드와이트 D.아이젠하워가 워싱턴에서 행한 고별 연설문의 일부이다.

## 단어와 어구

01 **latest** 최근의
02 **conflict** 갈등, 투쟁, 전투
03 **armaments** 군비, 군사력, 병기, 무기
04 **plowshare** 쟁기의 날
05 **require** 필요로하다, 요구하다
06 **sword** 검, 칼
07 **risk** 모험하다
08 **emergency** 긴급, 비상
09 **improvisation** 즉석에서 하기
10 **be compelled to** 할 수 없이 …하다
11 **vast** 방대한, 막대한, 거대한
12 **proportion** 크기, 정도
13 **directly** 직접적으로
14 **defense establishment** 방위 산업체
15 **annually** 매년, 해마다
16 **military security** 군의 안전
17 **net income** 순이익

## Structure Tips!!

### We annually <u>spend on</u> military security ~.

spend(쓰다)는 뒤에 동사가 나오느냐, 명사가 나오느냐에 따라 구문이 달라집니다.

• spend 돈/시간 (in) 동명사      Ex.  spend money (in) buying clothes
• spend 돈/시간 on 명사          Ex.  spend money on clothes

# Guard against the Unwarranted Influence

**CD-2 TRACK 16**

Now this [01]conjunction of an [02]immense military establishment and a large arms industry is new in the American experience. The total [03]influence — economic, political, even [04]spiritual — is felt in every city, every State house, every office of the Federal government. We [05]recognize the [06]imperative need for this [07]development. Yet we must not fail to [08]comprehend its [09]grave [10]implications. Our [11]toil, [12]resources and [13]livelihood are all involved; so is the very [14]structure of our [15]society. In the [16]councils of government we must — car — [17]guard against the [18]acquisition of [19]unwarranted influence, whether [20]sought or [21]unsought, by the [22]military industrial complex. The [23]potential for the [24]disastrous [25]rise of [26]misplaced power [27]exists and will [28]persist.

**미국에서는 이렇게 발음해요!** |||||||||||||||||||||||||||||||||||||||||||||||||||||||||||||||||||

**total** – 토탈은 완전 콩글리쉬. **토를**로 발음해야 한다. 첫 모음 **o**는 이중모음으로 발음되는데 이중모음 **ou**는 일반적으로 앞모음만 발음되고, 뒷모음은 발음이 나지 않거나 약하게 발음된다.
　　　**cf. fatal** 치명적인

**council** – 발음상으로는 **counsel**과 똑같이 들린다.
　　　**cf. United Nations Security Council** 유엔 안전보장 이사회

**must guard** – 평소에 **마스트 가드**로 발음해 왔다면, 연설자가 **마스(트) 개(어)(드)**로 끝자음을 약화시켜 발음할 때 놓치기 쉽다.

**unsought** – **sought**는 비교적 많이 쓰이는 단어 **seek**의 과거, 과거분사형이라 들을 때 그다지 어렵지 않다. 하지만, 접두사가 들어가는 이 **unsought**는 비교적 드물게 사용되는 어휘라 어휘력이 약한 독자들은 빈약한 어휘력 때문에 듣지 못할 수도 있다.

# 부당한 영향력에 대한 경계

　엄청난 군사시설과 대규모 무기 산업의 결합은 미국에게는 새로운 경험입니다. 경제적, 정치적, 심지어 정신적인 면에 이르는 그 총체적인 영향을 모든 도시, 모든 주의 의사당, 연방정부 청사에서 느낄 수 있습니다. 우리는 이러한 현상이 절대적으로 필요하다는 것을 인지하고 있습니다. 그러나 우리는 그것이 미치는 심각한 결과를 파악하지 않으면 안됩니다. 우리의 수고, 자원, 생계 이 모든 것이 관련되어 있듯이 우리의 사회 구조도 직접적으로 관련되어 있습니다. 정부협의체에서 군산복합체에 의한 부당한 영향력의 획득을, 그들이 추구했든지 안했든지 간에, 경계해야 합니다. 엉뚱한 곳에 넘어간 권력이 재난을 초래할 정도로 비대해 질 가능성이 존재하고 있고 그러한 가능성이 계속 남아 있을 것입니다.

## ‖ 잠깐! ‖

### "The Military Industrial Complex"란?

정부의 국방지출에 깊이 관여하는 군부, 민간기업, 정치가들이 각각의 이익을 위해 유형무형의 제휴를 계속 유지하면서, 때로는 언론계도 참가하여 국방지출의 증대를 도모하는 사회적인 유착구조.

## 단어와 어구

| | | |
|---|---|---|
| 01 **conjunction** 결합, 접속 | 02 **immense** 거대한, 막대한 | 03 **influence** 영향 |
| 04 **spiritual** 정신적인 | 05 **recognize** 인지하다, 인정하다 | |
| 06 **imperative** 긴급한, 꼭 해야 할 | 07 **development** 발전, 전개, 현상 | |
| 08 **comprehend** 이해하다, 파악하다 | 09 **grave** 중대한, 심각한 | 10 **implication** 함축, 관련, 결과 |
| 11 **toil** 고생, 수고 | 12 **resource** 재원, 자원 | 13 **livelihood** 생계, 살림 |
| 14 **structure** 구조 | 15 **society** 사회 | 16 **council** 협의회, 자문회 |
| 17 **guard** 지키다, 보호하다 | 18 **acquisition** 획득, 습득, 입수 | |
| 19 **unwarranted** 부당한, 보증되지 않은 | 20 **sought** seek(찾다)의 과거분사 | |
| 21 **unsought** 원치 않는, 청하지 않은 | 22 **military industrial complex** 군산 복합체 | |
| 23 **potential** 잠재력 | 24 **disastrous** 재난을 일으키는, 피해가 막심한 | |
| 25 **rise** 증대, 오름, 부상 | 26 **misplaced** 위치가 잘못된 | 27 **exist** 존재하다 |
| 28 **persist** 지속하다, 존속하다, 고집하다 | | |

# Take Nothing for Granted

**CD-2 TRACK 17**   We must never let the [01]weight of this [02]combination [03]endanger our liberties or democratic processes. We should [04]take nothing for granted. Only an [05]alert and [06]knowledgeable [07]citizenry can [08]compel the [09]proper [10]meshing of the huge industrial and military [11]machinery of defense with our peaceful methods and goals, so that security and liberty may prosper together.

---

**미국에서는 이렇게 발음해요!** ||||||||||||||||||||||||||||||||||||||||||||||||||||||||

**can compel** – 긍정의 **can**은 **캔** 발음을 부정의 **can't**에 비해 짧게 그리고 빨리 발음하고 지나가야 한다.

       **eg. I can do it.** 난 할 수 있어.

**military** – 밑줄친 **t**가 모음과 모음사이에 있더라도 강세가 있기 때문에 그대로 **t**발음을 낸다.

       **eg. In Korea, military service is compulsory.**

       한국에서 군복무는 의무이다.

**method** – **th**가 θ 발음이니까 위아래 치아사이에 혀끝이 살짝 걸쳐지도록 노력하면서 **매쓰+떠** **(ㄷ)**라고 발음해야 한다.

       **cf. mathematics** 수학

    **<<<** 필자는 직업이 영어책 전문 저술가이다. 그러다보니 평균 2~3일에 한 번 정도는 서점을 찾게 된다. 하루는 늘 가는 서점에 갔다가 서점 직원이 동료 여직원에게 "**매시매틱스** 어디있어?" 하고 물어보는 걸 봤는데, 그 때 느낀 것이 만일 외국인이 와서 수학책이 어디 있냐고 물어보면서 **mathematics**를 **매쓰+떠** 매릭스로 발음할 때 단번에 알아들을 수 있을까 하고 궁금해 한 적이 있다. 참고로 수학은 주로 **short**형인 **math**로 쓰인다.

# 노력만이...

　우리는 이러한 군사복합체의 힘이 우리의 자유 또는 민주적인 절차들을 위태롭게 해서는 안됩니다. 우리는 어느 것도 당연하게 얻어질 것으로 생각해서는 안됩니다. 기민하고 지적인 시민 의식만이 거대한 산업적, 군사적 방위 기구를 평화적인 방법과 목적에 부합하게 할 수 있으며, 그럼으로써 안보와 자유가 번성할 수 있습니다.

## 단어와 어구

01 **weight** 무게, 중량　　　　02 **combination** 결합, 조합, 화합　　03 **endanger** 위태롭게 하다
04 **take nothing for granted** 아무 것도 당연할 일로 생각하지 않다　　05 **alert** 기민한, 경계하는
06 **knowledgeable** 아는 것이 많은, 지식 있는, 총명한　　07 **citizenry** 시민
08 **compel** 강요하다　　　　09 **proper** 적절한　　　　10 **mesh** 맞물리게 하다, 그물로 잡다
11 **machinery** 기계류, 장치, 조직

## 알아두면 좋아요!!

접두어 「en-」이 명사 또는 형용사 앞에 쓰여서 동사 역할을 하는 경우가 종종 있습니다. 이 때 「en-」은 '~안에 넣다,' 또는 '~이 되게 하다'는 뜻을 지니게 됩니다.

Ex.　en + danger(명사) = endanger(위험하게하다)
　　　en + roll(명사) = enroll(명부 안에 넣다, 명부에 올리다)
　　　en + able(형용사) = enable(할 수 있게 하다)
　　　en + large(형용사) = enlarge(크게 하다)

## 11
# Harry S. Truman

### Harry S. Truman, 그는 누구인가!

제 33대 대통령인 트루먼은 가난해서 대학에 진학하지 못한 고졸출신의 대통령이다. 1945년 4월 루스벨트 전 대통령의 사망으로 2차대전 중 대통령이 되었다. 대통령이 된 후 일본의 두 도시에 원자탄 투하를 결정하고, 일본의 항복을 받아냄으로써 종전을 앞낭겼다. 2차대전 후 구소련과 그 위성국가들을 서방세력으로 둘러쌈으로써 공산주의의 팽창을 저지한 봉쇄정책과 반소 반공을 내세운 트루먼 독트린으로 유명하다. 6.25 한국전쟁이 발발하자 미군파병을 결정해서 한국과도 인연이 깊은 대통령이다.

# The Choice

CD-2
TRACK
18

At the present moment in world history nearly every nation must [01]choose between [02]alternative ways of life. The choice is too often not a free one. One way of life is based upon the [03]will of the [04]majority, and is [05]distinguished by free [06]institutions, [07]representative government, free elections, [08]guarantees of [09]individual liberty, freedom of speech and [10]religion, and freedom from [11]political oppression. The second way of life is based upon the will of a [12]minority [13]forcibly [14]imposed upon the majority. It [15]relies upon terror and oppression, a [16]controlled press and radio, [17]fixed elections, and the [18]suppression of [18]personal freedoms.

## 미국에서는 이렇게 발음해요!

**majority** – 머조리디 또는 머조리라고 발음하는데, 머조리라고 발음할 때 조심해야 한다. **rity**에서 **리리** 발음이 만들어져 **리** 발음 하나를 생략할 때가 많다.

    cf. **integrity** 성실, 청렴

**representative** – 레프리젠터티브라고 발음하면 어색하게 들리므로 혀를 굴려 뤠프리재너리브처럼 발음하는 습관을 들이도록 한다. 이 단어는 강세가 첫 번째 모음과 세 번째 모음에 있다.

    cf. **tentative** 잠정적인

**forcibly** – 포시블리는 완전 콩글리쉬다. **i**를 약모음으로 발음하여 **ㅍ+호(어)써블리**처럼 발음해야 자연스럽다. **i**에 강세가 없어서 **으, 어**로 발음된다.

    cf. **possibly** 어쩌면, 아마
       **positive** 긍정적인
       **motivate** 자극하다

# 선택

세계 역사에서 바로 지금, 거의 모든 국가들은 두 가지 생활방식 중 하나를 선택해야 합니다. 그 선택은 자유롭지 못합니다. 한가지 생활방식은 다수의 의지를 기초로 하고, 자유로운 제도, 대의 정부, 자유 선거, 개인의 자유 보장, 언론과 종교의 자유, 정치적 탄압으로 부터의 해방으로 구별됩니다. 두 번째 생활방식은 소수의 의지를 다수에게 강요하는 방식을 기초로 하고 있습니다. 그것은 테러와 억압, 통제된 언론과 라디오, 부정 선거 및 개인의 자유 억압에 의지하고 있습니다.

## 단어와 어구

01 **choose** 선택하다   02 **will** 의지, 의도   03 **alternative** 양자택일의
04 **majority** 다수파, 다수 집단, 과반수, 대다수
05 **distinguish** 구별하다, 두드러지게 하다, 특징지우다
06 **institution** 제도, 시설, 학회   07 **representative** 대표하는, 대리의
08 **guarantee** 보장   09 **individual** 개인의   10 **religion** 종교
11 **political oppression** 정치적 탄압   12 **minority** 소수파(당), 소수 민족
13 **forcibly** 강력하게, 강제적으로   14 **impose** 지우다, 강요하다
15 **rely (upon)on** …에 의지하다, 믿다   16 **controlled press** 언론 통제   17 **fixed elections** 부정 선거
18 **suppression** 억압, 진압   10 **personal freedom** 개인의 자유

# Support

I believe that it must be the [01]policy of the United States to support free peoples who are [02]resisting [03]attempted [04]subjugation by armed minorities or by [05]outside [06]pressures. I believe that we must [07]assist free peoples to [08]work out their own destinies in their own way. I believe that our help should be [09]primarily through [10]economic and [11]financial [12]aid which is [13]essential to economic [14]stability and [15]orderly [16]political [17]processes.

|||||||||||||||||||||||||||||||||||||||||||||||||||||||||||||||||||||||||||||||

**attempted** – 밑줄친 부분에 자음이 몰려있어 첫 모음을 약화시키면서 (어)탬(프)틷으로 발음한다. **mpt**의 가운데 철자 **p**가 거의 들리지 않는다.

    **cf. an attempted suicide** 자살 미수

**assist** – 첫 모음 **a**에 강세가 없으므로 첫 모음을 아주 약하게 발음하면서 (어)씨스(트)로 발음해야 한다.

    **eg. I will do everything in my power to assist you.**
        힘이 닿는 한 무엇이든 도와 드리겠습니다.

**political** – 발음이 나쁘거나 발음규칙을 모르는 사람들은 **폴리티컬**로 발음하기 쉽다. 첫 모음에 강세가 없고 두 번째 모음 **i**에 강세가 있으므로 **펄리리컬**로 발음해야 자연스럽다. 자음 **t**는 모음과 모음 사이에 끼어있어 **ㄹ**로 유화되었다.

    **eg. The summit talks are aimed at expanding political and economic cooperation.**
        정상회담의 목적은 정치 및 경제 협력 증진이다.

# 지원

나는 소수의 무장 세력 또는 외부 압력에 의한 정복기도에 저항하는 자유 국민들을 지원하는 것이 미국의 정책이 되어야 한다고 믿습니다. 나는 자유로운 국민들이 그들만의 방식으로 그들 자신의 운명을 찾도록 우리가 도와주어야 한다고 믿습니다. 나는 우리의 도움은 주로 경제적인 안정과 질서잡힌 정치 과정에 가장 필수적인 경제적, 재정적 원조를 통해서 이루어져야 한다고 믿습니다.

## 단어와 어구

01 **policy** 정책
02 **resist** 저항하다
03 **attempt** 시도하다
04 **subjugate** 정복하다, 복종시키다
05 **outside** 외부의, 밖의
06 **pressure** 압력
07 **assist** 돕다, 원조하다
08 **work out their own destinies** 그들 자신의 운명을 알아내다
09 **primarily** 주로, 첫째로
10 **economic** 경제적인
11 **financial** 재정적인
12 **aid** 도움, 원조
13 **essential** 본질적인, 필수적인
14 **stability** 안정
15 **orderly** 질서있는
16 **political** 정치적인
17 **process** 과정

## 알아두면 좋아요‼

일반적으로 명사에 '~s'를 붙여서 복수를 만듭니다. 하지만, 그 '~s'의 유무에 따라 의미가 완전히 달라지는 경우가 있습니다. 예컨대 이 문단에도 등장하는 'aid'의 경우, aid는 '원조, 도움'을 의미하고, 'aids'는 '보조물'을 의미하게 됩니다. 그래서 '보청기'라고 말할 때는 반드시 aid에 '~s'를 붙여서 "hearing aids"라고 해야 합니다. 반면, '경제원조'의 경우엔 "economic aid"라고 해야 하고요.

# Voting Democratic

**CD-2 TRACK 20**   I have had a wonderful tour today beginning at Rock Island Illinois, and they tell me this is the last town in Iowa I'll [01]stop (at), and I'll [02]regret that because at every place I have been, the [03]crowds have been just like this, and they've been [04]exceedingly [05]cordial. And I feel Iowa is beginning to [06]wake up to the [07]situation, and on November 2, I won't have to say much more about them [08]voting [09]Democratic.

**미국에서는 이렇게 발음해요!** ||||||||||||||||||||||||||||||||||||||||||||||||||||||||||||||||||||

**I'll** – 아이일이 아니라 **알** 정도로 발음하는게 좋다.

    **cf. He'll, We'll, They'll**

**wake up** – **wake**의 **e**는 묵음이라 두 단어를 연음시켜 **웨이캅**정도로 발음해야 부드럽다.

    **eg. Wake up and smell the coffee.**

        냉수먹고 속 차려라.

    **makeup class** 보강 수업

**voting** – 발음에 익숙치 않으면 **보우팅**으로 발음하기 쉬운데 **뷔우딩** 정도가 좋은 발음이다. 첫 자음이 **v**로 시작 되어 위아래 입술이 닿지 않도록 노력하면서 **ㅂ** 발음을 내야 한다.

    **eg. Ford became President of the United States without voting.**

        포드는 투표없이 미국의 대통령이 되었다.

        <<< Ford에서 끝자음 'd가 거의 들리지 않아서 빠른 뉴스에서는 순간적으로 **four** (4)로 착각할 수도 있다. 영어 청취력이 중급 수준에 이르기까지는 누구라도 겪을 수 있는 일이다.

176

# 민주당에 투표를

나는 오늘 Illinois주 Rock Island를 시작으로 멋진 여행을 했는데 사람들은 내가 머무르게 될 이 마을이 Iowa주 에서는 마지막 마을이라고 말합니다. 전 그 말을 유감으로 생각하게 될 것입니다. 그 이유는 내가 들른 곳마다 군중들은 이와 같이 무척 따뜻하게 대해주었기 때문입니다. 나는 Iowa주민들이 상황의 중요성을 깨닫고 있다고 생각하고 있습니다. 그리고 그들에게 11월 2일 민주당에 투표해 줄 것을 추가로 더 말할 필요가 없을 것입니다.

‖ 연설의 배경 ‖

1948년 9월 18일, 열차를 타고 Iowa주의 작은 마을 Chariton에 들러 자신을 찍어달라고 유세활동을 벌이면서 행한 연설이다.

### 단어와 어구

01 **stop at** 묵다, 머무르다, 들르다
02 **regret** 후회하다
03 **crowd** 군중
04 **exceedingly** 대단히, 굉장히
05 **cordial** 따뜻한, 마음에서 우러난
06 **wake up to** …을 깨닫다
07 **situation** 상황
08 **vote** 투표하다, 표결하다
09 **Democratic** 민주당의

## Grammar Tips!!

### They tell me this is the last town in Iowa I'll stop and ~.

연설 과정에서 일어나기 쉬운 단어 탈락. 위 문장에서 문법적으로 이상한 부분을 발견하셨나요? stop 뒤에 전치사 'at' 빠져있습니다. 이 문장은 관계대명사가 생략 문장이죠. 두 문장으로 나눠 살펴보면 보다 명확해 집니다.

this is the last town in Iowa. + I'll stop at Iowa.
→ this is the last town in Iowa (which) I'll stop at. 〈목적격 관계대명사 which는 생략 가능〉
→ this is the last town in Iowa where I'll stop.

# Do away with the Price-Support Program?

**CD-2 TRACK 21**    In 1932, the [01]farmers were [02]hopelessly in [03]debt. Their [04]indebtedness has been [05]reduced by more than 50 percent and they have $18 billion in [06]assets. Think of that! Just think of that! Now there are people in this United States that would like to go back to that condition, when [07]labor was receiving an [08]average of forty-five cents an hour, and when the farmer was getting three cents for [09]hogs and fifteen [10]cents for corn and [11]burning the corn because it wasn't [12]worth the [13]price. Those same people now have made an attempt to [14]do away with the [15]price-support program which is [16]responsible for this [17]immense [18]production which we have had in the last seven years and which has kept millions of people in this world [19]alive.

---

### 미국에서는 이렇게 발음해요! |||||||||||||||||||||||||||||||||||||||||||||||||||||

**50** – 주의해서 듣지 않으면 15와 혼동하기 쉽다.
  **eg. He started business with a capital of fifty million won.**
  그는 5천만원의 자본으로 사업을 시작했다.

**wasn't** – 와즌(트)하고 끝자음 **t**를 거의 발음하지 않은 채 지나가면 긍정의 **was**로 착각하기 쉽다.
  뉴스 받아쓰기 훈련을 많이 하면 청취력이 강해져 긍정으로 착각하는 실수를 줄일 수 있다.
  **eg. She wasn't sick.**
  그녀는 아프지 않았다.

**last seven** – **sts** 발음규칙상 **라:쎄븐** 또는 **래:쎄븐**으로 발음한다. **sts** 발음요령을 잘 익혀 두자.
  **t** 발음은 거의 사라지고 **s**가 된소리로 발음된다.
  **cf. next stop** 다음 정류장
  **next schedule** 다음 스케줄
  **the most serious problem** 가장 심각한 문제

178

# 가격 유지 프로그램을 폐지 한다고?

1932년 빚더미에 앉은 농부들은 절망적이었다. 하지만 이제 그들의 부채는 50%이상 감소되었고 재산액은 180억 달러입니다. 그것을 생각해보십시오! 그것을 생각해보십시오! 지금, 미국에는 시간당 평균 임금이 45센트였던, 농부가 돼지를 팔아 3센트를 받던, 옥수수를 팔아 15센트를 받고 값어치가 없어 옥수수를 태워버렸던 시대로 돌아가고 싶어하는 사람들이 있습니다. 지금 그와 같은 사람들은 가격유지프로그램의 폐지를 기도했습니다. 이 가격유지프로그램이 지난 7년간 우리가 누려왔던 막대한 생산의 원동력이었고, 이 세계의 수백만 명을 살아가게 했는데도 말입니다.

## 단어와 어구

01 **farmer** 농부
02 **hopelessly** 절망적으로
03 **debt** 채무, 빚
04 **indebtedness** 채무, 부채
05 **reduce** 감소하다
06 **asset** 재산, 자산
07 **labor** 노동, 근로, 노동자
08 **average** 평균의, 평균
09 **hog** 돼지
10 **corn** 옥수수
11 **burn** 태우다
12 **worth** …의 가치가 있는
13 **price** 가격
14 **do away with** 없애다, 폐지하다, 죽이다
15 **price-support program** (정부 수매·보조 등에 의한)가격지원프로그램
16 **responsible** 책임있는
17 **immense** 거대한, 막대한
18 **production** 생산
19 **alive** 살아있는

# Decision

I'm asking you just to read history, to use your own [01]judgement, and to [02]decide whether you want to [03]go forward with the Democratic Party or whether you want to turn the clock back to the [04]horse-and-buggy days with such people that made up that "[05]do-nothing" eightieth [06]Republican Congress.

---

**미국에서는 이렇게 발음해요!** ||||||||||||||||||||||||||||||||||||||||||||||||||||||||

**decide** – 문맥을 따라가지 못하면 **the side**로 들릴 수도 있다.

    **eg. Did she decide whether to break up with him?**

       그녀는 그와 헤어질 지 여부를 결정했나요?

**made up** – 두 단어를 연음시켜 **메이답**으로 발음해야 자연스럽다.

    **cf. paid up 페이답**

**do-nothing** – 미국인들은 **ing** 잉 발음을 내는 것을 어려워해서 많은 미국인들이 **nothing**을 나ㅆ+띤으로 발음하기도 한다. 그러니까 **잉**을 **인**으로 발음하는 사람들이 많다.

    **cf. a do-nothing bum** 아무 일도 하지 않는 백수

    ‹‹‹ 영화 대본이나 팝송 가사를 보면 **missing**이 되어야 할 곳에 **missin'**으로 나와 있는 것은 배우나 가수가 **미씬**처럼 발음했기 때문이다. 미국인들하고 중국집에 가서 **자장면**을 발음해 보라고 하면 대다수가 **짜잔면**처럼 발음한다.

# 결정

역사를 읽고 스스로 판단해서, 민주당과 함께 전진할 것인가 아니면 아무 일도 하지 않았던 제80회기 공화당 의원들과 함께 구시대로 시계바늘을 돌려놓을 것인가를 결정해주실 것을 부탁드립니다.

### 단어와 어구 ||||||||||||||||||||||||||||||||||||||||||||||||||||||||||||||||||||||||||||||||||||||||||||||||||||||

01 **judgement** 판단
02 **decide** 결정하다
03 **go forward** 전진하다
04 **horse-and-buggy** 자동차 이전 마차 시대의, 구식의, 낡은
05 **do-nothing** 아무 일도 안하는
06 **Republican** 공화당의

## 알아두면 좋아요!!

horse and buggy란 가볍고 단순한 모양의 2인용 미차로 19·20세기에 사용되던 운송수단이었습니다. 주로 말 한 마리가 마차를 끌었으며, 때때로 두 마리의 말이 동시에 마차를 끌기도 했었죠. 자동차 및 다른 대중교통 수단이 상용화되기 이전에 존재했던 것이라는 점에 근거하여 "구식의, 낡은"이라는 뜻으로 그 의미가 확장된 단어입니다.

# Privilege

(Do) you know that there were more and bigger [01]lobbies in Washington than at any time in the history of the Congress of the United States?

They spent more money lobbying for [02]special [03]privilege in this "do-nothing" eightieth Congress than has been spent in Washington in the whole history of the country. Now, why did they do that? Because they wanted to [04]take you to town. I'll tell you — you're going to get taken to town if you don't use your privilege on election day.

---

## In the history of the Congress of the United States –

여기서 강하게 발음할 단어들은 **history**, **Congress**, **United States**이다. **in**, **the**, **of**는 기능 어이기 때문에 상대적으로 약하게 발음한다.

**eg. A warning of the danger of smoking is printed on every pack of cigarettes.**
　　흡연의 위험에 대한 경고가 모든 담뱃갑에 인쇄되어 있다.

## lobbying – 라비:잉. 왼쪽에서 보다시피 **yi**가 이 발음이 두 번 나오게 되어 이 발음을 약간 길게 해주어야 한다.

**eg. She intensified lobbying activities to win the National Assembly.**
　　그녀는 국회의 지지를 얻기 위해 로비활동을 강화했다.

## Why did they – 와이 디드 데이로 발음하면 부자연스럽고 와(이) 딛 데이로 발음하여 **did**의 끝자음 **d**는 살짝 받침으로 넣는 기분으로 발음한다.

# 특권

여러분은 미의회 역사상 최다 최대의 로비활동이 워싱턴 정가에서 벌어졌다는 것을 아십니까?

이들 로비스트들은 미국 역사상 그 어느 때보다도 이 "아무 일도 안하는" 제 80회 의회 회기 동안 특권을 얻기 위해 로비활동에 많은 돈을 썼습니다. 자, 그들은 왜 그랬을까요? 그들은 여러분을 속여서 손해를 입히기를 원했기 때문이죠. 제가 말씀드리고자 하는 것은 선거일 날 여러분이 여러분의 특권을 사용하지 않는다면 그들에게 당하게 될 것이라는 겁니다.

### 단어와 어구

01 **lobby** 로비 활동, 압력단체, 로비스트    02 **special** 특별한    03 **privilege** 특권, 특전
04 **take you to town** 속이다, 속여서 돈을 갈취하다

## Structure Tips!!

**There were <u>more and bigger</u> lobbies in Washington <u>than at any time</u> in the history~.**

비교급의 형태지만, 최상급의 의미를 지니는 구문입니다. 기본 형태는 「비교급 than any other 단수명사」입니다. 가령, "She is smarter than any other girl in the class"라고 하면 '반에서 그녀는 어떤 다른 소녀보다 똑똑하다,' 즉 '그녀가 반에서 가장 똑똑하다' 는 뜻. 위 문장 역시 '~역사상 어떤 때 보다 워싱턴에서 더 많고 더 규모가 큰 로비가 있었다,' 즉 '이때 가장 많고 가장 규모가 큰 로비가 있었다' 는 최상급의 의미를 띠게 되는 것입니다.

# Another Chance

You stayed at home in 1946 (and) you got the eightieth Congress, (and) you [01]got just exactly what you deserved. You didn't [02]exercise your [03]God-given [04]right to control this country. Now you're going to have another chance. If you let that chance [05]slip, you won't have my [06]sympathy. If you don't let that chance slip, you'll do me a very great [07]favor, for I'll live in the [08]White House another four years. It's been a very great [09]pleasure to be in Iowa, (and) I [10]appreciate it.

---

**미국에서는 이렇게 발음해요!** ||||||||||||||||||||||||||||||||||||||||||||||||||||||||||||||||||

**at home** – 일반적으로 전치사 **at**는 거의 들리지 않는다.
  **cf. at home and abroad** 국내외에서

**won't have** – **우오운(트). 우오** 발음을 단번에 읽듯이 빨리 발음해야 한다.

**live** – **leave**(떠나다)와 구분해서 **i** 발음을 짧게 **리(브)**로 발음한다.
  ‹‹‹ **live**는 형용사로 '살아있는', '활기있는' 이라는 뜻이 되면 **라이(브)**로 발음된다는 것도 알아두자.
  **eg. The author lives near the pond.**
    그 저자는 연못 근처에 산다.
  ‹‹‹ 장음의 **leave**인지 단음의 **live**인지는 하나씩 따로따로 발음할 때는 구분이 된다. 하지만 문장 속에서는 〈직독직해력 + 상황파악〉이라는 방법을 동원해서 구분해야 한다.

# 또 다른 기회

여러분은 1946년에 집에 계셨고(투표하지 않으셨고) 결국 80회기 의회를 갖게 되어 정확히 자업자득의 상황이 벌어졌습니다. 여러분은 이 나라를 통제하기 위한 천부의 권리를 행사하지 않으셨습니다. 이제 여러분은 또 한 번의 기회를 갖게 됩니다. 그 기회를 놓치시면 나의 동정을 받지 못하게 될 것입니다만 기회를 놓치지 않으신다면, 여러분은 저에게 커다란 호의를 베푸시게 되는 겁니다. 왜냐하면 저는 4년 더 백악관에 살게 되기 때문이죠. Iowa에 오게 된 것은 저에게 대단한 영광입니다. 감사합니다.

## 알아두면 좋아요!!

「for」 vs. 「because」

"for(등위접속사)"가 전치사가 아닌 접속사로 쓰이는 경우가 종종 있습니다. 이때는 "왜냐하면"이라 해석되고, "because(종속접속사)"와는 쓰이는 방식에 차이가 있습니다. "because"는 절대적 인과관계, 즉 문장에서 because절의 내용이 중요한 요소인 반면, "for"는 부가적 인과관계로 부가적으로 설명하는 경우에 쓰입니다. 따라서 어느 접속사를 선택할지 여부는 말하는 사람이 그 정보가 중요하다고 여기는지, 아니면 부가적인 설명 정도로 여기는지에 따라 달라집니다.

Ex.  You should not drink alcohol, [① because / ② for] you are still under age.

　　① 미성년자라는 것이 술을 마시지 말아야 하는 절대적인 이유인 경우.
　　② 미성년자라는 것이 술을 마시지 말아야 하는 것의 절대적 이유는 아니며, 미성년자가 아니더라도 건강을 위해서는 술을 마시지 않는 것이 좋겠죠.

## 12
# Franklin D. Roosevelt

### Franklin D. Roosevelt, 그는 누구인가!

미국의 역대 대통령중 4선으로 최다 당선자이다. 하바드대 출신의 루스벨트는 39세에 두 다리가 불구가 되는 척추성 소아마비를 앓게 되는 시련을 겪기도 했다. 1929년이후 계속된 대공황을 타개하기 위해 '뉴딜정책'을 추진하여, 노후안정을 보장하고, 실업자 문제를 해결하고, 노동시간을 줄이고 임금을 인상시켰나. 1941년 12월 일본의 진주만 침공으로 미 함대가 공격을 당하자 뛰어난 지도력으로 전쟁을 지휘하고, 2차 세계 대전의 종전을 위한 원자폭탄을 개발하여 일본의 항복을 끌어냈다.

# No Need to Fear

**CD-2 TRACK 25** This is a day of national [01]consecration. And I am certain that on this day my fellow Americans expect that on my [02]induction into the [03]Presidency I will [04]address them with a [05]candor and a [06]decision which the [07]present situation of our people [08]impels. This is [09]preeminently the time to speak the truth, the whole truth, frankly and [10]boldly. Nor need we [11]shrink from honestly [12]facing conditions in our country today. This great Nation will [13]endure as it has endured, will [14]revive and will [15]prosper. So, first of all, let me [16]assert my firm belief that the only thing we have to fear is fear itself — [17]nameless, [18]unreasoning, [19]unjustified terror which [20]paralyzes [21]needed efforts to [22]convert [23]retreat into [24]advance.

## 미국에서는 이렇게 발음해요!

**address** – 동사로 쓰일 경우 (어)드래스로 발음한다.

**eg. Kang Hong Sik, new education minister addressed the school principals last Wednesday.**
신임 교육부 장관 강홍식은 지난 주 수요일 학교 교장선생님들에게 연설했다.

**truth** – 밑줄친 **th**가 약하게 받침으로 들어가기 때문에 문맥을 놓치면 **truce**(휴전)와 혼동할 수 있다.

**cf. To tell the truth** 진실을 말한다면

**as it has endured** – 필자가 알기로는 프랭클린 루스벨트 대통령은 미 대통령 중에서 말이 제일 느리다. 느리게 말하는 대통령의 연설문에서는 접속사 **as**를 알아 듣기 쉽지만 **AP**나 **CNN** 뉴스에서와 같이 빠르게 지나가는 뉴스에서는 이 접속사 **as**를 들을 때 항상 조심해야 한다.

**needed** – 니디드보다는 **니릳** 정도로 발음하는게 좋다.

**eg. How did you know I needed money?**
내가 돈이 필요하다는 걸 어떻게 알았어요?

# 두려워 할 필요없다

오늘은 국가적으로 신성한 날입니다. 국민들은 제가 취임식에서 우리 국민의 현 상황에 맞는 정직하고 결단력 있는 연설을 할 것을 기대한다고 확신합니다. 지금이야 말로 진실을, 있는 그대로의 사실을 솔직하고, 대담하게 말할 때입니다. 현재 우리나라가 처한 상황에 정직하게 맞서는 것을 두려워할 필요도 없습니다. 이 나라는 지금까지 견디어왔던 것처럼 견디어낼 것이며, 부활할 것이고, 번성할 것입니다. 따라서, 먼저 우리가 두려워해야 할 유일한 것은 두려움 그 자체라는 나의 확고한 신념을 밝힙니다. 이름도 없고, 이치에 맞지도 않으며, 후퇴를 진격으로 전환시키는 데 필요한 노력을 마비시키는 정당하지 않은 테러를 말하는 것입니다.

## 단어와 어구

01 **consecration** 신성화, 헌신  02 **induction** 취임(식)  03 **presidency** 대통령의 직, 지위
04 **address** 연설하다  05 **candor** 솔직, 정직  06 **decision** 결정
07 **present** 현재의  08 **impel** 몰아대다, 재촉하다  09 **preeminently** 걸출하게, 뛰어나게
10 **boldly** 대담하게  11 **shrink** 겁내다, 피하다, 움츠러들다  12 **face** 직면하다
13 **endure** 견디다, 참다  14 **revive** 부활하다, 소생하다  15 **prosper** 번영하다
16 **assert** 단언하다, 역설하다  17 **nameless** 이름이 없는, 형언할 수 없는
18 **unreasoning** 생각(이성)이 없는, 불합리한  19 **unjustified** 정당하지 않은
20 **paralyze** 마비시키다  21 **needed** 필요한  22 **convert** 전환하다
23 **retreat** 퇴가, 후퇴  24 **advance** 진진

# Generous Use of Nature

**CD-2 TRACK 26**

And yet our [01]distress comes from no [02]failure of [03]substance. We are stricken by no [04]plague of [05]locusts. Compared with the [06]perils which our [07]forefathers [08]conquered because they believed and were not afraid, we have still much to be [09]thankful for. Nature still [10]offers her [11]bounty and human efforts have [12]multiplied it. Plenty is [13]at our doorstep, but a [14]generous use of it [15]languishes in the very sight of the supply. [16]Primarily, this is because [17]rulers of the [18]exchange of [19]mankind's [20]goods have failed through their own [21]stubbornness and their own [22]incompetence, have [23]admitted their failure, and have [24]abdicated.   [25]Practices of the [26]unscrupulous [27]money changers stand [28]indicted in the [29]court of [30]public opinion, rejected by the [31]hearts and minds of men.

**미국에서는 이렇게 발음해요!** ||||||||||||||||||||||||||||||||||||||||||||||||||||||||||||||||||

**forefathers** – 문맥을 놓치면 **four fathers**(네 명의 아버지)로 들을 수도 있다.

**plenty** – 플래니, 플랜티 모두 가능하다.

> **eg. I'm a bum, which means I have plenty of time.**
> 전 백수입니다. 시간이 많다는 얘기입니다.

>>> 아시다시피 plenty of의 동의어는 **a lot of**이다. 그런데 예를 들어, **"There are a lot of movie stars in Hollywood."**(할리우드에는 유명 배우들이 많다.)라는 문장이 할리우드 영화를 보다가 지나갔다고 합시다. **a lot of movie stars**가 복수형이니까 당연히 **"There are~"**로 시작될 것 같은데 미국 배우들이나 미국인들은 문법을 무시하고 **There's** 또는 **There is**로 시작하면서 발음한다는 것이다.

**own** – 오운이라고 명확하게 들리지 않고, 온정도로 들릴 수 있기 때문에 주의해야 한다.

> **eg. Would you like to own your own business?**
> 나만의 사업을 하고 싶으세요?

**hearts and minds** – 밑줄친 가운데 자음 **t**와 **d**발음이 매우 약하다. 따라서 **핫스 앤 마인 즈** 정도로 발음된다.

190

# 자연의 풍부한 이용

　우리의 고민이 물질의 부족에서 오는 것이 아닙니다. 우리는 메뚜기떼의 공격도 받지 않습니다. 우리의 선조들이 그들의 믿음과 용맹으로 정복한 역경을 비교해 볼 때, 우리는 아직 감사해야할 것들이 많습니다. 자연은 여전히 많은 선물을 제공하고 있고 인간의 노력은 그것을 증대시켜왔습니다. 우리 집 가까이에 많은 것이 놓여있지만 그것을 충분히 이용하지 못합니다. 공급이 바로 눈 앞에 보이는데도 말입니다. 우선, 이것은 인류의 물품 교환을 통치하는 자들이 그들의 고집과 무능력으로 인해 실패했고, 자신들의 실패를 시인한 뒤 권좌에서 물러났기 때문입니다. 비도덕적인 환전상들의 관행은 민심을 잃고 여론 법정의 심판대에 서게 됩니다.

## 단어와 어구

01 **distress** 고민, 고통
02 **failure** 실패, 부족, 결핍
03 **substance** 물질(material)
04 **plague** 역병, 전염병
05 **locust** 매미, 파괴적인 인물
06 **peril** 위험
07 **forefather** 조상
08 **conquer** 정복하다
09 **thankful** 감사하는
10 **offer** 제공하다
11 **bounty** 하사품(금), 보상금
12 **multiply** 늘리다, 번식시키다
13 **at our doorstep** 문앞에서, 집가까이에
14 **generous** 풍부한, 많은, 관대한
15 **languish** 약해지다, 부진하다
16 **primarily** 첫째로, 주로, 우선
17 **ruler** 통치자, 지배자
18 **exchange** 교환
19 **mankind** 인류, 인간
20 **goods** 물품
21 **stubborn** 완고한, 고집센
22 **incompetence** 무능, 무자격
23 **admit** 시인하다, 인정하다
24 **abdicate** 버리다, 포기하다
25 **practice** 관행
26 **unscrupulous** 비도덕적인, 파렴치한
27 **money changer** 환전상, 환전기
28 **indict** 기소하다
29 **court** 법원, 법정
30 **public opinion** 여론
31 **heart and mind** 가슴과 마음

# False Leadership

**CD-2 TRACK 27** True they have tried, but their efforts have been [01]cast in the pattern of an [02]outworn [03]tradition. Faced by failure of [04]credit they have [05]proposed only the lending of more money. [06]Stripped of the lure of profit by which to [07]induce our people to [08]follow their [09]false leadership, they have [10]resorted to [11]exhortations, [12]pleading [13]tearfully for [14]restored [15]confidence. They only know the [16]rules of a [17]generation of [18]self-seekers. They have no vision, and when there is no vision the people perish.

---

**미국에서는 이렇게 발음해요!** ||||||||||||||||||||||||||||||||||||||||||||||||||||||||||||||||||||||||||

**tradition** – 미국에서는 **트러디션**이나 **트래디션**으로 발음하지 않는다. **추디션**으로 발음한다. 소위 말하는 **r**탈락현상이 일어나는 것처럼 들린다.
   **eg. Keep your school's tradition.**
      너의 학교의 전통을 지켜라.

**propose** – **r**발음이 약화되어 **프포(우)즈** 정도로 발음된다.
   **cf. proclaim** 선언하다

**resorted** – 과거분사를 만들어주는 **ed**는 거의 들리지 않게 발음한다.

**vision** – 우리말화 되다시피한 이 단어는 **비전**이 아니라 **뷔전**으로 발음해야 자연스럽다.
   **eg. I divorced Bob because he had no vision.**
      밥이 비전이 없은 남편이라 이혼했어.

**and when** – **and**와 **when**은 발음상 유사하기 때문에, 초보자들의 경우, 유사발음이 연달아 나 오게 되면 혼동하기 쉽다. **and when**이 **앤드 웬**이 아니고 **앤 웬** 정도로 지나가기 때문이다.

# 그릇된 지도력

그들이 노력한 것은 사실이지만, 그들의 노력은 낡아빠진 전통에서 나온 것입니다. 사람들의 신용이 무너졌을 때 그들은 더 많은 대출만을 제안했습니다. 그들의 그릇된 지도를 따르도록 유도하는 이익의 미끼가 없어지자 그들은 신뢰 회복을 눈물로 호소했습니다. 그들은 이기주의적인 세대의 법규만을 알고 있습니다. 그들에게는 비전도 없고, 비전이 없을 때 사람들은 죽습니다.

---

**단어와 어구**

01 **cast** 주조하다, 성형하다　02 **outworn** 시대에 뒤진, 낡아 빠진　03 **tradition** 전통
04 **credit** 신뢰, 신용, 대출(금), 예금 잔고　05 **propose** 제안하다, 청혼하다
06 **strip** 없애다, 제거하다　07 **induce** 유도하다　08 **follow** 따르다
09 **false** 가짜의, 허위의, 사기의　10 **resort to** …에 호소하다, 의지하다　11 **exhortation** 권고, 장려
12 **plead** 간청하다, 탄원하다　13 **tearfully** 눈물어리게, 슬프게　14 **restore** 회복시키다
15 **confidence** 신뢰, 믿음, 자신감　16 **rule** 규칙, 통치　17 **generation** 세대
18 **self-seeker** 이기주의적인 사람

## Structure Tips!!

**<u>Faced</u> by failure of credit they have proposed only the lending of more money.**

위 문장은 중·고등학교에서 배운 바로 그 분사구문입니다. 분사구문은 「접속사+주어+동사」가 생략된 구문이죠. 접속사는 문맥에 따라 달라집니다. 위 문장을 절로 바꾸어 보면 "When they are(have been) faced by failure of credit"입니다. 주절의 주어(they)와 같고 시제(현재완료)가 일치하므로 생략, 그래서 위 문장과 같은 분사구문이 된 것입니다.

# Action

[01]Restoration [02]calls, however, not for changes in [03]ethics alone. This Nation is asking for [04]action, and action now.

Our greatest [05]primary task is to put people to work. This is no [06]unsolvable problem if we face it [07]wisely and [08]courageously. It can be [09]accomplished [10]in part by direct [11]recruiting by the Government itself, [12]treating the [13]task as we would treat the [14]emergency of a war, but at the same time, through this [15]employment, accomplishing great -- greatly needed projects to [16]stimulate and [17]reorganize the use of our great natural [18]resources.

---

**미국에서는 이렇게 발음해요!** ||||||||||||||||||||||||||||||||||||||||||||||||||||||||||||||||||||

**alone** – **a loan**으로 들릴 수도 있고, **a lawn**으로 들릴 수도 있다. 잘 이해해야 한다.

> **eg. Leave me alone.**
> 나좀 내버려 둬.

**It can be accomplished** –

긍정의 **can**은 캔 발음이 약하게 발음되고 비교적 짧게 컨 혹은 큰으로 발음하고 지나가야 한다.

> **eg. I can fix it.**
> 나 그거 고칠 수 있어요.

> <<< I can fix it를 발음할 때는 can 발음도 조심해야겠지만 반듯이 fix와 it를 연음시켜 ㅍ+훡 싯(트)처럼 발음해야 자연스런 발음이 나온다.

**would treat** – 이걸 **우드 트리트**라고 발음하면 부자연스럽다. **웃(드)추릿** 정도로 발음해야 자연스럽게 들린다.

> **eg. You should treat staffs with respect.**
> 직원들을 존중해주어야 합니다.

# 행동의 실천

  그러나 회복은 윤리적 변화 만을 요구하는 것은 아닙니다. 이 나라는 행동, 지금 당장 행동을 취할 것을 요구합니다. 우리의 제 1의 최대 과업은 사람들을 일하게 하는 것입니다. 이것은 우리가 현명하고, 용기있게 대처한다면 풀지 못할 문제가 아닙니다. 그것은 부분적으로는 정부의 직접 고용을 통해서 달성될 수 있습니다. 우리가 전쟁이라는 비상 사태를 다루듯이 그 과업을 처리한다는 말입니다. 동시에 이같은 고용을 통해 우리의 훌륭한 천연 자연 활용을 장려하고 재편하기 위한 프로젝트를 완성할 수 있습니다.

## 단어와 어구

01 **restoration** 회복, 부활     02 **call for** 요청하다        03 **ethics** 윤리
04 **action** 행동              05 **primary** 수위의, 주요한     06 **unsolvable** 풀 수 없는
07 **wisely** 현명하게          08 **courageously** 용기있게      09 **accomplish** 성취하다, 달성하다
10 **in part** 부분적으로        11 **recruit** 모집하다           12 **treat** 다루다, 취급하다
13 **task** 과업                14 **emergency** 비상            15 **employment** 고용
16 **stimulate** 자극하다        17 **reorganize** 재건하다, 개조하다, 재편하다   18 **resource** 자원, 재원

## Grammar Tips!!

분사가 명사 앞에 쓰여서 형용사 역할을 하는 경우가 꽤 있습니다. 분사의 제한적 용법이라고 하죠. 그런데 분사와 명사와의 관계가 능동이면 현재분사(ing), 수동이면 과거분사(pp)를 써야 합니다. 이 문단에 나오는 "needed projects"도 이 원칙에 따라, project는 사람들에 의해 필요가 되는 것(수동)이므로 needing이 아닌 needed가 되었다는 사실. broken window도 깨는(능동) 창문이 아니라, 깨어진(수동) 창문이므로 과거분사를 쓴 것입니다.

# Interdependence

**CD-2 TRACK 29** If I read the [01]temper of our people [02]correctly, we now [03]realize, as we have never realized before, our [04]interdependence on each other; that we cannot [05]merely take but we must give as well; that if we are to go forward, we must move as a trained and [06]loyal army [07]willing to [08]sacrifice [09]for the good of a [10]common [11]discipline.

---

**read** – 혀를 굴려서 **뤼:(드)**로 발음해야 자연스럽다.

> **eg. Read my lips.**
> 내 입술을 읽으십시오.

**trained** – **트레인드**는 어색한 발음이다. 미국식 발음은 **추레인(드)**이다.

> **cf. truck** 트럭
> **trick** 계교

**loyal** – **royal**(왕의, 왕실의)이라는 단어와 구분해서 발음해야하므로 소리나지 않게 **(올)** 발음을 내려는 입모양을 취하고 있다가 **로이열**로 발음해야 한다. 반면에 **royal**은 소리내지 않고 **(우)** 발음을 내려는 입모양을 취하고 있다가 혀를 굴려 **(우)로이얼**로 발음한다.

> **eg. Mr. Kang, who is loyal to me?**
> 강선생, 나한테 충성스러운 사람이 누구요?

> <<< 필자가 **K mart**라는 미국의 유명 할인점(discount store)에 근무할 때 지점장인 **Mr. Smith**가 나에게 던진 말이다. 아마도 사장(boss)들은 일의 능력(ability)이나 실적(performance) 보다 자신에게 누가 충성하고 안 하는지가 중요하다는 생각을 갖게된다. 적어도 소속 회사에 녹을 먹고 있는 동안은 충성해야 할 것이다.

# 상호 의존

제가 우리 국민의 기질을 정확하게 읽고 있다면, 그것은 예전에는 전혀 실감하지 못했던 우리의 상호 의존을 깨닫고 있는 것입니다. 즉, 우리는 단지 갖기만 하는 게 아니라 주기도 해야 한다는 것을, 우리가 전진하려면, 우리 공통의 규율을 위해서 기꺼이 희생하는 충성스럽고 훈련된 군대로서 행동해야 한다는 것을 깨닫고 있습니다.

## 단어와 어구

01 **temper** 기분, 기질, 천성
02 **correctly** 정확하게
03 **realize** 깨닫다
04 **interdependence** 상호의존
05 **merely** 단지, 다만
06 **loyal** 충성스러운, 충실한
07 **willing** 기꺼이 …하려고 하는
08 **sacrifice** 희생하다
09 **for the good of** …을 위해서
10 **common** 공동의, 흔한
11 **discipline** 훈련, 단련

## Grammar Tips!!

**If we are to go forward, we must move as a trained and loyal army~.**

고등학교 문법책에 등장하는 「be+to 용법」입니다. '예정, 가능성, 운명, 의무, 의도'의 5가지 뜻으로 해석이 가능합니다. 위 문장은 이 가운데 '의도(=intend)'에 해당합니다. '의도'는 주로 'if절'에 사용되고, "~하고자 한다면, ~할 의도라면"으로 해석합니다.

Ex. If you are to be recognized, you must do it with integrity.
사람들에게 인정받고자 한다면, 정직하게 그 일을 해야 한다.

# Measures

**CD-2 TRACK 30** I am prepared under my [01]constitutional [02]duty to [03]recommend the [04]measures that a [05]stricken Nation [06]in the midst of a stricken world may require. These measures, or such other measures as the Congress may build out of its [07]experience and wisdom, I shall seek, [08]within my [09]constitutional [10]authority, to bring to speedy [11]adoption.

---

**미국에서는 이렇게 발음해요!** ||||||||||||||||||||||||||||||||||||||||||||||||||||||||||||||||||||

**recommend** – 콩글리쉬로 **리코멘드**로 발음해서는 안된다. 미국식으로 **뤠커맨(드)**로 발음한다.

    **eg. Miss Beautiful, what would you recommend?**

       아가씨, 무엇을 추천해주시겠어요?

    <<< 혹시 유명 프랑스 식당에 가게 될 경우, 불어로 된 메뉴에 어리둥절해 하지 않으려면 이 표현을 써서 종업원이 추천하는 음식을 먹으면 된다.

**constitutional** – 밑줄친 **t**에 강세가 있으므로 **t**에 강세를 두고 **칸스티튜:션얼**로 발음한다.

    **cf. a constitutional duty** 헌법에 의거한 의무

**authority** – **au**는 오보다는 **어**에 가깝게 발음하는게 좋다. 전체적으로는 **(어)ㅆ+또:리디**로 발음한다.

    **eg. The task force acted beyond the limits of their authority.**

       대책 위원회는 권한의 테두리 밖에서 행동했다.

    <<< **task force**는 정부나 기업 등에서는 '대책반', '전담반' 이라는 뜻이지만 경찰에서는 '기동타격대' 라는 뜻이다.

# 조치들

저는 헌법상의 의무에 따라 상처 받은 세계 속에서 고통을 받는 한 국가가 필요로 할지도 모르는 조치들을 건의할 준비가 되어 있습니다. 이러한 조치들, 또는 의회가 그들의 경험과 지혜를 통해 창출하게 될 다른 조치들을 헌법이 정하는 권한 내에서 신속하게 채택되도록 노력할 것입니다.

## 단어와 어구

01 **constitutional** 헌법상의　02 **duty** 의무, 관세　03 **recommend** 추천하다, 건의하다
04 **measure** 조치, 법안　05 **stricken** 상처받은, 고통받는　06 **in the midst of** ~의 가운데에
07 **experience** 경험　08 **within** ~의 범위 내에서　09 **constitutional** 헌법(상)의
10 **authority** 권위, 권력, 권한　11 **adoption** 채택

## Structure Tips!!

**These measures, or such other measures <u>as</u> the Congress may build out of ~.**

「as」가 관계대명사와 비슷한 '유사 관계대명사' 로 쓰이는 경우가 있는데, 이때는 앞에 'such'나 'as 또는 the same' 같은 단어가 있어야 하는 것이 원칙입니다. 위 문장의 경우, 「as」의 선행사는 other measures이고, 원래 build뒤에 있어야 하는 단어 other measures가 앞으로 나간 것(build measures 대책을 세우다)이므로 목적격 관계사로 볼 수 있겠죠.

# Not Evade

**CD-2 TRACK 31** But [01]in the event that the Congress shall fail to take one of these two courses, in the event that the national emergency is still [02]critical, I shall not evade the clear course of duty that will then [03]confront me. I shall ask the Congress for the one [04]remaining [05]instrument to meet the [06]crisis-[07]broad [08]Executive power to [09]wage a war against the emergency, as great as the power that would be given to me if we were in fact [10]invaded by a foreign [11]foe.

**미국에서는 이렇게 발음해요!** |||||||||||||||||||||||||||||||||||||||||||||||||||||||||||||||||||||||

**fail** – il로 끝나, 약간 잡아당기는 기분으로 ㅍ+훼이얼로 발음해주어야 한다.

**one of these** – 완 어브 디즈가 아니라 완 어(브) 디즈로 발음하고 **of**의 발음을 약화시킬 때가 많다.

**Congress** – 미국 의회(상, 하원)를 말한다. 하원을 명시하고 싶으면 **House**라고 말하면 되고 상원은 **Senate**이다.

>>> 각국 의회 명칭
영국 Parliament
일본 Diet
러시아 Dume
한국 National Assembly

**foreign** – ㅍ+호안으로 발음해야 단번에 통한다.

**eg. Professor Kang, what is the best way to master foreign languages?**
강교수, 외국어를 마스터 할 수 있는 최선의 방법은 뭐죠?

# 결코 피하지 않을 것

의회가 이 두 가지 노선 중 하나를 취하지 않을 경우와 국가 비상사태가 여전히 위기일 경우에 저는 제가 직면하게 될 분명한 의무의 노선을 회피하지 않을 것입니다. 저는 위기에 대처하기 위해 남아있는 유일한 수단을 의회에 요청할 것입니다. 그것은 우리가 실제로 외적의 침략을 당할 경우 저에게 주어지는 큰 권한에 상응하는, 국가 비상사태와의 전쟁을 수행할 수 있는 광범위한 미 행정부의 행정권을 말하는 것입니다.

## 단어와 어구

01 **in the event** …할 경우에는

02 **critical** 위기의, 위험한, 중대한

03 **confront** 직면하다, 맞서다

04 **remaining** 남아 있는

05 **instrument** 도구, 수단, 방법

06 **crisis** 위기

07 **broad** 광범위한

08 **Executive power** 대통령의 권한, 행정권

09 **wage a war** 전쟁을 수행하다

10 **invade** 침략하다

11 **foe** 적, 원수, 반대자

## 알아두면 좋아요!!
### 「in the event (of/that)」 vs. 「in case (of/that)」

둘 다 공통적으로 '만일 ~할 경우에' 라는 뜻이 있죠. 그런데, "in case (of/that)"에는 이런 뜻 외에, 의미가 한 가지 더 있습니다. '만일 ~할 경우를 대비해서' 라는 뜻. 따라서 "In case of rain, take your umbrella (비올 경우를 대비해서, 우산 가져가)" 라는 문장에서, in case of 대신 in the event of를 쓰면 의미가 달라집니다. "비오면 우산 가져가" 라는 뜻이 돼버리니까요.

Ex. In case of (= In the event of) emergency, dial all. 비상시에는 911로 전화하세요.
    In case of hard times, save money. 어려운 시기를 대비해서 저축을 하라.
    〈이 경우에는 "in the event of"를 쓰면 "어려운 시기인 경우에 저축하라"라는 뜻이 됩니다.〉

# A World Founded Upon Freedoms

**CD-2 TRACK 32** In the future days, which we seek to make [01]secure, we look forward to a world [02]founded upon four [03]essential human freedoms.

The first is freedom of speech and expression — everywhere in the world.

The second is freedom of every person to [04]worship God in his own way - everywhere in the world.

The third is freedom from [05]want — which, [06]translated into world [07]terms, means [08]economic understandings which will secure to every nation a [09]healthy [10]peacetime life for its [11]inhabitants — everywhere in the world.

The fourth is freedom from fear — which, translated into world terms, means a world-wide [12]reduction of armaments to such a point and in such a thorough [13]fashion that no nation will [14]be in a position to [15]commit an act of [16]physical aggression against any neighbor — anywhere in the world.

---

**미국에서는 이렇게 발음해요!** ||||||||||||||||||||||||||||||||||||||||||||||||||||||||||||||||||

**worship** – 비슷한 발음으로 **warship**(전함)이 있다.

    **eg. I worship President Roosevelt.**
       나는 루즈벨트 대통령을 존경한다.

    <<< Roosevelt의 정확한 발음은 로(우)저벨(트).

**fashion** – 우리 한국인들이 무심코 콩글리쉬로 **passion**(열정)으로 발음하기 쉽다. 미국식 발음 ㅍ+홰션이 자연스럽다.

    **eg. His girlfriend is one of famous fashion models.**
       그의 여자 친구는 유명한 패션 모델중 한 사람이야.

**physical** – ph를 p로 발음하지 않도록 주의해야 한다. ph는 f발음과 같다.

    **cf. phone**

# 자유 위에 세워진 세계

우리가 안전하게 지키려는 미래에 우리는 네 가지 본질적인 인간의 자유에 기초를 둔 세계를 기대합니다.

첫째, 언론과 표현의 자유 – 세계의 모든 곳에서

둘째, 자기 방식대로 신을 섬길 수 있는 – 세계의 모든 곳에서

셋째, 부족함이 없는 자유 – 이것을 세계어로 표현한다면 세계 각국민들에게 건강한 평화의 삶을 안전하게 지켜줄 경제적 이해를 뜻합니다.

넷째, 두려움으로부터의 자유 – 이것을 세계어로 표현한다면, 세계의 어느 국가도 이웃 국가에 물리적 공격을 할 수 없을 정도로 철저한 세계적 군비감축을 의미합니다.

‖ 연설의 배경 ‖

제 2차 세계대전 중인 1941년 1월 6일 Washington D.C.에서 제 77회 회기 때 의원들에게 행한 연례 연설이다. 긴박하게 돌아가고 있는 전시 상황에서 루스벨트 특유의 침착하고, 설득력 있고, 자신감 넘치는 연설을 해나가고 있다.

## 단어와 어구

01 **secure** 안전한, 안정된　　02 **founded upon** …에 근거를 둔　　03 **essential** 본질적인, 필수적인
04 **worship** 예배하다, 숭배하다, 존경하다　　05 **want** 필요, 부족
06 **translate** 번역하다　　07 **term** 용어, 술어　　08 **economic** 경제적인
09 **healthy** 건강한　　10 **peacetime** 평시의　　11 **inhabitant** 주민
12 **reduction of armaments** 군비 감축　　13 **fashion** 방법, 방식, 유행
14 **be in a position to do** …을 할 수 있다　　15 **commit** 범하다, 저지르다
16 **physical aggression** 물리적인 공격

# A New World

**CD-2 TRACK 33** That is no vision of a [01]distant [02]millennium. It is a [03]definite [04]basis for a kind of world [05]attainable in our own time and generation. That kind of world is the very [06]antithesis of the so-called new order of tyranny which the [07]dictators seek to create with the [08]crash of a bomb. To that new order we oppose the greater [09]conception — the moral order. A good society is able to face [10]schemes of world [11]domination and foreign revolutions [12]alike without fear.

---

**미국에서는 이렇게 발음해요!** ||||||||||||||||||||||||||||||||||||||||||||||||||||||||||||||||||||

**with the crash of a bomb** – 밑줄친 **th**가 겹치니까 **with the**는 윗더 정도로 발음해야 한다.

> **eg. I am three months behind with the rent.**
> 난 임대료가 3개월치나 밀렸다.

**order** – 오더보다는 오(어)러로 발음해야 자연스럽다.

> **eg. Ladies and gentlemen, maintain order, please.**
> 여러분 질서를 유지해주십시오.

> <<< 시위나 폭동이 과격해질 때 관할지역 치안 책임자나 경찰서장, 또는 경찰청장이 말할 수 있는 표현이다.

**domination** – 도미네이션이 아니라 **다머네이션**으로 발음해야 자연스럽다. **i**에서 약모음현상이 일어나고 첫 모음 **o**에 강세가 들어가 **o**가 아로 발음된다.

> **cf. nomination** 지명
> **nominee** 지명된 사람
> **modify** 수정하다

# 새로운 세계

그건 아득히 먼 천년이 아닙니다. 우리 시대와 세대에 달성할 수 있는 세계를 위한 명확한 기초입니다. 그러한 종류의 세계는 독재자들이 한 발의 폭탄소리로 창출하려는 소위 폭정의 새로운 질서와는 정반대입니다. 그러한 새로운 질서에 대해 우리는 보다 더 큰 생각, 즉 도덕적 질서로 맞섭니다. 우리는 보다 큰 생각, 도덕적 질서를 원합니다. 좋은 사회는 세계 지배나 타국의 혁명과 같은 계략 등을 똑같이 두려움 없이 맞설 수 있습니다.

## 단어와 어구

01 **distant** 먼
02 **millennium** 천년간
03 **definite** 명확한, 확정된
04 **basis** 기초, 근거
05 **attainable** 달성할 수 있는
06 **antithesis** 정반대
07 **dictator** 독재자
08 **crash of a bomb** 폭탄의 굉음
09 **conception** 구상, 창안
10 **schemes** 계획
11 **domination** 지배, 통치
12 **alike** 똑같이

## Structure Tips!!

긴 문장 나왔네요. 앞서 배운 대로 끊어 읽기를 한번 해보죠.

That kind of world is the very antithesis  /  of the so-called new order  /  of tyranny  /
전치사 앞 　　　　　　　　　　　　　　전치사 앞 　　　　　　관계사 앞

그런 종류의 세계는 (~의) 정반대이다  /  이른바 (~이라는) 새로운 질서의  /  폭정이라는  /

which the dictators seek to create  /  with the crash of a bomb.
전치사 앞

독재자들이 창출하고자 하는 (폭정)  /  폭탄의 굉음으로

\* 전치사는 'the crash of a bomb(폭탄의 굉음)' 처럼, 그 의미를 한 덩어리로 보는 것이 용의할 때는 굳이 'of' 앞에서 끊어 주지 않아도 상관없습니다.

# Cooperation

**CD-2 TRACK 34** Since the beginning of our American history, we have been engaged in change — in a [01]perpetual [02]peaceful [03]revolution — a revolution which goes on [04]steadily, [05]quietly [06]adjusting itself to changing conditions — without the [07]concentration camp or the [08]quicklime in the [09]ditch. The world order which we seek is the [10]cooperation of free countries, working together in a [11]friendly, [12]civilized society. This nation has [13]placed its destiny in the hands, heads and hearts of its millions of free men and women; and its faith in freedom and under the [14]guidance of God. Freedom means the [15]supremacy of [16]human rights everywhere. Our [17]support goes to those who struggle to [18]gain those rights and keep them. Our [19]strength is our [20]unity of purpose. To that high [21]concept there can be no end [22]save victory.

---

### 미국에서는 이렇게 발음해요!

**have been** – ve와 be가 유사발음이라 **해빈**같이 발음된다.

 eg. **I have been sick.**
 나 아팠었어.

**hands** – 자음 세 개(nds)가 몰려있어 가운데 자음 **d**가 발음되지 않고 **핸즈**로 발음된다.

 cf. **sends**

**men and women** – **men**은 맨이라고 발음하되 **맨** 발음을 짧게 내야 하고, **women**은 단수 **woman**과 구별해서 **위면** 또는 **위민**이라고 발음한다. 단수 **woman**은 **우먼**으로 발음한다.

 eg. **Men are alike.**
 남자는 다 똑같아.

 **The man is sitting on the bench.**
 남자는 벤치에 앉아 있다.

 <<< man인지 men인지는 이어지는 동사 are나 is를 결정적인 힌트로 활용할 줄 알아야 한다. 긴 애 발음인지 짧은 애 발음인지 구분하기가 우리 한국인들로서는 만만치 않기 때문이다.

# 협력

　미국의 역사가 시작된 이래로 많은 변화를 겪어왔습니다. 그것은 지속적이고 평화적인 혁명입니다. 변화하는 상황에 적응하며 꾸준하고 조용하게 지속되는 혁명입니다. 그곳에는 더 이상 강제수용소나 웅덩이에 생석회를 넣어 시체를 처리하는 일도 없습니다. 우리가 추구하는 세계 질서는 우호적이고 문명화된 사회에서 함께 일하는 자유 국가들 간의 협력입니다. 이 나라는 나라의 운명을 수백만 명의 남녀 자유 시민들의 손과, 머리와, 가슴에 맡겼습니다. 그리고 자유에 대한 믿음을 신의 인도하에 두었습니다. 자유는 어느 곳에서든 최고의 인권을 의미합니다. 우리는 그러한 권리를 얻고 지키려고 분투하는 사람들을 지지합니다. 일관성있는 우리의 목표가 우리의 힘이 되고 있습니다. 그러한 숭고한 계획에는 승리 이외에 다른 목표는 있을 수 없습니다.

## 단어와 어구

01 **perpetual** 영속적인
02 **peaceful** 평화로운
03 **revolution** 혁명
04 **steadily** 꾸준히, 끊임없이
05 **quietly** 조용히
06 **adjust** 조정하다, 순응하다
07 **concentration camp** 강제(포로) 수용소
08 **quicklime** 생석회
09 **ditch** 참호, 도랑
10 **cooperation** 협조
11 **friendly** 우호적인, 정다운
12 **civilized** 문명화된, 예의바른, 품위 있는
13 **place** 놓다
14 **guidance** 안내, 지도
15 **supremacy** 최고, 최상, 지고
16 **human rights** 인권
17 **support** 지지, 지원
18 **gain** 얻다
19 **strength** 힘
20 **unity of purpose** 일관성있는 목적
21 **concept** 발상
22 **save** ～외에는, ～말고는

## 알아두면 좋아요!!

「-th」는 형용사나 동사를 명사로 만들어 주는 접미사 가운데 하나입니다.

deep – depth　　　true – truth　　　warm – warmth
strong – strength　long – length　　wide – width
young – youth　　grow – growth　　steal – stealth

# A Surprise Attack

**CD-2**
**TRACK 35** Mr. Vice President, Mr. Speaker, Members of the Senate and House of Representatives: Yesterday, December 7, 1941 — a date which will live in [01]infamy — (the) United States of America was suddenly and [02]deliberately attacked by [03]naval and air forces of the Empire of Japan. The United States was [04]at peace with that Nation and, [05]at the solicitation of Japan, was still in conversation with its Government and its Emperor looking toward the [06]maintenance of peace in the Pacific. Indeed, one hour after Japanese air [07]squadrons had [08]commenced [09]bombing in the American Island of Oahu, the Japanese Ambassador to the United States and his colleague [10]delivered to our Secretary of State a formal reply to a recent American message. And while this reply [11]stated that it seemed [12]useless to continue the [13]existing [14]diplomatic [15]negotiations, it contained no [16]threat or [17]hint of war or of [18]armed attack.

**미국에서는 이렇게 발음해요!** ||||||||||||||||||||||||||||||||||||||||||||||||||||||||

**infamy** – 강세가 앞에 있다.

**at peace** – 전치사 **at**이 아주 약하게 들리므로 문맥을 잘 파악해야 한다.

**Pacific** – 강세가 두 번째 모음 **i**에 있다. 따라서 **퍼씨ㅍ+힉**으로 발음되는 데에 주의한다.
  **cf. Pacific Airlines. Can I help you?**
     태평양 항공사입니다. 도와 드릴까요?

**commenced** – 과거분사를 만들어주는 **ed**는 최대한 약하게 발음해야 한다.

**while** – 접속사 **while**역시 단 번에 듣기가 그리 쉽지 않다. 뉴스 받아쓰기를 통해 접속사나 전치사 등을 잡아내는 연습을 해야 한다.
  **cf. though, as, if, when, that** 등

# 기습 공격

부통령, 하원의장, 상하원 의원 여러분! 1941년 12월 7일, 어제는 치욕의 날로 기억될 것입니다. 미국은 일본 해군과 공군의 고의적인 기습 공격을 당했습니다. 미국은 일본과 평화를 유지하고 있었으며 일본의 요청으로 일본 정부 및 일본 천황과 태평양 지역에서의 평화 유지를 위한 대화를 진행 중 이었습니다. 실은 일본 공군 비행대대가 미국 하와이 오하우 섬에 폭격을 시작한 지 한 시간 후, 주미 일본 대사와 그의 동료가 최근 미국이 일본에 보낸 서한에 대한 공식 답변서를 우리의 국무 장관에게 보내왔습니다. 그런데 이 답변서에는 진행되고 있는 외교협상을 계속한다는 것이 쓸모없는 것 같다는 언급은 했지만, 전쟁 또는 무력 공격에 대한 위협이나 암시는 전혀 없었습니다.

## ‖ 연설의 배경 ‖

일본이 1941년 12월 7일 일요일 아침 선전포고도 없이 하와이의 진주만을 기습하여 미함 19척이 격침되거나 대파되고 2300여 명의 미 해군과 육군 장병들이 전사했다. 국방의 최고 책임자인 루스벨트 대통령은 이 긴박한 위기 사태를 타개하고자 일본에 대한 선전 포고를 의회에 요청하게 된다. 당시의 긴급한 상황을 생생하게 묘사하고 있다.

## 단어와 어구

| | | |
|---|---|---|
| 01 **infamy** 불명예, 오명 | 02 **deliberately** 고의로, 일부러 | 03 **naval** 해군의 |
| 04 **at peace** 평화롭게 | 05 **at the solicitation** 간청으로 | 06 **maintenance** 유지 |
| 07 **squadron** 비행대대 | 08 **commence** 시작하다 | 09 **bombing** 폭격, 폭탄 투하 |
| 10 **deliver** 전달하다 | 11 **state** 진술하다, 말하다 | 12 **useless** 쓸모없는 |
| 13 **existing** 현행의, 기존의 | 14 **diplomatic** 외교적인 | 15 **negotiation** 협상 |
| 16 **threat** 위협 | 17 **hint** 암시 | 18 **armed attack** 무력 공격 |

## Grammar Tips!!

**a date which will live in infamy — United Stated of America was ~.**

대통령 연설 과정에서 빠뜨린 단어를 위 문장에서 찾아볼까요? 정관사 the가 United States of America 앞에 빠졌다는 것을 눈치 채셨나요? 어떤 나라의 이름이나 지명, 국명은 일반적으로 무관사이지만 복수나 "of 한정구"가 붙으면 the를 씁답니다. 네덜란드도 단어에 복수명사를 나타내는 '~s'가 있으므로 정관사를 붙여서 "the Netherlands"라고 해요.

Ex.   the United Nations, the Philippines, the Republic of Korea

# A War between the U.S and the Japanese Empire

**CD-2 TRACK 36**    No matter how long it may take us to [01]overcome this [02]premeditated [03]invasion, the American people in their [04]righteous [05]might, will [06]win through to [07]absolute victory.

I ask that the Congress [08]declare that since the [09]unprovoked and [10]dastardly attack by Japan on Sunday, December 7, 1941, a state of war has existed between the United States and the Japanese Empire.

---

**미국에서는 이렇게 발음해요!** ||||||||||||||||||||||||||||||||||||||||||||||||||||||||||||||||||

**premeditated** – 프(리):매러테이릿으로 발음하는 데, 평소 회화때 자주 쓰이지 않는 단어라 어휘력이 약한 독자들은 한 번에 듣기 어려울 수 있다.

    **cf. premeditated murder** 계획적인 살인

    <<< 참고로 우발적인 살인은 **manslaughter** 또는 **accidental murder**라 한다.

**잠깐!!** Franklin D. Roosevelt 대통령의 발음 특징

여타 미국 대통령들의 발음에 비해 천천히 또박 또박 발음하는 특징을 갖고 있다. 그래서 오리지날 육성을 듣다 보면 '대통령 연설문 청취는 별거 아니네' 하고 자만에 빠질 수도 있다. 상대적으로 클린턴 대통령이나 닉슨 대통령은 빠르게 말하는 편이므로 어느 특정 대통령이 좀 천천히 말한다고 해서 자만하는 것은 금물!

# 미국과 일본 제국 사이의 전쟁

　미리 계획된 이 침공을 물리치는 데 얼마나 걸릴지 모르지만, 우리 국민들은 정의로운 힘으로 완전한 승리를 거두게 될 것입니다.

　본인은 1941년 12월 7일 일요일, 일본의 이유없는 비겁한 공격이 시작된 후 미국과 일본 제국 사이에 전쟁이 발생했음을 의회가 선언해주기를 요청하는 바입니다.

---

**단어와 어구** ||||||||||||||||||||||||||||||||||||||||||||||||||||||||||||||||||||||||||||||||||||||||||||||||||||

01 **overcome** 이기다, 패배시키다　　02 **premeditate** 미리 숙고(계획)하다　　03 **invasion** 침략

04 **righteous** 바른, 정의의, 공정한　　05 **might** 힘, 세력　　06 **win through** 완수하다, 성공하다

07 **absolute** 절대적인, 완전한　　08 **declare** 선언하다

09 **unprovoked** 자극되지 않은, 정당한 이유가 없는　　10 **dastardly** 비겁한, 비열한

## Grammar Tips!!

### I <u>ask</u> that the Congress (should) declare that ~.

"요구하다"는 뜻의 동사(ask, demand, suggest, require...) 뒤에 that절이 나올 때, that절에 「should + 동사원형」을 씁니다. 미국 영어에서는 흔히 should를 · 생략합니다. 위 문장에서 should가 생략되었음을 모르고 "the Congress"가 단수고 시제가 현재이니까 declare가 아니라 'declares'를 쓰게 되면 비문이 된다는 사실 기억하세요.

Ex.　The situation required that all employees (should) be present.
　　　모든 직원이 반드시 참석해야 할 상황이었다.

# A Mighty Endeavor

**CD-2 TRACK 37** My Fellow Americans:

Last night, when I spoke with you about the [01]fall of Rome, I knew at that moment that [02]troops of the United States and our Allies were [03]crossing the [04]Channel in another and greater [05]operation. It has come to pass with success [06]thus far. And so, in this [07]poignant hour, I ask you to join with me in [08]prayer: [09]Almighty God: Our sons, pride of our nation, this day have [10]set upon a [11]mighty [12]endeavor, a struggle to [13]preserve our Republic, our [14]religion, and our [15]civilization, and to [16]set free a [17]suffering [18]humanity.

---

**미국에서는 이렇게 발음해요!** |||||||||||||||||||||||||||||||||||||||||||||||||||||||||

**Rome** – 로마가 아니라 **로움**으로 발음한다. 지명과 같은 고유명사에 대한 발음은 그때 그때 외워 두어야 한다.

‹‹‹ "Rome wasn't built in a day." (로마는 하루 아침에 이루어진 것이 아니다.)라는 말이 있듯이 연설문 청취력 향상도 청취 요령, 발음 기술, 어휘, 숙어, 독해력 강화 훈련을 병행할 때 서서히 점진적으로 발전된다. 한마디 꼭 해주고 싶은 충고는 부디 이 책의 CD를 100회 이상 듣고 따라해 보라는 것이다.

**Channel** – 보통 **채널**이라고 발음하기 쉬운데, **채널**이 아니라 **채늘**로 발음해야 자연스럽다.

**prayer** – **프레이어**라고 발음하기 쉬운데, 정확한 발음은 **프레어**이다.

‹‹‹ 같은 철자인 **prayer**를 프레이어로 발음하게 되면 '기도하는 사람'이라는 뜻이 된다.

**set** – **쎘(ㅌ)** 하고 **애** 발음을 짧게 내야 한다. **e**에 강세가 들어갈 때 **에**보다는 **애**에 가까운 쪽으로 발음해야 자연스럽다.

**eg. She opened the cage and set the bird free.**

그녀는 새장을 열고 새를 놓아 주었다.

212

# 중대한 노력

국민 여러분!

로마의 몰락에 대해 말한 어젯밤, 나는 그 순간에 미군과 연합군 부대가 또 하나의 대규모 작전을 펼치면서 영국 해협을 건너가고 있다는 것을 알고 있었습니다. 지금까지는 성공적으로 통과했습니다. 그래서 마음이 아픈 이 시간, 저의 기도에 동참해주실 것을 부탁드립니다. 전능하신 하느님, 이 날 우리 나라의 자존심인 우리의 아들들이, 우리 공화국과 우리의 종교와 우리의 문명을 보존하고, 고통받고 있는 자들을 석방시키려는 중대한 노력에 착수했습니다.

‖ 연설의 배경 ‖

2차 세계 대전 당시, 연합군 총사령관 아이젠하워 장군은 1944년 6월 6일을 노르망디 상륙작전 개시일로 정했는데 이 공격 예정일인 **D-Day**에 국군 총수권자인 루스벨트 대통령이 이날 마치 신에게 말하듯이 행한 연설이다.

## 단어와 어구

01 **fall** 몰락, 함락
02 **troops** 부대
03 **cross** 건너다
04 **the(English) Channel** 영국해협
05 **operation** 작전, 운영
06 **thus far** 지금까지는
07 **poignant** 통렬한, 마음 아픈, 마음에 사무치는
08 **prayer** 기도
09 **almighty God** 전지전능하신 신
10 **set upon** …에 착수하다
11 **mighty** 강력한, 대단한, 굉장한
12 **endeavor** 노력, 애씀
13 **preserve** 보존하다
14 **religion** 종교
15 **civilization** 문명
16 **set free** 자유롭게 하다
17 **suffer** 고통을 겪다
18 **humanity** 인류, 인간성

# The Road Will Be Long and Hard

**CD-2**
**TRACK 38**
[01]Lead them [02]straight and true; give strength to their arms, [03]stoutness to their hearts, [04]steadfastness in their [05]faith. They will need [06]Thy [07]blessings. Their road will be long and hard. For the [08]enemy is strong. He may [09]hurl back our forces. Success may not come with [10]rushing speed, but we shall return again and again; and we know that by Thy grace, and by the [11]righteousness of our [12]cause, our sons will [13]triumph. They will be [14]sore [15]tried, [16]by night and by day, without rest - until the victory is won. The [17]darkness will be [18]rent by noise and [19]flame. Men's [20]souls will be [21]shaken with the [22]violences of war.

---

## 미국에서는 이렇게 발음해요!

**Lead them** – 리드 뎀으로 발음하면 어색한 발음이 된다. 어떻게 해서든 **lead**의 끝자음 **d**를 약화시키거나 발음하지 말아야 한다. **리:뎀**이나 **리(드)뎀** 정도가 자연스럽다.
    **cf. read them**

**hard** – 하드라고 발음하는 사람이 없길 바란다. **하(어)(드)** 정도로 발음한다.
    **eg. Success attends hard work.**
        성공에는 고생이 따르기 마련이다.

    **cf. moral** 도덕적인
       **dark** 어두운
       **march** 행진하다
       **universe** 우주

    <<< 이렇게 모음 다음에 **r**이 있을때 쥐도새도 모르게 살짝 **어** 발음을 넣어주면 거의 본토 발음이 나온다.

**rent** – 동음이의어 **rent**(임대하다)와 혼동하지 않기 위해서는 문맥으로 뜻을 알아내야 한다.

# 길고 험난한 길

그들을 바르고 진실하게 이끌어주십시요. 그들의 두 팔에 힘을 주시고, 그들의 마음을 강인하게 해주시고, 그들의 신념이 흔들리지 않게 해주십시요. 그들은 당신의 은총을 필요로 할 것입니다. 그들의 길은 길고 험난할 것입니다. 왜냐하면 적이 강하기 때문입니다. 적은 우리 군대를 격퇴시킬지도 모릅니다. 성공이 성급하게 오지는 않을 것입니다. 하지만 우리는 다시 그리고 또다시 돌아올 것입니다. 우리는 당신의 은총에 의해, 우리 목표의 정당성에 의해 우리 아들들이 승리를 거둘 것이라는 것을 알고 있습니다. 그들은 휴식없이 밤낮으로 혹독한 시험을 받을 것입니다. 승리할 때까지 말입니다. 소음과 화염이 어둠을 찢어놓을 것입니다. 사람들은 전쟁의 폭력으로 정신적인 충격을 받게 될 것입니다.

## 단어와 어구

| | | |
|---|---|---|
| 01 **lead** 이끌다 | 02 **straight** 바른, 틀림없는 | 03 **stoutness** 견고, 강인 |
| 04 **steadfastness** 확고부동 | 05 **faith** 믿음, 신념 | 06 **Thy** 당신의 |
| 07 **blessing** 은총, 축복 | 08 **enemy** 적 | 09 **hurl** 세게 던지다 |
| 10 **rushing** 성급한 | 11 **righteousness** 바름, 정의, 공정함 | |
| 12 **cause** 대의, 목표 | 13 **triumph** 이기다, 승리하다 | 14 **sore** 몹시, 격렬하게, 심하게 |
| 15 **try** 시험하다, 시도하다 | 16 **by night and by day** 밤낮으로 | 17 **darkness** 어둠, 암흑 |
| 18 **rent** rend(찢다, 째다)의 과거분사 | 19 **flame** 불길, 불꽃 | 20 **soul** 영혼 |
| 21 **shaken** shake(흔들다)의 과거분사 | 22 **violence** 폭력 | |

## 알아두면 좋아요!!

「until」 vs. 「by」

둘 다 "~까지"라는 의미의 전치사입니다. 하지만 쓰임에는 차이가 있죠. "until"에는 '지속'의 의미가 있고, "by"에는 '완료'의 의미가 있습니다.

Ex.   They will be sore tried, by night and by day, without rest — until the victory is won.

위 문장의 경우, "승리할 때 까지 계속(지속적) 쉼 없이 밤낮으로 혹독한 시험을 받을 것이다"라는 뜻이므로, 완료의 "by"가 아닌 지속의 "until"이 적절한 것입니다.

# A Fight for Justice

**CD-2**
**TRACK 39** For these men are lately drawn from the ways of peace. They fight not for the [01]lust of [02]conquest. They fight to end conquest. They fight to [03]liberate. They fight to let [04]justice [05]arise, and [06]tolerance and [07]goodwill among all Thy people. They [08]yearn but for the end of battle, for their return to the [09]haven of home. Some will never return. [10]Embrace these, Father, and receive them, Thy [11]heroic [12]servants, into Thy kingdom.

---

**미국에서는 이렇게 발음해요!** ||||||||||||||||||||||||||||||||||||||||||||||||||||||||||||||||||||||||||||||||

**lust** – 필자는 영어청취 초보시절 이 단어를 종종 **lost**로 착각하곤 했다. 발음이 유사하다. **lust**는 러스(트)로 발음하고, **lost**는 로스(트)와 러스(트) 중간 정도로 발음하니 아주 비슷하게 들린다.
　　　cf. **lust for money** 금전욕

**goodwill** – **ill**은 약간 당겨서 발음해야 하므로 **굳위얼** 정도로 발음해야 하고, **good**은 굳과 귿의 중간 정도가 정확한 발음이다.
　　　cf. **a goodwill mission** 친선 사절단

**battle** – 미국사람들은 거의 **배를**로 발음하고, 영국인들은 **배틀**로 발음한다.
　　　cf. **a court battle** 법정 분쟁

**Father** – 이렇게 대문자로 시작되면 '하느님 아버지'라는 뜻으로 쓰이기도 하고, 성당에서는 **father**가 신부라는 뜻으로 쓰이기도 한다. 남자는 결혼해서 자식을 얻게 되면 아버지가 되는데 **father**가 동사형으로 쓰이면 '아버지가 되다'라는 뜻이 된다. 이래서 영어가 어렵다는 말이 나오고 영어 공부하다가 중도 포기하는 사람들이 많이 나오는 것이다. 하지만 독자 여러분 **'Never giver up!'**

# 정의를 위한 싸움

왜냐하면 이 병사들은 최근 평화로운 삶을 살다가 차출된 사람들이기 때문입니다. 그들은 정복 욕망을 위해 싸우지 않습니다. 그들은 정복을 끝내기 위해 싸웁니다. 그들은 해방을 위해 싸웁니다. 그들은 정의가 일어나고, 당신의 사람들 간에 관용과 선의가 일어서게 하기 위해 싸우는 것입니다. 그들은 그들의 안식처인 집으로 돌아가기 위해 전투의 종식만을 열망할 뿐입니다. 돌아오지 못하는 장병들도 있을 겁니다. 하느님 아버지, 이들을 껴안아주시고 이 영웅적인 용사들을 당신의 천국으로 받아들여 주십시요.

## 단어와 어구

- 01 **lust** 욕망, 갈망
- 02 **conquest** 정복
- 03 **liberate** 해방시키다
- 04 **justice** 정의
- 05 **arise** 발생하다, 일어나다
- 06 **tolerance** 관용, 인내
- 07 **goodwill** 선의, 호의, 온정
- 08 **yearn** 열망하다
- 09 **haven** 안식처, 피난처
- 10 **embrace** 껴안다, 받아들이다
- 11 **heroic** 영웅의, 용맹스러운
- 12 **servant** 하인, 종복, 부하

## 알아두면 좋아요!!

**They yearn <u>but</u> for the end of battle, for their return to the heaven of home.**

일반적으로 but을 접속사로만 생각하는데, 위 문장처럼 부사 only의 뜻을 띠기도 합니다. 주로 고어나 문어체에서 사용되죠. 이 연설이 1940년대에 행해진 것을 감안하면, 고어 축에 속하겠죠?

Ex.  The joys of love last but a moment; the grief of love lasts a lifetime.

　　　사랑의 환희는 오직 순간이지만, 사랑의 고통은 평생을 간다.

<<< 참고로 "thy(=your)" 역시 고어나 시어에서 사용되는 단어로 셰익스피어의 글(Frailty, thy name is woman! 약한 자여, 그대이름은 여자로다 〈햄릿〉)에서 자주 볼 수 있습니다. 주격은 "thou", 목적격은 "thee"라는 것도 알아두세요.

# Prayer

With Thy blessing, we shall [01]prevail over the [02]unholy [03]forces of our enemy. Help us to [04]conquer the [05]apostles of [06]greed and [07]racial [08]arrogances. [09]Lead us to the [10]saving of our country, and with our [11]sister nations into a world [12]unity that will [13]spell a [14]sure peace — a peace [15]invulnerable to the [16]schemings of [17]unworthy men. And a peace that will let all of men live in freedom, [18]reaping the [19]just [20]rewards of their honest [21]toil.

Thy will be done, Almighty God.

Amen.

---

**미국에서는 이렇게 발음해요!** ||||||||||||||||||||||||||||||||||||||||||||||||||||||||||||||||||||||||

**prevail** – r발음이 약해 **프뵈이얼**로 들린다.

&lt;&lt;&lt; 부시 대통령과 부시 대통령 아버지, 그러니까 부시 부자가 이 prevail (이기다)라는 단어를 자주 사용해왔다. 그 이유는 아시다시피 아버지 부시는 이라크와 전쟁을 했고 아들인 부시는 아프가니스탄, 이라크와 전쟁을 하다보니 전쟁 상대국들인 아프가니스탄, 이라크를 이겨야 하고 미국인들을 안심시켜야 했기 때문이다.

**cf. prerequisite** 필수조건

&lt;&lt;&lt; prerequisite에 대한 정확한 발음은 프;뤠쿼짓이다. 프리레쿼지트는 F학점.

**invulnerable** – 밑줄친 l 발음이 약화되어 **인붜너러블** 같이 들린다. 소위 l 약화현상이 일어난다.

**their** – th는 약한 ㄷ발음이다.

**eg. They gave their lives for their country.**

그들은 조국을 위해 목숨을 바쳤다.

# 기도

당신의 축복으로 우리는 적의 사악한 군대를 물리칠 것입니다. 우리가 탐욕스럽고 인종적인 오만으로 가득한 사도들을 정복하도록 도와주소서. 우리가 조국을 지키도록 이끌어주시고 우리의 자매국가들을 세계적으로 단합하게 하여 확실한 평화, 비열한 사람들의 음모에 공격당할 수 없는 평화가 이룩되도록 해주소서. 모든 사람들을 자유롭게 살게 해주는 평화가 이룩되어 그들의 정직한 노고가 공정한 보상을 받게 해주소서.

전능하신 하느님, 이 기도를 들어주소서.

아멘.

## 단어와 어구

01 **prevail** 이기다, 우세하다
02 **unholy** 사악한
03 **force** 힘, 무력, 군대
04 **conquer** 정복하다
05 **apostle** 사도
06 **greed** 탐욕
07 **racial** 인종의, 종족의
08 **arrogance** 오만, 거만
09 **lead** 이끌다
10 **saving** 구제, 구원
11 **sister nations** 자매국가들
12 **unity** 단결, 통일
13 **spell** …을 가져오다, 일으키다
14 **sure** 확실한
15 **invulnerable** 공격할 수 없는
16 **scheming** 계획, 음모
17 **unworthy** 비열한, 가치없는
18 **reap** 수확하다, 거두다
19 **just** 공정한
20 **reward** 보상, 보답
21 **toil** 고생

## 알아두면 좋아요!!

**Thy will be done, Almighty God.**

이 문장은 원래 〈마태복음 6장 10절〉에 나오는 "Thy will be done in earth, as it is in heaven. (뜻이 하늘에서 이루어진 것 같이 땅에서도 이루어지이다" 가운데 앞부분만 따온 것입니다. 흔히 미국을 기독교 국가라고들 합니다. 그래서인지 미국 대통령들은 연설문에서 성경 구절을 즐겨 인용한답니다.

LINCOLN'S "HILDEN
Summer Home of Son c
Civil War President

Eastward on the hillside can
seen the Manchester estate
Robert Todd Lincoln, eldest so
of President Abraham and Ma
Todd Lincoln. He became fo
of Vermont, and for over twen
years made this his summer hom
He died here July 25, 1926

## 13
# Abraham Lincoln

### Abraham Lincoln, 그는 누구인가!

켄터키주 시골 통나무집에서 태어나 학교 교육은 1년밖에 받지 못하고 독학으로 변호사가 되었다. 1846년 연방하원의원에 당선, 1856년 노예제도 폐지를 표방하며 결성된 공화당에 입당하였다. 남북전쟁을 승리로 이끌고, 1860년 16대에 이어 1864년 제 17대 대통령에 당선되었으나 1865년 4월 14일 워싱톤의 포드극장에서 연극 관람 중 남부지역 출신 배우에 의해 피격되어 다음 날 사망하였다. 재임 중 그 유명한 게티스버그 연설문장 "국민의, 국민에 의한, 국민을 위한 정부는 이 땅에서 영원히 사라지지 않을 것이다"를 비롯한 불후의 명연설문과 명언을 많이 남겨, 우리나라 뿐만 아니라 전 세계적으로 유명한 대통령이다.

# Putting an End to Slavery

**CD-2 TRACK 41** Mr. President, and Gentlemen of the Convention:

If we could first know where we are, and [01]whither we are [02]tending, we could better [03]judge what to do, and how to do it. We are now [04]far into the fifth year since a [05]policy was [06]initiated with the [07]avowed object and [08]confident promise of [09]putting an end to [10]slavery [11]agitation. Under the [12]operation of that policy, that agitation, has not only not [13]ceased, but has [14]constantly [15]augmented. In my opinion, it will not cease until a [16]crisis shall have been [17]reached and passed.

---

**미국에서는 이렇게 발음해요!** ||||||||||||||||||||||||||||||||||||||||||||||||||||||||||||||||||||||||||||

**could better** – 쿠드 베터는 콩글리쉬, **쿠드배러**로 발음해야 자연스럽다.

**fifth** – 한국인들에게 까다로운 **f**발음이 두 개나 나오고 **th**를 약하게 받침으로 넣어 발음해야 하므로 어려울 수 있다. **ㅍ+휘 ㅍ+흐 (ㅆ+뜨)**로 발음하는 것이 자연스러운 것 같다.

  **eg. I'll take the Fifth.**
  묵비권을 행사하겠습니다.

  ≪≪ 할리우드 액션 영화를 보다 보면 자주 접할 수 있는 표현이다. 왜 이 표현이 나왔을까? 자기에게 불리한 증언을 거부할 수 있는 권리가 미국의 수정헌법 5조(Fifth Amendment)에 들어있다는 데서 유래한다.

**constantly** – 콘스탄틀리는 부자연스럽다. 미국식 발음은 **칸스턴리**. **ntly**로 끝나는 단어들의 경우 **ntly**의 **t**발음은 매우 약하게 들린다.

  **cf. currently** 현재는
     **recently** 최근에는
     **fluently** 유창하게

# 노예제도의 폐지

대통령 각하, 그리고 의원 여러분!

우리가 어디에 있는지, 우리가 어디로 가고 있는지 먼저 알 수 있다면 무엇을 어떻게 해야 할지 더 잘 판단할 수 있을겁니다. 우리는 지금 노예제도를 둘러싼 분란을 끝내겠다고 공언한 목표와 자신있는 약속으로 시작된 정책이 시행된 이후 5년차 후반기에 접어 들었습니다. 이러한 정책이 시행되는 동안 그 분란은 그치지 않았을 뿐더러, 계속 고조되어 왔습니다. 위기에 봉착하여, 그 위기를 겪고 나서야 비로소 이러한 분란이 그치게 될 것이라는 것이 저의 소견입니다.

---

| | | |
|---|---|---|
| 01 **whither** 어디로, 어느 곳으로 | 02 **tend** 향하다, 가다 | 03 **judge** 판단하다 |
| 04 **far** 훨씬, 대단히 | 05 **policy** 정책 | 06 **initiate** 시작하다, 창시하다, 제안하다 |
| 07 **avow** 공언하다 | 08 **confident** 확신하는, 자신있는 | 09 **put an end to** 끝내다, 중단시키다 |
| 10 **slavery** 노예제도 | 11 **agitation** 동요, 휘젓음 | 12 **operation** 실시, 시행, 운영 |
| 13 **cease** 그치다, 멎다, 중단하다 | 14 **constantly** 끊임없이 | 15 **augment** 증대(증가)하다 |
| 16 **crisis** 위기 | 17 **reach** 다다르다 | |

## Structure Tips!!

**That agitation has, <u>not only</u> not ceased, <u>but</u> has constantly augmented.**

「not only A but (also) B」구문입니다. 'A 뿐만 아니라 B도' 라고 해석됩니다. 참고로 이 구문이 주어부에 나왔을 때, 동사의 수는 B에 일치시켜야 합니다.

Ex.  Not only the child but (also) his parents <u>is</u> happy. (X)
  → Not only the child but also his parents <u>are</u> happy. (O)
  그 아이 뿐 아니라 부모님들도 즐거워 한다.

# A House Divided against Itself Cannot Stand

**CD-2 TRACK 42** "[01]A house divided against itself cannot stand." I believe this government cannot [02]endure [03]permanently half [04]slave and half free. I do not [05]expect the Union to be [06]dissolved — I do not expect the house to [07]fall — but I do expect it will cease to be [08]divided. [09]It will become all one thing or all the other. Either the [10]opponents of slavery will [11]arrest the [12]further spread of it, and [13]place it where the [14]public mind shall [15]rest in the [16]belief that it is in the course of [17]ultimate [18]extinction; or its [19]advocates will push it [20]forward, till it shall become [21]alike [22]lawful in all the States, old [23]as well as new — North as well as South. Have we no [24]tendency to the [25]latter condition?

---

### 미국에서는 이렇게 발음해요!

**stand** – **st**가 붙어 있어 **t**를 약간 **ㄸ**에 가깝게 발음해야 한다.

    **cf. step** 조치, 단계

       **status** 상태, 지위

       ‹‹‹ **status**는 주로 스ㅌ+때러스로 발음하니 그렇게 습관을 들이자.

**push it** – 두 단어를 연음시키는 기분으로 **푸쉿(ㅌ)**으로 발음한다.

    **cf. wash it**

**alike** – 어라이크가 아니라 **얼라이(크)**처럼 발음해야 자연스럽다. **l**이 단어중간에 있으면 **ㄹ**이 두 번 들어가도록 발음해야 한다.

    **cf. along** …을 따라서

       **alive** 살아있는

       ‹‹‹ **alive**를 콩글리쉬로 어라이브로 발음하게 되면 네이티브들에게는 **arrive**(도착하다)로 들릴 수 밖에 없다.

**latter** – 본토 발음에서는 **latter**와 **ladder**(사닥다리)가 똑같이 들린다. 그러니 문맥으로 이해해야 한다.

# 흩어진 집안은 살 수 없다

"뿔뿔이 흩어진 집안은 살아갈 수 없습니다." 나는 이 정부가 영원히 절반의 노예제도와 절반의 자유 상태로 지속되어선 안된다고 믿습니다. 나는 연방이 해체될 것으로 예상하지 않습니다. 나는 집이 무너질 것으로 예상하지 않습니다. 하지만 연방의 분열이 중지될 것으로 예상합니다. 연방은 전체가 노예제가 되든지 노예제도가 완전히 폐지될 것입니다. 노예제도 반대자들이 노예제도가 더 이상 확산되는 것을 저지하고 노예제도는 궁극적으로 폐지될 것이라는 믿음을 갖거나 노예제도 옹호자들은 모든 주에서, 남부뿐만 아니라 북부에서, 신생국뿐만 아니라 이미 세워진 국가에서도 노예제도가 똑같이 합법화될 때까지 이 제도를 추진할 것입니다. 우리가 후자쪽의 성향을 갖고 있지 않은지요?

## 단어와 어구 ||||||||||||||||||||||||||||||||||||||||||||||||||||||||||||||||||||||||||||||

01 **"A house divided against itself cannot stand."** 뿔뿔이 흩어진 집안은 살아갈 수 없다
02 **endure** 참다, 견디다, 지탱하다   03 **permanently** 영원히   04 **slave** 노예
05 **expect** 예상하다, 기대하다   06 **dissolve** 분해하다, 해산하다   07 **fall** 떨어지다, 무너지다, 쓰러지다
08 **divide** 쪼개지다, 갈라지다
09 **It will become all one thing or all the other** 전부 노예가 되든가 전부 자유로워질 것이다.
10 **opponent** 적, 반대자, 상대자   11 **arrest** 체포하다, 정지(저지)하다   12 **further** 더 먼, 그 이상의
13 **place** 놓다, 두다   14 **public mind** 대중의 마음   15 **rest** ~에 위치하다
16 **belief** 믿음, 신념   17 **ultimate** 궁극적인   18 **extinction** 질멸, 별종
19 **advocate** 옹호지   20 **forward** 앞으로   21 **alike** 마찬가지로, 같게
22 **lawful** 정당한, 합법적인   23 **as well as** 뿐만 아니라   24 **tendency** 경향, 의도, 관점
25 **latter** 후자의(↔ former)

# In Your Hands

In your hands, my [01]dissatisfied [02]fellow countrymen, and not in mine, is the [03]momentous [04]issue of [05]civil war.

The government will not [06]assail you. You can have no [07]conflict without being yourselves the [08]aggressors. You have no [09]oath [10]registered in heaven to [11]destroy the government, while I shall have the most [12]solemn one to [13]preserve, [14]protect, and [15]defend it.

I am [16]loath to close. We are not enemies but friends. We must not be enemies. Though [17]passion may have [18]strained, it must not break our [19]bonds of [20]affection. The [21]mystic [22]chords of memory, [23]stretching from every [24]battlefield and [25]patriot [26]grave to every living heart and [27]hearthstone all over this broad land, will yet swell the [28]chorus of the Union, when again touched, as [29]surely they will be, by the better angels of our [30]nature.

226

# 여러분의 손에 달려 있습니다

국민 여러분, 여러분이 불만족스러운 것은 잘 압니다. 하지만, 전쟁이라는 중대한 문제는 제가 아닌 여러분의 손에 달려 있습니다. 정부는 여러분을 공격하지 않을 것입니다. 여러분이 공격자가 되지 않는 한 전쟁은 없을 것입니다. 여러분은 정부를 전복 시키겠다고 하늘에 맹세하지는 않았지만, 저는 국가를 보존하고, 보호하고, 방위하겠다고 엄숙히 선서했습니다.

저는 여기서 모든걸 끝내고 싶지 않습니다. 우리는 적이 아니라 친구들입니다. 우리는 서로 적이 되어선 안됩니다. 감정이 상했어도 감정 때문에 우리 애정의 유대를 끊어서는 안되겠습니다. 이 광대한 땅 위의 모든 전쟁터와 애국자의 묘지, 그리고 살아있는 모든 사람의 마음과 가정의 화롯가에까지 이르는 신비스런 기억의 선율에, 언젠가 분명 우리의 선한 본성의 손길이 다시 닿으면, 그 때 연방의 합창소리는 크게 울려 퍼질 것입니다.

## ‖ 연설의 배경 ‖

이 연설문은 링컨 대통령의 첫 취임사의 마지막 부분이다. 이 첫 취임사에서 미연방의 분열을 막고자 하는 자신의 강력한 의지를 밝힌다. 링컨이 16대 대통령으로 취임하기 바로 전, 노예제도 폐지에 반대하는 남부 7개 주는 분리 독립을 선언했다. 링컨 대통령은 혼란과 분열을 막고 연방의 영원한 보전을 위해 전쟁도 불사하겠다는 자신의 뜻을 논리정연하게 설명했다. 이 연설문에서는 민주주의의 다수 결원칙과 대통령직무에 대한 자신의 소신도 일목요연하게 밝혔다.

## 단어와 어구

01 **dissatisfied** 불만을 나타내는
02 **fellow countrymen** 동포 여러분
03 **momentous** 중요한
04 **issue** 문제, 쟁점
05 **civil war** 내란
06 **assail** 공격하다, 습격하다
07 **conflict** 충돌, 갈등, 전쟁
08 **aggressor** 공격자
09 **oath** 맹세, 선서
10 **register** 등록(기록)하다
11 **destroy** 파괴하다
12 **solemn** 엄숙한, 진지한
13 **preserve** 보존하다, 유지하다
14 **protect** 보호하다
15 **defend** 지키다, 방어하다
16 **loath** 싫어서
17 **passion** 열정, 감정
18 **strain** 상하게 하다, 팽팽하게 하다
19 **bond** 유대
20 **affection** 애정
21 **mystic** 신비스러운, 비법의
22 **chord** 심금, 선율, 현
23 **stretch** 뻗다, 미치다
24 **battlefield** 전쟁터
25 **patriot** 애국자
26 **grave** 무덤, 묘지
27 **hearthstone** 가정, 노의 바닥돌
28 **chorus** 합창
29 **surely** 반드시, 확실히
30 **nature** 천성, 본성, 자연

# Can the Nation Long Endure?

CD-2
TRACK
44  Four [01]score and seven years ago our [02]fathers [03]brought forth on this [04]continent, a new nation, [05]conceived in [06]liberty, and [07]dedicated to the [08]proposition that all men are [09]created [10]equal. Now we [11]are engaged in a great civil war, testing whether that nation, or any nation so conceived and so dedicated, can long [12]endure. We are met on a great [13]battlefield of that war. We have come to dedicate a [14]portion of that field, as a [15]final [16]resting place for those who gave their lives that that nation might live. It is [17]altogether [18]fitting and [19]proper that we should do this.

---

**미국에서는 이렇게 발음해요!** ||||||||||||||||||||||||||||||||||||||||||||||||||||||||||||||||||||||||||

**long** – 소리안나게 마음속으로 (을)발음을 내려는 입모양을 취하고 있다가 (을)롱하고 발음한다.
>  eg. **Take me to the White House. How long does it take?**
>  백악관으로 데려가 주세요. 얼마나 걸리죠?

**met** – 유사발음이 많아 문맥으로 이해해야 한다. 유사발음들이란 **mat**, **map**, **math**이다.
>  eg. **I haven't met Miss Right yet.**
>  아직 이상형의 여자를 만나지 못했어요.

**battlefield** – 배틀필드는 완전 콩글리쉬, 미국식 발음은 **배를 ㅍ+휘얼(드)** 정도로 발음해야 한다.

**lives** – 명사로 쓰여 **라이브즈**로 발음해야 한다. **lives**가 동사로(3인칭 단수로) 쓰였다면 **리브즈**로 발음한다.
>  eg. **The terrorists don't care about their own lives.**
>  테러분자들은 그들 자신의 목숨에도 신경쓰지 않는다.

# 그 나라는 오랫동안 존속할 수 있을까?

87년 전 우리의 조상들은 자유속에 잉태되고 모든 인간은 평등하게 창조되었다는 신념에 바탕을 둔 새로운 국가를 이 대륙에 탄생시켰습니다. 우리는 지금 그렇게 잉태되고 그러한 신념에 바탕을 둔 그 나라가 과연 오래동안 존속될 수 있는지 시험해보는 대전쟁을 치르고 있습니다. 우리는 오늘 그 전쟁의 한 격전장에 모였습니다. 나라를 살리기 위해 목숨을 바친 분들에게 마지막 안식처로 그 격전장의 일부를 헌납하고자 모인 것입니다. 이런 일을 한다는 것은 너무도 당연한 일입니다.

## ‖ 연설의 배경 ‖

미국 남북전쟁이 진행되고 있던 1863년 11월 19일 링컨은 전쟁의 전환점이 된 격전지 게티스버그를 방문하고 전사자 국립묘지 헌납식에 참석한다. 헌납식에서 그는 불과 2분 동안의 짧은 연설을 행하는데, 그 것이 그 유명한 '게티스버그 연설' 이다. 총 272 단어로 구성된 10문장 연설에서 남북전쟁의 의미, 자유의 가치, 민주정부의 원칙을 간결하고, 강력하게, 감동적으로 전달한다. 주옥같은 문장들로 구성된 불후의 명연설로 간주되어 미국은 물론이고 전 세계 많은 국가들의 학교 교과서에 수록되어 있다.

## 단어와 어구

01 **score** 20(의)
02 **fathers** 조상들
03 **bring forth** 낳다, 생기게 하다, 제시하다
04 **continent** 대륙
05 **conceive** 상상하다, 계획하다, 임신하다
06 **liberty** 자유, 해방
07 **dedicate** 헌납하다, 전념하다
08 **proposition** 제안, 명제, 계획, 목적
09 **create** 창조하다
10 **equal** 동등한
11 **be engage in** 종사하다, 시작하다, 착수하다
12 **endure** 지속하다, 견디다
13 **battlefield** 싸움터, 전장
14 **portion** 일부, 부분
15 **final** 최후의
16 **resting place** 휴식처, 안식처
17 **altogether** 전적으로, 완전히
18 **fitting** 적절한, 적합한, 알맞은
19 **proper** 적절한, 저합한

# Devotion

CD-2 TRACK 45 But [01]in a larger sense, we cannot [02]dedicate — we cannot [03]consecrate — we cannot [04]hallow — this ground. The brave men, [05]living and dead, who [06]struggled here, have consecrated it far above our poor power to [07]add or [08]detract. The world will little [09]note, nor long remember, what we say here, but it can never forget what they did here. It is for us the living, rather, to be dedicated here to the [10]unfinished work which they who [11]fought here have [12]thus far so [13]nobly [14]advanced. It is [15]rather for us to be here dedicated to the great [16]task [17]remaining before us — that from these [18]honored dead we take increased [19]devotion to that [20]cause for which they gave the last full [21]measure of devotion — that we here highly [22]resolve that these dead shall not have died [23]in vain — that this nation, under God, shall have a new [24]birth of freedom — and that government of the people, by the people, for the people, shall not [25]perish from the earth.

---

### 미국에서는 이렇게 발음해요!

**consecrate** – 리스닝은 독해와 달라서 단어를 모르면 전혀 들리지 않는다. **consecrate**이 신성하게 하다라는 뜻으로 비교적 고난이도의 어휘인데, 명연설문을 단 번에 이해하기 위해서 단어공부는 필수이다.

**living** – 미국인들은 잉 발음이 나오는 **ing** 발음을 힘들어 하는 경향이 있다. 따라서 이 단어의 경우 상당수의 미국인들이 **리빈**으로 발음하기도 한다.
　eg.  **What do you do for a living?** 직업이 뭐에요?

**unfinished** – 과거분사를 만들어주는 **ed**는 거의 들리지 않는다. 그러므로 이해를 위해 문맥을 확실하게 파악해야 한다.
　cf.  **unchallenged** 도전 받지 않은

**perish** – '죽다, 멸망하다' 라는 뜻의 이 단어와 비슷한 발음으로 꼭 알아두어야 할 단어 **parish** (교구, Louisiana 주의 군)가 있다. 앞서 강조한 대로, 연설문을 정복하기 위해서는 어휘력이 막강해야 함은 두말하면 잔소리다.

# 헌신

그러나 더 크게 생각해보면 우리는 이 땅을 헌납할 수도, 신성하게 만들 수도 없습니다. 성스럽게 만들 수도 없습니다. 여기서 싸웠던 그 용감한 전사자들과 생존자들이 이미 이 곳을 신성한 땅으로 만들었기 때문에 미약한 우리의 힘으로는 더 더하거나 뺄 수가 없습니다. 세계는 오늘 우리가 여기서 하는 말에 거의 주목하지 않고, 오래 기억하지도 않겠지만 그 용감한 전사들이 여기서 한 일은 결코 잊지 못할 것입니다. 그들이 지금까지 여기서 고결하게 싸우다가 이루지 못한 미완의 대업을 완수하는 데 헌신해야 하는 사람들은 오히려 살아있는 우리들입니다.

우리 앞에 남겨진 그 대과업에 우리는 전력을 다해야 할 것입니다. 우리는 그들의 명예로운 죽음을 통해서 더 큰 힘을 얻어 그들이 혼신의 힘을 기울여 지키고자 했던 대의에 더욱 헌신하고, 그들의 죽음이 헛되지 않게 하겠다고 굳게 다짐해야 할 것입니다. 그래서 신의 가호아래 이 나라에 새로운 자유가 탄생하고, 국민의, 국민에의한, 국민을 위한 정부가 이 지구상에서 사라지지 않게 해야 할 것입니다.

## 단어와 어구

01 **in a larger sense** 보다 큰 의미에서
02 **dedicate** 헌신하다
03 **consecrate** 신성하게 하다
04 **hallow** 신성하게 하다
05 **living and dead** 산자와 죽은 자들
06 **struggle** 분투하다, 싸우다
07 **add** 더하다
08 **detract** 감하다
09 **note** 주목하다, 유념하다
10 **unfinished** 미완성의
11 **fought** fight(싸우다)의 과거
12 **thus far** 지금까지
13 **nobly** 고상(고결)하게
14 **advance** 나아가다, 전진하다
15 **rather** 오히려, 차라리, 다소
16 **task** 과업
17 **remain** 남다, 잔존하다
18 **honored dead** 명예롭게 죽은 사람들
19 **devotion** 헌신, 전념
20 **cause** 대의, 목표, 주장, 원인
21 **measure** 한도, 측정
22 **resolve** 결심(결의)하다
23 **in vain** 헛되이
24 **birth** 출생, 탄생
25 **perish** 죽다, 멸망하다, 사멸하다

# No Prediction Is Ventured

**CD-2 TRACK 46**    At this second appearing to take the [01]oath of the presidential office there is less [02]occasion for an [03]extended address than there was at the first. Then a [04]statement, [05]somewhat [06]in detail, of a [07]course to be [08]pursued seemed [09]fitting and proper. Now, at the [10]expiration of four years, during which [11]public [12]declarations have been [13]constantly [14]called forth on every point and [15]phase of the great contest which still [16]absorbs the [17]attention and [18]engrosses the energies of the nation, little that is new could be [19]presented. The [20]progress of our [21]arms, upon which all else [22]chiefly [23]depends, is [24]as well known to the public as to myself, and it is, I [25]trust, [26]reasonably [27]satisfactory and [28]encouraging to all. With high hope for the future, no [29]prediction [30]in regard to it is [31]ventured.

---

### 미국에서는 이렇게 발음해요!

**fitting** – tt를 ㄷ 정도로 발음해서 ㅍ+휘딩으로 발음하는 게 자연스럽다.

**declaration** – l발음이 거의 들리지 않는다. l약화현상이 일어나 **대커레이션**으로 들리기 때문에 문맥을 이해하지 못하면 선언이라는 이 단어가 장식**(decoration)**처럼 들릴 수 있다.

    **cf. platoon** 소대

    <<< 국군 장병여러분! 이 단어를 발음하실 때, l발음을 묵음처리하고 **퍼툰**으로 발음해야 해요.

**attention** – 첫 모음에 강세가 없어 **(어)탠션**같이 들려, 문맥을 이해하지 못하면 순간적으로 **tension**(긴장)으로 착각할 수도 있다.

    **cf. assign** (어)**싸인** 배당하다, 할당하다

        **arrest** (어)**뤠스(트)** 체포, 체포하다

**ventured** – v발음을 내야 하니까 **붼처(드)**처럼 발음해야 한다. **벤처드**가 아니라 위아래 입술이 닿지 않으려고 노력하면서 **붼처(드)**로 발음해 보자.

    **cf. valve** 뷀브

        **veteran** 붸러런

# 예측 불가

대통령직 취임선서를 위한 저의 두 번째 자리는 첫 취임식 때처럼 긴 연설을 할 상황이 아닙니다. 첫 취임식 때는 우리가 어떤 노선을 추구해야 할지에 대해 다소 자세하게 말할 필요가 있었습니다. 4년이 지난 지금, 나라의 모든 관심과 에너지는 여전히 남북 전쟁에 집중되어 있고, 4년 동안의 남북 갈등에 관한 모든 문제와 모든 국면들에 관해서는 이미 수많은 공식 발표가 있었기 때문에, 제가 지금 새로 드릴 말씀은 별로 없습니다. 지금 모든 것이 전쟁의 진행상황에 달려 있고 그 전황은 저는 물론 전 국민들에게 잘 알려져 있습니다. 현 상황은 우리 모두에게 상당히 만족스럽고 고무적이라고 생각합니다. 우리는 미래에 대해 큰 희망을 갖고는 있지만 어떠한 예측도 할 수 없습니다.

## ‖ 연설의 배경 ‖

대통령에 재선된 링컨은 종전을 한 달여 앞둔 1865년 3월 4일 2기 취임식을 갖는다. 다음 연설은 그날의 취임사이다. 이 집권 2기 취임사에서 링컨은 전쟁에서의 승리보다는 전쟁 이후 시대의 화해와 재건을 연설의 배경 기조로 잡는다. 연설의 요지는 용서, 화해, 사랑이다. 그러나 링컨은 화해와 재건의 시대를 보지 못하고, 1865년 4월 14일 암살자의 총을 맞는다.

## 단어와 어구

01 **oath** 맹세, 서약, 선서
02 **occasion** 필요, 경우, 때, 행사
03 **extend** 뻗다, 연장하다, 늘이다
04 **statement** 성명서, 발표문
05 **somewhat** 다소, 약간
06 **in detail** 자세하게
07 **course** 방향, 노선
08 **pursue** 추구하다
09 **fitting** 적절한, 적당한
10 **expiration** 만료, 만기
11 **public** 공공의, 공공연한
12 **declaration** 선언, 발표
13 **constantly** 끊임없이, 항상
14 **call forth** 불러내다, 내다
15 **phase** 단계, 상태
16 **absorb** 흡수하다, 빼앗다, 열중시키다
17 **attention** 주의, 관심, 주목
18 **engross** 집중시키다, 몰두시키다
19 **present** 나타내다, 제출하다
20 **progress** 진행, 진보
21 **arms** 전쟁, 전투, 무기
22 **chiefly** 주로
23 **depend on** …에 달려 있다
24 **as well** 또한
25 **trust** 신뢰하다, 확신하다
26 **reasonably** 합리적으로, 무리없이, 상당히
27 **satisfactory** 만족스러운
28 **encouraging** 북돋아주는, 고무적인
29 **prediction** 예측, 예언
30 **in regard to** …에 관하여
31 **venture** 모험하다, 과감히 ~하다

# The War Came

**CD-2**
**TRACK 47**
On the occasion [01]corresponding to this four years ago all thoughts were [02]anxiously [03]directed to an [04]impending civil war. All [05]dreaded it: all [06]sought to [07]avert it. While the [08]inaugural address was being [09]delivered from this place, devoted altogether to saving the Union without war, [10]urgent [11]agents were in the city seeking to [12]destroy it without war — seeking to dissolve the Union and [13]divide [14]effects by [15]negotiation. Both parties [16]deprecated war, but one of them would make war rather than let the nation [17]survive, and the other would [18]accept war rather than let it [19]perish, and the war came.

---

미국에서는 이렇게 발음해요! ||||||||||||||||||||||||||||||||||||||||||||||||||||||||||||||||||||||||||

**corresponding** – 발음 법칙에 익숙지 않은 독자들은 **코리스폰딩**으로 발음하기 쉽다. 본토발음에 가깝게 하려면, 두 번째 모음을 약모음 **어**로 발음해주고, 세 번째 모음에 강세를 두면서 **코러스판딩**정도로 발음해야 한다.

    **cf. correspondent** 특파원, 기자

**avert it** – 두 단어를 연음시켜 발음하는 기분으로 **어붜릿(트)**으로 발음해야 자연스럽다.

**destroy it** – 역시 두 단어를 연음시켜 발음하는 기분으로 **디스트로잇(트)** 처럼 발음한다.

    **cf. Enjoy it.**

**one of them** – **of**의 **f(ㅂ)**발음이 거의 들리지 않는다. 따라서 이 세 단어는 **완어뎀** 정도로 발음하는 게 좋다.

    **cf. Some of them**

# 남북전쟁 발발

4년 전 이맘 때 모든 사람들은 내전을 걱정하고 있었습니다. 모두가 전쟁발발을 두려워했고 모두가 전쟁만은 피하고자 했습니다. 그 때 바로 이 자리에서 전쟁이 아닌 방법으로 연방을 지켜야 한다는 확고한 의지를 밝히며 취임사를 하는 동안에도, 이 도시에서는 반란자들이 전쟁 아닌 방법으로 연방을 파괴하는 방안, 즉 연방을 해체하고 협상을 통해 재산을 나누어 가지는 방법을 찾고 있었습니다. 양측 모두 전쟁을 반대했습니다. 그러나 한쪽은 연방을 살려두느니 차라리 전쟁을 일으켜야 한다는 주장이었고, 다른 한쪽은 연방을 없애기보다는 차라리 전쟁을 수용하겠다는 생각이었습니다. 그렇게 해서 남북전쟁이 발발한 것입니다.

## 단어와 어구

01 **corresponding** 일치하는, 상응하는
02 **anxiously** 초조하게
03 **direct** 쏠리게 하다, 지시하다
04 **impending** 임박한
05 **dread** 두려워하다
06 **sought** seek(찾다)의 과거형
07 **avert** 피하다
08 **inaugural address** 취임연설
09 **deliver** (연설, 말)을 하다, 배달하다
10 **urgent** 긴박한, 다급한
11 **agent** 행위자, 스파이, 첩보원
12 **destroy** 파괴하다
13 **divide** 나누다
14 **effects** 재산, 소유물, 물건
15 **negotiation** 협상
16 **deprecate** 비난하다, 반대하다
17 **survive** 살아남다
18 **accept** 받아들이다
19 **perish** 죽다, 소멸하다

## Grammar Tips!!

**One of them <u>would</u> make war <u>rather than</u> let the nation survive~.**

「would rather A than B = would A rather than B」는 "B하느니 차라리 A하다"라고 해석됩니다. 이때 A, B에 나오는 동사는 둘 다 조동사 would 뒤에 연결되는 것이므로 동사원형을 써주는 것이 올바른 문법입니다. 접속사 'than'을 전치사로 착각하여 let을 동명사 letting으로 쓰면 비문이 됩니다.

Ex.  I would study rather than watch the show.
　　 그 쇼를 보느니 차라리 공부를 하겠다.

# The Cause of War

CD-2
TRACK
48
One-eighth of the whole [01]population were [02]colored slaves, not [03]distributed [04]generally over the Union, but [05]localized in the southern part of it. These slaves [06]constituted a [07]peculiar and powerful interest. All knew that this interest was [08]somehow the cause of war. To [09]strengthen, [10]perpetuate, and extend this interest was the object for which the [11]insurgents would [12]rend the Union even by war, while the government [13]claimed no right to do more than to [14]restrict the [15]territorial [16]enlargement of it.

---

**미국에서는 이렇게 발음해요!** ||||||||||||||||||||||||||||||||||||||||||||||||||||||||||||||||||||||||||||

**part of it** – 단어는 세 단어지만 서로 연음시켜 마치 한 단어를 읽듯이 **파러빗**정도로 발음해야 자연스럽다.
>    **cf. end of it**

**would rend** – **would**의 **d**는 받침으로 넣어 발음해야 하고, **rend**의 **d**는 끝자음 **d**를 거의 들리지 않게 발음한다. 그리고 **rend**를 발음할 때는 반드시 혀를 꼬부려 **뢘(드)** 처럼 발음해야 **lend**(빌려주다)와 구분하여 발음할 수 있다.

**claimed** – 과거형이지만 과거형을 만들어주는 **ed**가 거의 들리지 않기 때문에 발음상으로는 현재형 **claim**과 거의 같은 소리처럼 들린다. 규칙동사의 현재와 과거를 구분하는 한 가지 기술을 전수한다면, **claimed**와 같은 과거형은 현재형 **claim**에 비해 끝에서 아주 약간 길게 발음한다는 기분을 준다는 것이다. 그러니까 **클레임:(드)** 하면서 끝을 늘어뜨리듯 발음해야 한다.
>    **cf. confirmed** 확인했다
>      **approved** 승인했다

# 전쟁의 원인

전 인구의 8분의 1이 흑인 노예들입니다. 그들은 이 나라 모든 지역에 분포되어 있는 것이 아니라 남부 지역에 국한되어 있습니다. 노예제도는 특수하고도 강력한 이해 관계를 구성하고 있습니다. 이 이해 관계가 남북전쟁의 원인이라는 것을 우리 모두 알고 있었습니다. 전쟁을 일으켜서라도 연방을 분열시키고 그 이해 관계를 강화하고, 영속화하고, 확장하려는 것이 반란자들의 목표였던 반면에 정부는 그 이해 관계가 다른 지역으로 확대되는 것을 제한하자는 것 이상의 요구는 하지 않았습니다.

## 단어와 어구

01 **population** 인구
02 **colored slaves** 흑인 노예들
03 **distribute** 분배하다, 분포시키다
04 **generally** 일반적으로, 대체로
05 **localize** 국한시키다
06 **constitute** 구성하다
07 **peculiar** 특이한, 특유의
08 **somehow** 아무튼
09 **strengthen** 강화시키다
10 **perpetuate** 영속화하다
11 **insurgent** 반란자, 폭도
12 **rend** 찢다, 째다, 분리시키다
13 **claim** 요구하다, 주장하다
14 **restrict** 제한하다, 한정하다, 금지하다
15 **territorial** 영토의
16 **enlargement** 확대

## Grammar Tips!!

**One-eighth of the whole <u>population</u> were colored slaves~.**

"population"은 집합명사로서, 단·복수 동사 모두 사용 가능합니다. 일반적으로 「분수 of 단수명사 → 단수동사」, 「분수 of 복수명사 → 복수동사」로 쓰는데, population은 단·복수가 모두 가능하므로, 이 문장에서 단수 동사인 was를 사용할 수도 있습니다. 단, '인구가 많다, 적다'와 같이 population을 한 덩어리로 볼 때는 단수(The population is large)동사를 씁니다.

# His Own Purposes

CD-2 TRACK 49 Neither party expected for the war the [01]magnitude or the [02]duration which it has already [03]attained. Neither anticipated that the cause of the conflict might cease with or even before the conflict itself should cease. Each looked for an easier [04]triumph, and a [05]result less [06]fundamental and [07]astounding. Both read the same Bible and [08]pray to the same God, and each [09]invokes his [10]aid against the other. It may seem strange that any men should dare to ask a [11]just God's [12]assistance in [13]wringing their [14]bread from the sweat of other men's faces, but let us judge not, that we be not [14]judged. The [15]prayers of both could not be [16]answered. That of neither has been answered fully. [17]The Almighty has his own purposes.

---

**미국에서는 이렇게 발음해요!**  ▐▐▐▐▐▐▐▐▐▐▐▐▐▐▐▐▐▐▐▐▐▐▐▐▐▐▐▐▐▐▐▐▐▐▐▐▐▐▐▐▐▐▐▐▐▐▐▐▐

**triumph** – 트라이엄프가 아니라 **t**를 ㅊ으로 발음해서 **추라이엄ㅍ+흐**로 발음해야 한다.
   **cf. trendy**는 추랜디로 발음한다.

**result** – 리절트가 아니라 **뤼절(트)**로 발음해야 자연스럽다.
   **cf. result from** ~로부터 결과과 생기다
   **result in** ~을 결과를 낳다

**wring** – **ring**과 발음이 같으므로 문맥으로 뜻을 이해해야 한다.
   **cf. weight, wait** 서로 동음 이의어
   ‹‹‹ **wring**이 그리 쉬운 단어가 아니라서 발음을 안다고 해도, 단어의 뜻을 몰라 LC가 안될 수도 있다. 결론적으로 영어청취에 강해지기 위해서는 필히 어휘력 강화를 게을리 하지 말아야한다.

**face** – 잘못발음하면 **pace**로 발음하기 쉬우므로 **f**를 ㅍ과 ㅎ중간발음으로 발음하면서 **ㅍ+훼이스**로 발음한다.
   **cf. fair** 공정한
   **pair** 짝

238

# 신의 목적

그렇게 해서 일어난 내전이 이처럼 규모가 커지고, 오래 계속되리라고는 어느 쪽도 예상하지 못했습니다. 어느 쪽도 남북전쟁을 초래한 원인이 종전과 함께 혹은, 전쟁 종식 이전에 사라질 것이라고 생각하지 않았습니다. 양측 다 손쉬운 승리를 기대했을 뿐이지 이처럼 근본적이고 놀라운 결과는 생각해 보지 못했습니다. 양측은 모두 같은 성경을 읽고 같은 하느님에게 기도하며 서로 상대방과 싸우는 데 신의 도움을 간절히 바라고 있습니다. 누구든지 다른 사람이 흘린 땀으로 자기 빵을 얻게 해달라고 감히 정의로운 하느님께 도움을 청한다는 것은 이상한 일입니다만, 우리가 심판 받지 않기 위해서는 상대도 심판하지 않도록 합시다. 어느 쪽의 기도도 신의 응답을 받을 수 없습니다. 지금까지 남북 어느 쪽도 신의 응답을 충분히 듣지 못했습니다. 전능하신 하느님은 자신의 목적을 갖고 계십니다.

## Grammar Tips!!

neither + 단수명사 → 단수동사
neither of + 복수명사 → 단·복수 모두 가능

Ex.  Neither choice is satisfactory. 두 가지 선택권 모두 만족스럽지 못하다.
   Neither of them has / have a house. 그들 둘 다 집이 없다.

# As the Woe

"Woe unto the world because of offense; for it [01]must needs be that offenses come, but woe to that man by whom the offense cometh." If we shall suppose that American slavery is one of those offenses which, in the [02]providence of God, must needs come, but which, having continued through his [03]appointed time, he now [04]wills to [05]remove, and that he gives to both North and South this terrible war as the [06]woe [07]due to those by whom the offense came, shall we [08]discern [09]therein any [10]departure from those [11]divine [12]attributes which the [13]believers in a living God always [14]ascribe to him?

---

**미국에서는 이렇게 발음해요!** ||||||||||||||||||||||||||||||||||||||||||||||||||||||||||||||||||||||||||||||||||

**in the providence of God** – 강하게 읽는 부분은 **providence**와 **God**이고 기능어들인 **in**, **the**, **of**는 약하게 발음된다.

    **cf. in the first quarter of this year**
    금년 1/4분기에

**both, North, South** – **th**는 약하게 받침으로 들어가듯이 발음한다.

    **cf. both authors and publishers** 저자와 출판사 모두

**discern** – **디썬**과 **디전** 모두 가능하다.

    **cf. resource 뤼조:스**와 **뤼소:스** (자원, 재원)

    <<< 필자는 resource를 발음해야 할 때 **뤼소:스**를 택한다. 나와 친한 한 외국어학원 원장은 이 단어를 말해야 할 때 **뤼조;스**를 쓴다. 이렇게 두 개 이상의 발음이 다 통용될 때는 그 중 하나, 본인이 발음하기 편한 발음을 사용하면 되는 것이다. 참고로 monitor 같은 단어는 발음이 여러 개이다. **마니터, 마니러, 마니려, 마너터.** 필자의 경우에는 이 단어를 말해야 할 때 주로 **마니려**를 쓰지만 영국인을 상대해야 할 때는 영국식 발음으로 **마니터**로 발음한다.

# 응징(고통)으로써...

"실족케 하는 일들이 있음으로 인하여 세상에 화가 있도다. 실족케 하는 일이 없을 수는 없으나 실족케 하는 그 사람에게는 화가 있도다." 미국의 노예제도가 바로 그러한 세상의 죄 가운데 하나이고, 신의 뜻대로 이 세상에 있게 마련인 죄의 하나라고 생각한다면, 그러나 신이 지정한 시간 동안 지속된 그 죄를 이제 신께서 거두시고자 한다면, 그리고 그 죄를 짓게 한 자들로 인한 재앙을 응징하고자 신께서 남과 북이 전쟁을 하도록 하시는 것이라면, 살아계신 하나님을 믿는 사람들이 언제나 그 분의 것이라 생각하는 그 신성한 뜻에서 벗어난 다른 어떤 뜻을 우리가 어떻게 헤아릴 수 있겠습니까?

## 단어와 어구

01 **must needs** 꼭 ~하지 않을 수 없다
02 **providence** 신의 섭리, 뜻
03 **appoint** 지정하다, 지명하다, 약속하다
04 **will** 의도하다, (신이) ~을 정하다
05 **remove** 제거하다
06 **woe** 재앙, 불행
07 **due to ...** ···때문에
08 **discern** 분별하다, 분간하다, 깨닫다
09 **therein** 그 안에서
10 **departure** 출발, 일탈
11 **divine** 신의, 신성의
12 **attribute** 속성, 특질
13 **believer** 믿는 사람, 신자
14 **ascribe** ···에 속하는 것으로 생각하다, ···의 탓으로 돌리다

## 알아두면 좋아요!!

고어 영어를 가장 많이 접할 수 있는 곳이 바로 Bible(성경)입니다. 이 문단에도 등장하는 'cometh' 역시 고어에서나 볼 수 있는 영어죠. 오늘날 영어에서는 3인칭 단수 현재일 때, 동사어미에 '~(e)s'를 붙이지만, 예전에는 '~(e)th'를 붙였답니다.

Ex. do → doth    come → cometh    answer → answereth

# The Judgements

CD-2 TRACK 51 [01]Fondly, do we hope, [02]fervently do we pray, that this [03]mighty [04]scourge of war may speedily [05]pass away. Yet, if God [06]wills that it continue until all the [07]wealth [08]piled by the [09]bondsman's two hundred and fifty years of [10]unrequited [11]toil shall be [12]sunk, and until every [13]drop of blood [14]drawn with the [15]lash shall be paid by another drawn with the [16]sword, as was said three thousand years ago, so still it must be said "the [17]judgements of the [18]Lord are true and [19]righteous [20]altogether."

---

**미국에서는 이렇게 발음해요!** ||||||||||||||||||||||||||||||||||||||||||||||||||||||||||||||||||||||||||||

**fervently** – **ntly**로 끝나는 단어들의 경우, 일반적으로 **t**발음을 내지 않으므로 **ㅍ+훠뷘리** 로 발음
해야 자연스럽다.

   **cf. efficiently** 능률적으로

**pray** – "기도하다"라는 이 단어는 **프레이**로 발음하고, **play**(놀다)라는 단어는 **플레이**로 발음해야 한다.

   **eg. We prayed to God for the realization of our wishes.**
   우리는 소원성취를 신께 빌었다.

**pile** – **file**과 구분해서 **p**는 위아래 입술이 맞닿게 발음한다. 따라서 이 단어는 **파일**로 발음해야한다.

**three <u>th</u>ousand** – 밑줄친 부분은 θ 발음을 내야하므로 혀끝이 위아래 치아사이에 살짝 걸쳐
지도록 발음해야 한다. **ㅆ+뜨리 ㅆ+따우전(드)**로 소리낸다.

   **eg. Could you lend me $3,000?**
   3000불 좀 빌려 주실래요?

# 심판

　이 거대한 전쟁의 재앙이 빨리 끝나기를 우리는 삼가 간절히 바라고 열심히 기도합니다. 그러나 보수없는 노예들이 250년 간 혹사해서 모여진 재산이 다 바닥날 때까지, 채찍을 맞아 흘린 피 한 방울 한 방울이 검에 맞아 흘린 피 한 방울 한 방울로 모두 보상될 때까지 이 전쟁을 계속 치르게 하는 것이 신의 뜻이라면, 3천년 전의 성경 말씀대로 우리는 "하느님은 참으로 진실되고, 올바른 심판을 내리시는 분이다"라고 말해야 할 것입니다.

**단어와 어구**

01 **fondly** 경망스럽게도, 부질없이　　02 **fervently** 열렬한, 강렬한　　03 **mighty** 강력한, 거대한

04 **scourge** 천벌, 재앙　　05 **pass away** 가버리다, 떠나다, 죽다　　06 **will** (신이)명하다, 정하다

07 **wealth** 부　　08 **pile** 쌓다　　09 **bondsman** 남자노예

10 **unrequited** 보수를 받지 않는, 보답없는　　11 **toil** 수고, 고생

12 **sunk** sink(가라앉다, 줄어들다, 약해지다)의 과거분사　　13 **drop of blood** 핏방울

14 **drawn** draw(피를 흘리게 하다, 당기다)의 과거분사　　15 **lash** 채찍

16 **sword** 검　　17 **judgement** 판단　　18 **Lord** 하느님

19 **righteous** 바른, 정의의, 공정한　　20 **altogether** 완전히, 전혀

# Let Us Strive On

With [01]malice toward none, with [02]charity for all, with [03]firmness in the [04]right as God gives us to see right, let us [05]strive on to finish the work we are in, to [06]bind up the nation's wounds, to [07]care for him who shall have [08]borne the battle and for his [09]widow and his [10]orphan, to do all which may [11]achieve and [12]cherish a just and lasting peace among ourselves and with all nations.

---

**미국에서는 이렇게 발음해요!** ||||||||||||||||||||||||||||||||||||||||||||||||||||||||||||||||||||||||||

**toward** – 청취력이 중급 이상이면 들을 수 있다. 하지만 청취력이 초보 단계이거나 초–중급수준 이라면, 단번에 알아듣기 보다는 비슷한 발음들인 **to a**나, **tour**사이에서 오락가락할 수도 있다.

**gives us** – 두 단어가 연음되면서 **기브저스**로 발음되어, 연음현상에 숙달이 안 된 독자들은 놓칠 수도 있다.

**bind up** – 두 단어를 연음시켜 **바인 덮**으로 발음해야 자연스럽다.
    **cf. end up**

**orphan** – 밑줄친 **ph**는 **f**발음과 같다. 즉 **ㅍ**과 **ㅎ**의 중간발음이다.
    **cf. The Father was a father to orphans.**
       그 신부는 고아들에게 아버지와 같은 존재였다.

**achieve and cherish** – **and**를 **앤드**로 발음하면 어색하게 들린다. **앤드**의 **드** 발음을 아주 약하게 발음하거나 아예 하지 안하는 게 좋다. 즉 **앤**으로 발음하 거나 아니면 **앤(드)**로 발음하면 자연스럽다.

# 함께 노력합시다

    누구에게도 원한을 품지 않고, 모두를 사랑하는 마음으로 신께서 우리에게 보게 하신 정의에 대한 굳은 확신을 갖고 우리가 당면한 일을 완수하기 위해, 이 나라의 상처를 동여매기 위하여 전투의 부담을 짊어져야 하는 사람과 그의 미망인과 고아가 된 아이를 돌보고, 우리들과 그리고 모든 나라들과의 정의롭고 지속적인 평화를 이룩해서 소중히 간직하게 될 모든 일을 하기 위해 노력합시다.

### 단어와 어구

01 **malice** 악의, 원한

02 **charity** 자비, 사랑, 자선

03 **firmness** 확고 부동, 굳은 결의

04 **right** 바름, 정의, 정도

05 **strive** 노력하다, 힘쓰다

06 **bind up** 묶다, 붕대로 매다

07 **care for** 돌보다, 좋아하다

08 **borne** bear(부담하다, 짊어지다) 〈고어〉

09 **widow** 미망인

10 **orphan** 고아

11 **achieve** 성취하다

12 **cherish** 소중히 하다, 간직하다

## Grammar Tips!!

**~to care for him who <u>shall have borne</u> the battle~.**

「will (shall) + Have + p.p.」는 미래의 어떤 때를 기준으로 그 때까지의 완료, 경험, 계속, 결과를 나타내는 미래완료시제입니다. "~하게 될 것이다"라고 해석합니다. 위 문장에서는 미래의 기준이 언급되어 있진 않지만, 문맥상 "until when the war is over(전쟁이 끝날 때 까지)" 전쟁의 부담을 짊어진다는 뜻임을 알 수 있습니다.

Ex.  I shall have finished it <u>when you come back home</u> . 〈← 미래의 기준〉

       네가 집에 도착할 때면, 내가 그것을 이미 끝냈을 것이다. 〈완료〉

# 14
# Andrew Jackson

## Andrew Jackson, 그는 누구인가!

정식 교육이 아닌 독학으로 변호사가 되었다. 테네시주 하원의원, 연방하원의원, 연방상원의원, 연방대법원판사등을 지내며 정치가로서 활동하다가 8년간 종적을 감추었었다. 1812년 미-영전쟁에 참전 중인 '올드 히코리' 부대의 지휘관으로 등장한 그는 1815년 뉴올리언스 선투에서 미 역사상 최대의 승리를 거두며 국민적 영웅이 되었다.

여세를 몰아 대선에 출마했지만 실패했다가 1828년 다시 도전하여 당선된다. 지금의 민주주의가 탄생하는 데에 일조를 했다는 업적은 있으나 재임 중 의회와 잦은 마찰을 일으키고 법안 거부권 행사를 서슴지 않는 등 불안한 정국을 조성하기도 했다. 퇴임 이후에도 자신이 창당한 민주당의 정신적 지주로서 활동하였다.

# Distinctions in Society

CD-2
TRACK
53

[01]It is to be regretted that [02]the rich and [03]powerful too often [04]bend the acts of government to their [05]selfish [06]purposes. [07]Distinctions in society will always [08]exist under every [09]just government. [10]Equality of talents, of [11]education, or of [12]wealth can not be [13]produced by human [14]institutions. In the full [15]enjoyment of the gifts of Heaven and the fruits of [16]superior [17]industry, economy, and virtue, every man is [18]equally [19]entitled to [20]protection by [21]law; but when the laws [22]undertake to [23]add to these natural and just advantages [24]artificial distinctions, to [25]grant titles, [26]gratuities, and [27]exclusive [28]privileges, to make the rich richer and the [29]potent more powerful, the [30]humble members of society — the farmers, [31]mechanics, and laborers — who have neither the time nor the [32]means of [33]securing like [34]favors to themselves, have a right to [35]complain of the [36]injustice of their Government.

## 미국에서는 이렇게 발음해요!

**virtue** – 버츄보다는 **붜:츄**에 가깝게 발음해야 자연스럽다.
  **cf. verdict** 붜릭 평결

**add to** – 애드 투로 발음하면 부자연스럽다. **add**의 **d**발음은 거의 들리지 않게 발음하면서 **애(드) 투**로 발음하도록 한다.
  **cf. lead to** 리(드) 투

**artificial** – **rt**가 모음과 모음사이에 끼어 있으면서 이어지는 모음에 강세가 없어 **아(어)리ㅍ+히 셜** 또는 **아(어)러ㅍ+히셜**로 발음한다.

**potent** – 코맹맹이 발음을 내야하기 때문에 신경을 많이 쓰면서 발음해야 한다. 보통 **포튼트**로 발음하기 쉬운데 **포웃은(트)**처럼 발음해야 미국식 발음에 가까워진다.
  **eg. Environment is a potent influence.**
    환경이 주는 영향은 대단히 크다.

248

# 사회에서의 차별

부자와 힘있는 자들이 너무 자주 정부의 행위를 자신들의 이기적인 목적에 따라 바꾸는 것은 유감스러운 일입니다. 사회에서의 차별은 공정한 정부하에서도 언제나 존재할 것입니다. 인간이 만든 제도로 동등한 능력, 동등한 교육, 동등한 부를 만들 수는 없습니다. 신이 주신 재능과 우수한 기업, 경제와 미덕의 과실을 향유하면서 모든 인간은 동등하게 법에 의한 보호를 받을 권리가 있습니다. 하지만 법이 이러한 자연적이고, 공정한 이득에 인위적인 차별을 더하고, 귀족을 인정하고, 공짜로 선물을 주고, 독점적인 특권을 주고, 부자들을 더 부유하게 만들고, 힘있는 자들을 더욱 강하게 해주려고 할 때 농부나 기계공, 노동자와 같이 낮은 계급에 있는 사람들은 그들 자신들을 위한 권리를 확보할 수 있는 시간이나 수단을 갖지 못하게 되고 정부의 불법행위들에 대해 불만을 표할 수 있는 권리를 갖지 못하게 됩니다.

**단어와 어구** ||||||||||||||||||||||||||||||||||||||||||||||||||||||||||||||||||||||||||

01 **to be regretted** 유감스러운, 애석한
02 **the rich** 부자들
03 **the powerful** 강자들
04 **bend** 구부리다, 알맞게 바꾸다, 악용하다
05 **selfish** 이기적인
06 **purpose** 목적, 목표
07 **distinction** 차이, 구별, 특징, 우수성
08 **exist** 존재하다
09 **just** 공정한
10 **equality** 동등, 대등
11 **education** 교육
12 **wealth** 부
13 **produce** 생산하다
14 **institution** 제도, 시설, 학회
15 **enjoyment** 향유, 즐김
16 **superior** 뛰어난, 우수한, 고급의
17 **industry** 산업, 기업, 근면
18 **equally** 동등하게
19 **be entitled to** 자격(권리)이 있다
20 **protection** 보호
21 **law** 법
22 **undertake** 착수하다, 시작하다, 약속하다
23 **add** 더하다
24 **artificial** 인공적인, 인위적인
25 **grant** 주다, 승인하다, 인정하다
26 **gratuity** 선물, 팁
27 **exclusive** 독점적인, 고급의, 상류의
28 **privilege** 특권
29 **potent** 강력한, 유력한
30 **humble** 겸손한, 소박한, 낮은
31 **mechanic** 기계공, 수리공
32 **means** 수단, 방법, 재산
33 **secure** 확실하게 하다, 안정하게 하다
34 **favor** 호의, 이득, 유리, 권리
35 **complain** 불평하다, 불만을 표하다
36 **injustice** 부정

# Execution of the Law

**CD-2 TRACK 54**

The laws of the United States must be [01]executed. I have no [02]discretionary power on the [03]subject; my [04]duty is [05]emphatically [06]pronounced in the [07]Constitution. Those who told you that you might [08]peaceably [09]prevent their [10]execution [11]deceived you; they could not have been deceived themselves. They know that a [12]forcible [13]opposition could alone prevent the execution of the laws, and they know that such opposition must be [14]repelled. Their [15]object is disunion. But be not deceived by names. [16]Disunion by [17]armed force, is [18]treason. Are you really ready to [19]incur its [20]guilt?

---

**미국에서는 이렇게 발음해요!** |||||||||||||||||||||||||||||||||||||||||||||||||||||||||

**prevent** – r발음이 거의 들리지 않고 **프뺀(트)**처럼 발음된다. 일명 **r**탈락현상이 일어났다.
　　　　　　cf. **preliminary** 예비의

**could not have been** – 긍정의 **could have been**은 **쿠르빈**으로 읽어버리지만, **not**이
　　　　　　　　　　　　　들어간 부정에서는 **not**을 강하게 발음하면서 **쿳(ㄷ) 낫 해:빈**으로
　　　　　　　　　　　　　발음한다.

**alone** – 문맥을 이해하지 못하면 **a loan**같이 들릴 수도 있다.

**disunion** – 문맥을 이해하지 못하면 **this union**으로 착각할 수도 있다.
　　　　　　cf. **discontinuation** 정지

**incur its guilt** – 밑줄친 **its**는 인칭대명사의 소유격이라 아주 약하게 지나간다. 인칭대명사
　　　　　　　　　　중에서도 **its**가 가장 소리가 약하다.
　　　　　　　　　　eg. **The bus company locked its employees out.**
　　　　　　　　　　　　그 버스 회사는 직장을 폐쇄해 버렸다.

# 법의 집행

　미합중국법은 집행되어야 합니다. 나에게는 이 문제에 관한 재량권이 없습니다. 나의 의무는 헌법에 단호하게 명시되어 있습니다. 권한의 집행을 막을 수도 있다고 말한 사람들은 여러분을 기만한 것입니다. 하지만 그들이 기만당했을 리가 없었을겁니다. 그들은 무력에 의한 반대 하나만으로도 법의 집행을 방해할 수 있다는 것을 알고 있고, 그러한 반대는 격퇴되어야 한다는 것도 알고 있습니다. 그들의 목표는 분열입니다. 하지만 이름에 속지 마십시오. 군에 의한 분열은 반역입니다. 여러분은 정말로 (반역)죄를 저지를 준비가 되어 있으십니까?

## 단어와 어구

01 **execute** 실행하다, 집행하다　02 **discretionary** 재량의, 임의의　03 **subject** 주제, 문제, 과목
04 **duty** 의무　05 **emphatically** 강조하여, 힘차게
06 **pronounce** 선언하다　07 **constitution** 헌법　08 **peaceably** 태평하게, 무사하게
09 **prevent** 예방하다　10 **execution** 실행, 집행, 이행　11 **deceive** 기만하다, 속이다
12 **forcible** 강제적인, 폭력적인　13 **opposition** 반대　14 **repel** 격퇴하다, 거부하다
15 **object** 목표, 목적, 대상　16 **disunion** 분열　17 **armed forces** 군
18 **treason** 반역, 배반　19 **incur** 초래하다　20 **guilt** 죄

## Grammar Tips!!

**They <u>could</u> not <u>have been</u> deceived themselves.**

could는 can(능력:할 수 있다)의 과거형임과 동시에, 그 자체로 추측(현재형: ~일지 모른다)의 의미가 있습니다. 추측의 의미일 때, could(현재형)의 과거형이 "could have p.p"이고 "~했을 런지 모른다"로 해석됩니다. 참고로 "could not have p.p"는 "~이었을 리 없다"로 해석합니다.

Ex.　He could not have seen the event in question because he was somewhere else.
　　　다른 곳에 있었기 때문에 그가 문제의 그 사건을 목격했을 리 없다.

## 15

# Thomas Jefferson

## Thomas Jefferson, 그는 누구인가!

1743년에 버지니아주에서 출생하였다. 변호사, 프랑스 주재공사, 초대 국무장관을 지냈고, 1776년 독립선언문 기초위원으로도 활동하였다 1800년 대통령선거에서 당시 부통령이었던 토마스 제퍼슨은 현직 대통령 존 아담스를 누르고 3대 대통령에 취임하였다. 2대 대통령인 아담스는 강력한 중앙정부를 강조한 반면, 토마스는 각 주의 자치를 강조하였다. 이러한 배경하에서 취임연설을 했다. 1819년에는 버지니아 대학을 설립하기도 했다.

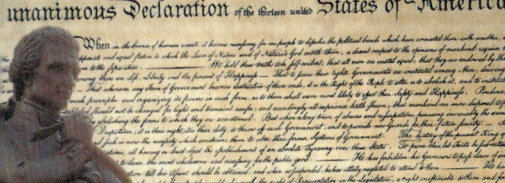

# Let Us Unite

**CD-2 TRACK 55** Let us, fellow-citizens, [01]unite [02]with one heart and one mind. Let us [03]restore to [04]social intercourse that [05]harmony and [06]affection without which liberty and even life itself are but [07]dreary things. And let us [08]reflect that, having [09]banished from our land that [10]religious [11]intolerance under which [12]mankind so long [13]bled and [14]suffered, we have yet [15]gained little if we [16]countenance a [17]political intolerance as [18]despotic, as [19]wicked, and [20]capable of as [21]bitter and [22]bloody [23]persecutions.

---

**미국에서는 이렇게 발음해요!** ||||||||||||||||||||||||||||||||||||||||||||||||||||||||||||||||||||||||||||||||

**heart and mind** – 하트 앤드 마인드는 부자연스럽다. 하(어)(트) 앤 마인(드)로 발음해서 **heart**의 **t**, **mind**의 **d**발음을 아주 약하게 발음해야 한다. 영어에서는 일반적으로 끝에 나오는 자음들은 매우 작게 발음한다.
　　　　**cf. speed and spirit**

**banished** – 세계에서 가장 빠른 뉴스인 **AP** 뉴스에서 **banished**(추방했다)와 **vanished**(사라졌다)를 발음상 구분한다는 것은 원어민이라도 그리 쉽지 않을 것이다. 그러나 결국 연습이 완벽을 부르는 법(**Practice makes perfect**)이다.

**little** – 미국식 발음에서는 주로 굴리는 발음을 많이 사용하므로 **리틀**보다는 **리를**로 발음하는 습관을 들이자.

**bitter** – 일단 이 발음은 **비러**로 발음한다. 하지만 이 단어와 유사한 발음의 단어들이 여러개 있다. **bidder**(입찰자)는 **비러** 또는 **비더**, **better**(더 나은)는 **배러**, **batter**(구타하다)는 **배(애)러**로 소리낸다.
　　　　**cf. bittersweet** 달콤 씁쓸한

254

# 한뜻으로 뭉칩시다

국민 여러분, 이제 한 마음 한 뜻으로 뭉칩시다. 화목과 사랑을 우리 사회에 부활시킵시다. 화목과 사랑이 없으면 자유와 삶 그 자체가 황량하고 따분한 것에 불과합니다. 그리고 이 점도 생각해둡시다. 인류에게 그토록 오랫동안 피를 흘리게 하고 고통을 안겨주었던 종교적 불관용을 이 땅에서 몰아내긴 했지만, 그에 못지 않게 전제적이고, 사악하고, 피비린내나는 가혹한 탄압을 자행할 수 있는 정치적 불관용을 묵인해준다면, 우리는 별로 이룩한 것이 없는 것입니다.

### 단어와 어구

01 **unite** 합치다, 통합하다
02 **with one heart and one mind** 한마음 한뜻으로
03 **restore** 회복하다(시키다)
04 **social intercourse** 사교
05 **harmony** 조화
06 **affection** 애정, 호의, 영향
07 **dreary** 쓸쓸한, 황량한, 지루한
08 **reflect** 반영하다, 반성하다
09 **banish** 추방시키다
10 **religious** 종교적인
11 **intolerance** 불관용
12 **mankind** 인류, 인간
13 **bled** bleed(출혈하다)의 과거형
14 **suffer** 고생하다, 고통을 겪다
15 **gain** 얻다
16 **countenance** 묵인하다, 허용하다
17 **political** 정치적인
18 **despotic** 전제적인, 횡포한
19 **wicked** 사악한
20 **capable** ~할 수 있는(of)
21 **bitter** 쓰라린, 지독한, 냉혹한, 가혹한
22 **bloody** 유혈의, 피비린내 나는
23 **persecution** 박해, 학대

# Let Them Stand Undisturbed

**CD-2 TRACK 56**    Every [01]difference of [02]opinion is not a difference of [03]principle. We have called by different names [04]brethren of the same principle. We are all [05]Republicans, we are all [06]Federalists. If there be any among us who would wish to [07]dissolve this Union or to change its republican form, let them stand [08]undisturbed as [09]monuments of the [10]safety with which [11]error of opinion may be [12]tolerated where [13]reason is left free to [14]combat it.

---

### 미국에서는 이렇게 발음해요!

**Federalists** – ㅍ+훼더럴리슷(츠)로 발음해야 하는데 **sts** 즉, 슷(츠) 발음이 힘들어, 거의 대다수의 원어민들이 ㅍ+훼더럴리슷 정도로 발음하고 지나간다.
   **cf. capitalists** 자본주의자들

**would wish** – **would**는 웃(ㄷ)으로 발음해서, 끝자음 **d**를 살짝 받침으로 넣어 발음해야 자연스럽고, **wish**의 위쉬를 발음할 때는 **sh** 즉, 쉬발음을 최대한 짧게 내야 한다.
   **cf. rush** 돌진하다
      **clash** 충돌

**combat it** – 두 단어를 연음시켜 발음하듯이 **캄배릿(ㅌ)**으로 발음해야 자연스럽다.
   **cf. hit it** 히릿(ㅌ)
      **hit it off** 히리러(ㅍ+ㅎ)
        <<< **hit it**처럼 두 단어가 연음되면 연음현상이 한 번 일어났기 때문에 연음현상을 잘 알고 있는 독자들은 무리 없이 들을 수 있다. 하지만 **hit it off**에서 보다시피 연음현상이 좌우로 일어나서 두 번 발생하게 되면 연음현상에 대한 훈련양이 부족한 독자들의 경우, 헤맬 가능성이 높다.

# 자유롭게 놓아 둡시다

　의견이 다르다고 기본적인 생각이 다른 것은 아닙니다. 사상이 같은 동포들인데도 우리는 다른 이름으로 그들을 불렀습니다. 우리는 모두 공화주의자이며, 모두 연방주의자입니다. 우리 중에 연방을 해체하고 공화정체를 다른 것으로 바꾸자하는 사람들이 있더라도 잘못된 의견도 안전하게 허용된다는 것을 보여주는 상징물로 방해받지 않도록 해줍시다. 그렇게 되면, 자유로운 상태로 남아있는 이성이 그 잘못된 의견과 싸워줄 것입니다.

01 **difference** 차이　　02 **opinion** 의견　　03 **principle** 원칙, 주의
04 **brethren** 동포들, 형제들　　05 **Republican** 공화주의자　　06 **Federalist** 연방주의자
07 **dissolve** 분해하다, 해산하다　　08 **undisturbed** 방해받지 않는　　09 **monument** 기념물(비, 탑)
10 **safety** 안전　　11 **error** 실수, 과오
12 **tolerate** 너그럽게 봐주다, 묵인하다, 참다　　13 **reason** 이성, 이유
14 **combat** 싸우다, 투쟁하다

## 알아두면 좋아요!!

### We are all Republicans, we are all Federalists.

공화수의자(republican)란 왕이나 여왕이 존재하지 않는, 국민들에 의해 선출된 대통령 및 정치인으로 구성된 정부형태를 지지하는 사람을 일컫습니다. 왕정주의자(royalist)와 대비되는 개념이죠. 연방주의자(federalist)란 연방 체제를 지지하는 사람들로, 연방(federal)체제란 중앙(central) 정부와 지방(local) 정부들 간의 권력이 분립된(separated) 정부형태로 각각의 정부는 서로에 대해 실질적이고 독립적인 권력을 가집니다. 연방주의의 핵심 요소는 중앙 정부와 지방 정부들이 각각 독립된 통치권을 가진다는 거죠.

## 16
# George Washington

### George Washington, 그는 누구인가!

조지 워싱톤은 1732년 부유한 농장주의 아들로 태어나 독학으로 토지 측량관이 되었다. 1775년 미국 독립전쟁이 시작되면서 혁명군 총사령관에 선출되어 전쟁을 승리로 이끌고 국민적 영웅이 되었다. 1787년 미합중국 헌법회의 의장을 맡았으며, 이 헌법에 의하여 1789년 대통령에 당선되고 4월 30일 초대 대통령에 취임하였다. 1796년에는 3선 대통령으로 추대되었으나 민주주의 전통을 세워야 한다는 이유로 사퇴하고 미국 뉴욕주 남동부의 소도시, Mount Vernon으로 은퇴하였다. 신생국가의 기틀을 굳게 다진 그는 미국 '건국의 아버지' 라고 불린다.

# The Prospect as President

**CD-2**
**TRACK 57**
(I [01]dwell on this [02]prospect with every [03]satisfaction which an [04]ardent love for my country can [05]inspire, since) there is no truth more [06]thoroughly [07]established than that there exists in the economy and [08]course of nature an [09]indissoluble [10]union between [11]virtue and happiness; between [12]duty and [13]advantage; between the [14]genuine [15]maxims of an honest and [16]magnanimous [17]policy and the [18]solid [19]rewards of [20]public [21]prosperity and [22]felicity; since we ought to be no less [23]persuaded that the [24]propitious smiles of [25]Heaven can never be expected on a nation that [26]disregards the [27]eternal [28]rules of [29]order and [30]right which Heaven itself has [31]ordained; and since the [32]preservation of the [33]sacred fire of [34]liberty and the [35]destiny of the republican model of government are [36]justly [37]considered, perhaps, as [38]deeply, as finally, [39]staked on the [40]experiment [41]entrusted to the hands of the American people.

---

**미국에서는 이렇게 발음해요!** |||||||||||||||||||||||||||||||||||||||||||||||||||||||||||||||||||||||||||||||||

**policy** – 모음 o에 강세가 들어가고, 모음 l에서 약모음화 현상이 일어나 **팔러씨**로 발음해야 자연스럽다. 무심코 **폴리시**라고 발음한다면 아마 상대방이 **police**(경찰)로 착각할 수도 있다.
  cf. **modify** 마러ㅍ+화이 수정하다
     **polish** 팔러쉬 윤내다

**disregards** – 혹시 이 단어를 **디스리가드즈**로 했다면, 오늘부터는 **디스 리가(어)즈**로 연습해 보자. 밑줄친 **rds**에서와 같이 영어에서는 자음 세 개가 함께 있으면 대부분의 경우, 가운데 자음 발음이 거의 들리지 않는다.
  eg. **Give my regards to your Dad.** 아빠한테 안부 주어라.

**model** – 우리말화된 이 단어를 **모델**로 발음하게 되면 발음만 문제되는게 아니라 청취력향상에도 문제가 생긴다. 발음과 청취는 필수불가분의 관계로 발음이 나쁘면 일반적으로 청취가 어렵다. **model**에서는 세 가지 발음규칙이 적용된다. 첫째, 모음 o에 강세가 들어가서 o가 아로 발음되어야하고, 자음 d는 모음과 모음사이에 끼어 ㄹ로 유화되고, 모음 e에 강세가 없어 으로 약하게 발음된다. 이 세 가지 원칙에 따라 **마를**로 발음해야 자연스럽다.
  cf. **modern** 마른 현대적인

# 대통령으로서의 전망

(나의 열렬한 조국애가 가져다 줄 수 있는 만족감을 느끼면서 이 전망 — 대통령이 된다는 것 — 을 곰곰이 생각해봅니다. 그 이유는) 자연의 경제와 이치상으로 볼 때, 미덕과 행복, 의무와 이득, 정직하고 관대한 정책이라는 순수한 금언과 국민의 번영과 행복이라는 확실한 보상 간에는 분리될 수 없는 확고한 결속력이 존재하고 있는데, 이 보다 더 철저하게 확증된 진리는 없기 때문이며, 우리는 또한 신의 자비로운 미소를 신이 제정한 질서와 정의라는 영원한 규칙들을 무시하는 국가에서는 결코 기대해선 안된다는 사실도 그 진리에 못지않게 확신하기 때문이며, 자유라는 신성한 불의 보존과 공화제 정부의 운명은 공정하게 고려되어 미국 국민의 손에 맡겨진 실험결과에 따라 결정적으로 좌우될 수도 있기 때문입니다.

## 단어와 어구

01 **dwell on** 곰곰이 생각하다
02 **prospect** 전망
03 **satisfaction** 만족
04 **ardent** 열렬한, 열심인
05 **inspire** 고무(격려)하다, 일어나게 하다
06 **thoroughly** 철저히
07 **established** 확립된
08 **course** 진로, 방향
09 **indissoluble** 분해(분리)될 수 없는
10 **union** 연합, 결합
11 **virtue** 미덕
12 **duty** 의무
13 **advantage** 이점, 이익
14 **genuine** 순수한
15 **maxim** 격언, 금언
16 **magnanimous** 관대한
17 **policy** 정책
18 **solid** 단단한
19 **reward** 보상
20 **public** 공공의
21 **prosperity** 번영, 번성
22 **felicity** 행복
23 **persuade** 설득하다
24 **propitious** 신이 호의를 가진, 자비로운, 상서로운
25 **Heaven** 신, 하느님
26 **disregard** 무시하다
27 **eternal** 영원한
28 **rule** 규칙
29 **order** 질서, 명령, 순서
30 **right** 정의, 정도
31 **ordain** (신, 운명등이) 정하다
32 **preservation** 보존
33 **sacred** 신성한
34 **liberty** 자유
35 **destiny** 운명
36 **justly** 공정하게, 정당하게
37 **consider** 고려하다
38 **deeply** 깊이
39 **stake** (돈, 생명등을) 걸다
40 **experiment** 실험(하다)
41 **entrust** 맡기다, 위임하다

# It Is Our True Policy

**CD-2 TRACK 58**     If we [01]remain one people, under an [02]efficient government, the period is not far off when we may [03]defy [04]material [05]injury from [06]external [07]annoyance; when we may take such an [08]attitude as will [09]cause the [10]neutrality we may at anytime [11]resolve upon to be [12]scrupulously [13]respected; when [14]belligerent nations, under the [15]impossibility of making [16]acquisitions upon us, will not [17]lightly [18]hazard the [19]giving us provocation; when we may choose peace or war, as our [20]interest, [21]guided by justice, shall [22]counsel. Why [23]forego the advantages of so [24]peculiar a [25]situation? Why by [26]interweaving our [27]destiny with that of any part of Europe, [28]entangle our peace and [29]prosperity in the [30]toils of European [31]ambition? It is our true policy to [32]steer clear of [33]permanent [34]alliances with any portion of the foreign world.

## 미국에서는 이렇게 발음해요!

**attitude** – 애티튜드라고 발음하기 쉬운데 미국식 발음은 **애리튜** 또는 **애러튜(드)**이다. 첫 번째 **tt** 는 강세를 받지 않아 ㄹ로 유화되고, 두 번째 **t**는 강세를 받아 그대로 ㅌ가 발음된다.
   **cf. gratitude** 감사

**lightly** – 라이틀리라고 발음하고 싶은 충동을 느끼겠지만 미국식 발음은 **라잇리**이다. 자음 **t**가 거의 받침으로 들어가듯이 발음된다.
   **cf. brightly** 밝게

**prosperity** – 빨리 발음하면 **프라스패리**, 정상적으로 발음하면 **프라스패리디**.

**toil** – **il**로 끝나 약간 끌어주면서 **토이얼** 정도로 발음한다.
   ‹‹‹ 영어를 정복하려면 공부량이 많아야 하니까 toil (고생)를 많이 해야 한다. 필자가 강사였던 시절 개강날은 주로 정신교육만 시키는데 그 때 내가 영어로 하는 말이 "No reward without toil." (고생 끝에 낙이 온다.)

# 우리의 진정한 정책

우리가 효율적인 정부하에 하나의 국민으로 존속된다면 우리가 외부세력으로 인한 물질적 손해를 피하고, 중립정책을 취함으로써 우리의 그러한 입장은 신중히 존중받게 되고, 우리를 정복할 가능성이 없는 상황하에서, 교전국들은 함부로 우리를 자극하지 못하게 되고, 우리가 평화나 전쟁을 선택하게 될 때, 우리의 이익은 정의의 인도에 따라 조언을 받고 결정되는 때가 곧 올 것입니다. 왜 이렇게 특이한 상황의 이점을 버립니까? 왜 우리의 운명을 유럽의 어느 지역의 운명과 뒤섞어놓음으로써 우리의 평화와 번영을 유럽의 야심의 그물에 뒤얽히게 합니까? 외국의 어떤 부분과도 영구적인 동맹을 피한다는 것이 우리의 진정한 정책입니다.

## 단어와 어구

01 **remain** 남다, 존속하다
02 **efficient** 효율적인
03 **defy** 무시하다, 허용하지 않다
04 **material** 물질적인
05 **injury** 손상
06 **external** 외면의, 외적인
07 **annoyance** 성가심, 골칫거리
08 **attitude** 태도
09 **cause** 야기시키다
10 **neutrality** 중립(정책)
11 **resolve** 결심하다, 결정하다
12 **scrupulously** 세심한, 철저한, 조심성있는
13 **respect** 존경하다
14 **belligerent** 호전적인, 교전중인
15 **impossibility** 불가능성, 불가능한 일
10 **acquisition** 획득
17 **lightly** 경솔하게, 함부로
18 **hazard** 위험을 무릅쓰고 …하다
19 **give provocation** 화나게 하다
20 **interest** 이익
21 **guide** 안내하다
22 **counsel** 조언(충고)하다
23 **forego** 버리다, 그만 두다
24 **peculiar** 특이한, 고유한
25 **situation** 상황
26 **interweave** 섞다, 뒤섞이다
27 **destiny** 운명
28 **entangle** 뒤얽히게 하다
29 **prosperity** 번성, 번영
30 **toil** 고생, 수고
31 **ambition** 야심
32 **steer clear of** …에 접근하지 않다
33 **permanent** 영원한
34 **alliance** 동맹, 연합

# 대통령 명연설문
## The President's Address

**중쇄 펴낸날** ㅣ 2008년 9월 5일

**지은이** ㅣ 김 옥 정

**펴낸이** ㅣ 강 남 현

**펴낸곳** ㅣ 월드컴출판사

**등록** ㅣ 2000년 1월 17일

**주소** ㅣ 서울시 구로구 구로동 222-8 (우편번호 152-848)

ㅣ 코오롱 디지탈타워 빌란트Ⅱ 1005호

**전화** ㅣ 02)3273-4300(대표)

**팩스** ㅣ 02)3273-4303

**홈페이지** ㅣ www.wcbooks.co.kr

**이메일** ㅣ wc4300@yahoo.co.kr